北京文化通志

西山永定河卷

鞠熙 著

北京出版集团
北京出版社

图书在版编目（CIP）数据

北京文化通志. 西山永定河卷 / 鞠熙著. — 北京：北京出版社，2025.4
 ISBN 978-7-200-18599-7

Ⅰ. ①北… Ⅱ. ①鞠… Ⅲ. ①北京—地方史 Ⅳ. ①K291

中国国家版本馆 CIP 数据核字（2024）第 038674 号

北京文化通志·西山永定河卷
BEIJING WENHUA TONGZHI·XI SHAN YONGDING HE JUAN

鞠熙 著

*

北 京 出 版 集 团 出版
北 京 出 版 社
（北京北三环中路 6 号）
邮政编码：100120

网　　址：www.bph.com.cn
北 京 出 版 集 团 总 发 行
新 华 书 店 经 销
北 京 华 联 印 刷 有 限 公 司 印刷

*

880 毫米 ×1230 毫米　　32 开本　　11.75 印张　　252 千字
2025 年 4 月第 1 版　　2025 年 4 月第 1 次印刷
ISBN 978-7-200-18599-7
定价：92.00 元
如有印装质量问题，由本社负责调换
质量监督电话：010-58572393
编辑部电话：010-58572414；发行部电话：010-58572371

目　录

序　言 / 001

天下之中 / 009
形胜：厎山带海，以为天下本 / 011
多元一体：百工职事瞻仰于斯，九州风土形势所在 / 021
园林：缩天地于君怀，纳世界于山中 / 030
新生：全世界无产者联合起来！ / 040

砺山带河 / 049
战争：渔阳鼙鼓动地来，惊破霓裳羽衣曲 / 053
战场：可怜无定河边骨，犹是春闺梦里人 / 061
戍边：万里锄耰接塞垣，幽燕桑叶暗川原 / 072
巾帼：休言女子非英物，夜夜龙泉壁上鸣 / 077

大禹治水 / 088
环伺卢沟桥的龙神 / 092
三家店农人的管水龙王 / 104
房山黑龙潭的贾家女婿 / 116

泉水源头的秃尾巴老李 / 124

耕樵栗园 / 133

粟黍：春种一粒粟，秋收万颗子 / 137

水稻：地连佛寺楼台古，泉落山田稻蟹肥 / 141

板栗：莫嗔老妇无盘飣，笑指灰中板栗香 / 148

桑蚕：开轩面场圃，把酒话桑麻 / 157

山珍有药果，菜畦遍繁花 / 161

白石乌金 / 173

燕玉白石 / 178

以煤为生 / 190

千年琉璃 / 206

洞天福地 / 215

仙境：燕齐方士的神仙洞府 / 223

避乱：轻舠不可入，岂有避秦人 / 233

隐居：残杯冷炙有德色，不如著书黄叶村 / 240

见天地，见众生 / 245

碧天皓月，绿水青山 / 252

西天乐土 / 258

千人之社，千人之心；春不妨耕，秋不废获 / 261

山寺不离红尘，寺旁炊烟远村 / 267

社会与世界之中的佛寺 / 278

西山五百寺，多傍北邙岑 / 287

社邑香会 / 295

单村庙会 / 302

联村走会 / 306

众村朝山 / 312

金顶妙峰 / 318

作为社会主义文艺形式的走会 / 326

万千生灵 / 335

马："四牡孔阜，六辔在手。骐骝是中，騧骊是骖" / 338

鸟："伐木丁丁，鸟鸣嘤嘤。出自幽谷，迁于乔木" / 344

蛇："幽灵泃可异，龙子尚蜿蜒" / 351

南海子："万物熙和大造中，郊原辉映苑门红" / 362

序　言

本书是"北京文化通志"中的一本，按照《北京城市总体规划2016年—2035年》（以下简称《总规》）中的"三个文化带"框架，聚焦西山永定河文化带，挖掘历史文化内涵，讲述山河大地上的人民故事。

按照《总规》中的要求，西山永定河文化带是以京西太行山脉和横亘其中、东南流经平原地区的永定河"一山一水"为基本骨架的宽带状文化区，主要涉及延庆、昌平、海淀、门头沟、石景山、丰台、房山、大兴8个区。大西山是对北京西部山地的总称，它属于南北山系太行山的北端余脉，向北延伸至昌平关沟，与北部的燕山山系相邻；南抵拒马河谷，其余脉形成了大房山浅山地区。大西山地跨北京海淀、石景山、门头沟、房山、昌平5个区，总面积约占北京市域的1/6。永定河自官厅水库入京，从三家店出山，进入京津平原后形成河道冲积扇，在北京地区河段长170公里，流域面积3168平方公里，流经门头沟、石景山、丰台、房山和大兴5个区，加上官厅水库上游的延庆妫水河段,永定河流域跨6个区。西山永定河文化带内山清水秀、人杰地灵,有着非常丰富的文化遗产与非物质文化遗产,它们构成了本书的主要内容。但在写作方式上,本书不囿于文化事项的边界,也不着重介绍某项具体遗产的来龙去脉,而是从更宏观的视野出发,把长时间段的历史传承与文化变迁放在它所处的山水环境中,着力勾勒大时代洪流中的小人物生活方式。

本书认为,历史不仅存在于过去,也不只是人类自己的事情。历史是山河大地与人类社会共同创造的印记,它由具有创造力的个人所组成,但只能存在于自然之中并涵盖自然。它只能在大地所提供的可能性中留存发展,因此总是带有延续性和一致性,也就是学者们用传承、结构、长时段等种种概念所描述的"文化"。最终,正是那些脚踏实地生活在山河大地上的普通劳动者,那些平凡日用而不自知的生活方式,最能体现人类与自然的共同创造。因此,自然与民众是本书中两条贯穿始终的线索。所有的文化都从自然中汲取资源,也都最终体现于人民的创造之中。无论是家国天下、王朝战争,还是精英政治、贵族文艺,这些曾经被视为高高在上的"上层文化",在本书中也将被放在大地之上去理解,在民众之中去延续。

本书共分9章,每章的具体内容如下所示。

第一章"天下之中"讲地理。站在整个东亚大陆上来看,西山永定河文化带勾勒出地理板块上第二级台阶与东部大平原的交界线，东北到西南一线基本与400毫米等雨量线和胡焕庸线重合，戾山带海，是华夏中国与草原中国交错的前线，也是连接海洋与大陆的通道。几种不同文明在这里交错，使得一个多民族的巨大中国必然会将这里视为"中"点。事实上，所有定都北京的政权，无论其主导者是女真、蒙古、汉人还是满人，都从未放弃过"天下大同"的理想。这既是大中国得以成立的基础，也是西山脚下皇家园林的精神追求。从太行山下的小中国，到混一夷夏的大中国，再到以人类命运共同体为己任的新中国，地理与自然所提供的框架，在西山永定河激荡出历史的千古颂歌。

第二章"砺山带河"讲战争。地理格局造成了文明的冲突与交融，西山永定河正处于这一历史洪流的中心，自然也就承受了更多的激荡和碰撞，甚至是长期惨烈的战争冲突。战争不仅为北京造就了幽州骑射、山后八军等历史中的英名，也留下了从长城脚下到拒马河边大量的战场遗迹。与大房山南麓久为都城不同，自圣水（今大石河）往北，山高险峻、水旱时兴，地无敷土、石多水尽，屯兵戍守和战争移民所带来的大量人口才是早期山区开发的主要动力。战争从根本上塑造了西山永定河的文化底色，这不仅体现在各种口头传说、民间文艺和生产生活方式中，也体现在性别关系、女性历史乃至当下的节庆仪式之中。

第三章"大禹治水"讲水利。永定河是北京当之无愧的母亲河，也是历史上有名的浑河、无定河。北京地处温带大陆性季风气候带，降水量分配高度不均，全年降水的80%分布在7、8两个月，这造成西山永定河地区的干旱与水灾几乎常年不断。治河为王朝要务，抗旱也是生民常态，遍布各处的龙王庙正是这种人—水关系的具象表达。透过这些形形色色的龙王爷以及千奇百怪的龙王故事，我们实际上看到的是人与水的多样关系，以及为了适应这种人—水关系所形成的社会结构与集体精神。"生于忧患，死于安乐。"西山永定河地区不算那么优越的水文条件，在考验人类意志与智慧的同时，也教会了人们团结、协作与勇气。

第四章"耕樵栗园"讲耕作。西山如北京城的右胁延展而南，"磅礴数千里，林麓苍黝，溪涧镂错，其中物产甚饶，古称神皋奥区也"[1]。千百年来，普通民众在山河之间的耕种繁育，才创造出今日所见的丰富物产与多样景观。西山之中、永定河畔，我们最早能找到的农作物是粟黍。早在距今1万年前左右，东胡林人很可能已经开始在清水河畔耕种粟黍，并由此形成了一种半定居的生活方式。至今西山永定河区域内仍主要以粟、黍、高粱、玉米等旱作作物为主要种植对象，只在海淀、胡良河上游、昌

---

[1] ［清］于敏中等：《日下旧闻考》卷一〇一"郊坰"，清乾隆五十三年武英殿刻本，第5页。

平白浮泉这些泉水丰盈、地热资源丰富的地方有水稻种植。在更难开发的高山上，枣栗成为主要作物。而帝京繁华都会，也在近郊膏腴之处催生出精巧的莳花弄蔬技艺。多样的耕作不仅创造出丰富的物产，也渲染出山河之中民俗文化的主色调。

第五章"白石乌金"讲矿产。中国以农为本，但西山少有良田，反而是"五代同堂"的地层构造，为居住于此的人民备好了地底的馈赠。北京很早就以美玉"燕石"而闻名，房山汉白玉历来是皇室宫殿的御用品。辽代以后，官办采石地集中在大石窝。围绕白石生产运输而形成的小社会，直到21世纪初封山令后方戛然而止。另一种帝王御用的矿业制品是琉璃。至少从元代开始，琉璃渠村已有官办琉璃窑。这种原本来自西域的建材，在西山永定河海纳百川的气度中，最终被凝练成中华民族建筑的显著标志。与帝王气度的"燕石"、琉璃相比，煤炭则更贴近普通人的生活。一般认为，北京地区系统的采煤活动始于辽金之前。到元代时，西山煤业已经相当兴盛。至明清时期，东起万寿山，西至百花山，南起周口店，北至斋堂的这一片区域内，已是煤窑密布，极大地促进了山区开发与经济发展。煤业在很大程度上是当地的经济支柱，这一方面造成了生态环境的急剧恶化，但另一方面也形成了以煤业为中心的地方社会。

第六章"洞天福地"讲灵气。西山之内有多处洞天福地，它们不仅历来被认为是灵气汇聚之所，也是帝王求雨、寻仙访道和采药炼丹的仙境。燕齐地区是道教信仰的发源地，北京西山一带也位于早期神仙信仰的核心区域内。尤其是邻近燕中都的大房山，很早就被视为神仙往来居住的避世仙境，并引得一代又一代的隐者道士入山修行。这并非只是文学想象，而是战火灾祸延绵纷扰的时代中人们常见的选择。层峦叠嶂的西山群山，和平时期可能是阻绝交通的屏障，但在乱世之中反而是避祸的桃源。也许是西山永定河的文化品格使然，避世之人采药、讲学、著书、访仙，遨游于天地山川之间，但却往往兼具心系天下众生的责任感。孔水洞内刻经雕像、白带山上石室藏经、遍访洞天为民祈雨，历代进山访道的人们，不仅为这片土地注入了超越性的文化品格，同时也借"神仙"之名，为我们今天留下了自然与文化的宝贵遗产。

第七章"西天乐土"讲宗教。西山多寺，历来为文人所称道，其中又尤以佛寺为最。东汉末年，佛教僧人开始进入京西山区。在他们之中，有的接管了汉末世家大族留下的基业，有的则开始在山中勉力经营。至隋唐时期，僧人已对当地社会拥有强大的号召力和组织力。佛寺结千人之社、聚千人之心，成为地方社会和皇权之间的中介。这种景象在唐代幽州已见端倪，也为以后历代佛教发展提供了背景。辽金时期，佛寺逐渐成为山区村落社会的中心，随后的多年战乱更强化了宗教对地方社会的重要性。此外，来自草原的政权也借助佛教的世界性，构建起跨区域、跨民族、跨国界的庞大网络。明代的太监与清代的旗人也在很大程度上利用了这一网络。我们今天所看到的西山佛国，正是这种合作与共谋的结果。

第八章"社邑香会"讲庙会。庙会在寺庙中进行，但大多无关僧道，千百万普通民众才是主角。如果我们将发生在寺庙中的群体性、年度性节庆仪式都视为庙会的话，那么西山永定河地区的各类庙会常常与社会组织规模有关。根据层级关系，可以将庙会分为三种：单村之会、联村走会与众村朝山。而妙峰山，则是首先由"井字里"的北京市民，随后由商人、学者层垒而成的金顶。本书要特别强调的是，与我们以往印象中"古老""传统"的庙会仪式不同，事实上我们今天所看到的绝大多数庙会仪式，都是20世纪50年代甚至是80年代后重建的结果。它们不仅是中华优秀传统文化的代表，也是革命文艺与社会主义文化建设的结晶。

第九章"万千生灵"讲自然。北京既是多样文明交融发展的典范，也是全世界生物多样性最丰富的大都市之一。万千生灵与千万人民一起，在山河大地上历经漫长岁月而生生不息。这种自然与人文交相辉映的状态，首先得益于山河互构所形成的多样性地理环境，但长期以来北京作为王朝国家的首都，中华文明以灵台囿沼和鱼藻之乐为最高理想的政治意识形态，也是造成生态平衡与环境友好的重要原因。本章选择了北京最具代表性的几个物种，从内生于人类社会内部的家畜——马到传达天道信息的天使——鸟，再到山川灵气的结晶精灵——蛇，人类与动物的关系，在某种程度上也决定了人类文明自身的高度。

作为一以贯之的主旨，本书的写作立场可以用以下8个字来概括：

山河永固，人民万岁！

天下之中

太行自西来，演迤而北，绵亘魏、晋、燕、赵之境，东而极于医无闾，重冈叠阜，鸾凤峙而蛟龙走，所以拥护而围绕之者不知其几千万重也，形势全，风气密，堪舆家所谓藏风聚气者兹地实有之，其东一带则汪洋大海，稍北乃古碣石沦入海处，稍南则九河既道所归宿之地，浴日月而浸乾坤，所以界之者又如此其直截而广大也，况居直北之地，上应天垣之紫微，其对面之案，以地势度之则泰、岱万山之宗正当其前也。夫天之象以北为极，则地之势亦当以北为极。《易》曰："艮者东北之卦也，万物之所以成终而成始也。"艮为山，水为地之津液而委于海，天下万山皆成于北，天下万水皆宗于东，于此乎建都，是为万物所以成终成始之地，自古所未有也，兹盖天造地设，藏之以有待。

——［明］丘濬《大学衍义补》[1]

---

[1] ［明］丘濬：《大学衍义补·下》卷八十五"备规制"，上海书店出版社，2012年，第38页。

《尚书·禹贡》论天下九州，八州皆言疆界而冀州独无，这给后世留下了重要议题与阐释空间。南宋理学家蔡沈的解释也许最为直截了当："冀州，帝都之地。八州皆言疆界而冀不言者，以余州所至可见，亦所以尊京师，示王者无外之意。"冀州乃传说中的黄帝建都之地，涿鹿之战奠定了中华民族的雏形，王者无外的天下就从这里向四方展开。蔡沈的这一想法其来有自，他的老师朱熹也同样相信，太行为天下之高脊，既为尧舜禹所都，就是文明起源之地。太行迤东一脉绵延至海，天下之水也从西北一路东流，直至万川归海。山河相绕，勾勒出天地之中的轮廓。《朱子语类》卷二中说："冀都是正天地中间，好个风水。山脉从云中发来，云中正高脊处。自脊以西之水，则西流入于龙门西河；自脊以东之水，则东流入于海。前面一条黄河环绕，右畔是华山耸立，为虎。自华来至中，为嵩山，是为前案。遂过去为泰山，耸于左，是为龙。淮南诸山是第二重案。江南诸山及五岭，又为第三四重案。"[1]随着理学的正统化，朱熹的想法逐渐成为明清主流知识。前引明代国子监掌监事丘濬所著的《大学衍义补》，就将太行之东脉对应于"万物之所以成终而成始"的艮卦，太行山中发源的诸水就是大地之"津液"灵气，于是山河环

---

[1]〔宋〕朱熹撰，黎靖德辑：《朱子语类》卷二，清同治至民国刻西京清麓丛书本，第16页。

绕处映照于北极天垣之紫微,帝都北京就因西山永定河而成为乾坤所聚、天造地设的天下之中。

风水形胜家之言并非全然无稽。北京地处华北平原北部,西山永定河文化带正是东亚大陆第二级阶梯隐入东部大平原的边缘地带。它处于东亚大陆几大主要地貌的交叉地带,既是不同文明的交汇融聚之处,又在繁星点点的峡谷盆地中保存了多样的文化形态,说它具有"天下之中"的特征并不为过。平原农耕、草场游牧、山中渔猎、沙地园艺,人类几大最主要的生活方式几乎都能在西山永定河文化带中找到影子。这不仅因为这一区域本身就拥有高度丰富的地理与生态多样性,也因为上万年来人类正是经由这一连通山海林原的十字路口来来往往、繁衍生息。

形胜:宸山带海,以为天下本

对于元世祖忽必烈定都北京,明人陶宗仪评论道:"至元四年(1338)正月,城京师,以为天下本。右拥太行,左注沧海,抚中原,正南面,枕居庸,奠朔方。……紫畿带甸,负山引河。壮哉帝居,择此天府。"[1] 孙承泽在《天府广记》中也说:"幽燕自昔称雄,左环沧海,右拥太行,南襟河济,北枕居庸。苏秦所谓天府百二之国,杜

---

[1] [明]陶宗仪:《南村辍耕录》卷二十一"宫阙制度",明崇祯虞山毛氏汲古阁刻清初汇印津逮秘书本。

牧所谓王不得不可为王之地……内跨中原，外控朔漠，真天下都会。"①将王者定都之地与北京连接不同地理区域的特征联系起来，从山—河—海—陆的位置关系来理解北京的文化意义，见解不可谓不深刻。从畿辅之地的四方形胜来说，北京西有太行为西山之脉，东瞰大海乃永定河水归处，南面平原系河水冲击滋润而成，北踞塞上与草原文明息息相通。京城因山河而定位，人群因山河而会集，西山—永定河就是帝都得以定位的地理坐标。

西山永定河是陆山巨海你来我往的产物。②大约25亿年前的元古代，华北板块大陆地壳从剧烈活动状态中慢慢稳定下来。在此后漫长的地质年代中，北京不断经历海侵海退的过程。大约4.6亿年前，北京地区上升为陆地，海水覆盖过的地方遭受了剥蚀与夷平，地势趋于平坦。中生代时期，华北陆台上内陆盆地发育，陆生植物茂盛，这一地区丰富的煤炭资源就主要形成于这一时期。也正是在这一时期的侏罗纪与白垩纪中，地壳运动又开始活跃，北京及中国东部地区经历了最为激烈的构造岩浆活动，即燕山运动。其结果，就是在华北地区形成了一系列东北—西南走向的山脉：太行山、军都山、燕山、燕然山、海陀山、恒山、小五台山等都在此时形成。大量的山间盆地也随即出

---

① ［清］孙承泽：《天府广记》卷一，清抄本。
② 尹钧科、吴文涛：《历史上的永定河与北京》，北京燕山出版社，2005年，第2—7页。

现。它们如泉眼般星罗棋布,沿着山脉的走向,最终流向一望无际的北京湾。到了新生代时期,由于气候温暖湿润,华北陆台上的断陷盆地中形成大量内陆湖泊。在喜马拉雅运动影响下,北京湾与河北平原下沉,西山以西的太行山区则重新慢慢隆起,山间已有的若干细流终于同涿鹿—怀来—延庆盆地的湖水汇聚。上古湖水倾泻而下,形成了今日永定河的雏形。自距今258万年前开始,曾在太行山、燕山山麓激荡的海水完全退去,大房山中的岩溶形成洞穴,古永定河的冲淤堆成平原。此后,大自然的洪荒之力逐渐平静,人类开始在这一带登场,而这一陆台高山、峡谷盆地、沉积拗折与冲积平原连接之地,就构成了他们最初也是最重要的生存基地之一。

北京西山是太行山山脉的北部起点,"千山拱护,万国朝宗。山奥而深,形胜如张图画"[1]。八百里太行从昌平南口关沟发脉后,顺东北—西南走向绵延400余公里,纵跨北京、河北、山西、河南4省市,隔开了黄土高原和黄淮海平原两大区域,是我国重要的地理分界线。其山"磅礴数千里,林麓苍黝,溪涧镂错,其中物产甚饶,古称神皋奥区也"[2]。在距今7500年到2500年间,华北地区处于它的高温期,气温比现今高2℃~3℃,并在距今6000年

---

[1] [清]王养濂等:《康熙宛平县志》,北京燕山出版社,2007年,第6页。
[2] [清]于敏中等:《日下旧闻考》卷一〇一"郊坰",清乾隆五十三年武英殿刻本,第5页。

到5000年间达到顶峰。此时,太行山区还是亚热带落叶阔叶与常绿阔叶混交林区的天下[1],水源充沛、川流众多,林木葳蕤、鸟兽麇集,人类早期文明的种子就在这一区域落地生根。朱熹相信,尧舜禹全都定都于太行山下,太行上与天接,是华夏衣冠得天道之渊薮。[2]磁山、陶寺、二里头等系列考古遗址的发现,也证实了太行山东西两侧在中华古代文明史中的地位。太行山脉崎岖险峻,不同于他处,"南自河阳怀县,迤逦北出,直至燕北,无有间断,此其为山不同他地。盖数百千里,自麓至脊,皆险峻不可登越。独有八处粗通微径,名之曰陉"[3]。沿着太行八陉,早期燕蓟文明西通三晋、遥接关中,尤其是秦始皇修驰道、平险阻、拆燕国南部长城后,从燕蓟之地沿西山山麓南下至古恒山(今河北保定),经邯郸、邺县,折而西南至洛阳,入函谷关,可直达咸阳,或者从燕山北口出居庸关,经平城(今山西大同市东)往南至太原、河东(今山西夏县),过临晋关(今陕西大荔县东),西南行亦可达咸阳。[4]《汉书》记载,秦驰道"广五十步,三丈而树,厚

---

[1] 侯旭东:《渔采狩猎与秦汉北方民众生计——兼论以农立国传统的形成与农民的普遍化》,《历史研究》2010年第5期,第4—26页。
[2] [宋]朱熹撰,黎靖德辑:《朱子语类》卷二,清同治至民国刻西京清麓丛书本,第17页。
[3] [宋]程大昌:《北边备对不分卷》"居庸关",明刻增订古今逸史本。
[4] 曹子西主编:《北京通史》第1卷,北京燕山出版社,2012年,第133—134页。

筑其外，隐以金椎，树以青松"①，开辟了太行以西各地去往燕蓟东、北的通道，而北京就是出入太行山必经的交通要枢。

永定河出西山后一路向南，冲击形成北京湾后转而向东，经涿州、固安、安次、永清等处汇入海河，最终流入渤海。北京东南距渤海150公里，自古就是海洋文明进入东亚大陆的桥头堡与交通站。《尚书·禹贡》说："禹敷土，随山刊木，奠高山大川。冀州，既载壶口，治梁及岐……大陆既作，岛夷皮服，夹右碣石入于海。"②大禹导引太行山和恒山之水到达碣石，从此处东流进入渤海。有些学者认为，所谓碣石山，有可能就是今日永定河出山口处的石景山或大石河发源的大房山或潭柘山。③在《禹贡》的世界中，这里就是大陆与海曲、农耕与岛夷的交界处。公元前215年，秦始皇第四次出巡来到碣石，此时"皇帝奋威，德并诸侯，初一泰平"，以往横亘于各诸侯国之间的阻碍一扫而空，天下一统而"坏城郭，决通川防，夷去险阻。地势既定，黎庶无繇，天下咸抚"。于是秦始皇派燕人卢生入海，寻访长生不老的海上仙山，并由李斯执笔留下了

---

① 《汉书》卷五十一"贾邹枚路传"，清乾隆四年武英殿校刻本。
② ［汉］孔安国传，［唐］陆德明音义：《尚书》卷三"禹贡第一"，清乾隆四十八年武英殿刻仿宋相台五经本。
③ 谭其骧：《〈山经〉河水下游及其支流考》，《长水集》下册，人民出版社，1987年，第52页。

千古名篇，刻铭碣石。①正因永定河是由太行山东去入海的必经路线，所以海市百货亦云集燕蓟。《史记》说："夫燕亦渤碣之间一都会也……有鱼盐枣栗之饶。"②所谓鱼盐，就是从渤海而入内陆的海产品。明清时人相信，秦代时能起黄腄、琅邪之粟而转输北河，可见当时燕蓟海运已经非常发达。③杜甫《后出塞五首》诗中说："渔阳豪侠地，击鼓吹笙竽。云帆转辽海，粳稻来东吴。"④《昔游》诗又云："幽燕盛用武，供给亦劳哉！吴门持粟帛，泛海陵蓬莱。"⑤这些都反映出幽燕之地与大海的联系，以及唐代海上物资经北京运往内地的情形。

永定河冲积扇的最南端、华北平原西北角一带，便是因"荆轲刺秦王"故事而传颂千年的"膏腴之地"——督亢。这片令始皇帝心动不已的土地，在几百万年间永定河的冲刷、沉淀作用下，地势平坦，土壤肥沃，既无永定河泛滥之苦，又有拒马河、白沟水滋润之利，历来以适于耕作、出产丰厚而著称。《史记》说它"甚良沃"⑥，《畿辅

---

① 《史记》卷六"秦始皇本纪"，清乾隆四年武英殿校刻本。
② 《史记》卷一二九"货殖列传"，清乾隆四年武英殿校刻本。
③ 孙承泽：《春明梦余录》卷二"形胜"，清同治光绪间孔氏三十有三万卷堂重刻古香斋袖珍十种本。
④ [唐] 杜甫：《杜工部集》卷三。
⑤ [唐] 杜甫：《杜工部集》卷六。
⑥ 《史记》卷三十四"燕召公世家第四"。

通志》称其"皆土壤膏腴"①。再加上数千年来不间断的躬耕灌溉，造就了这一燕京都城所倚重的沃野粮仓。据《魏书·裴延俊传》记载，裴延俊疏通督亢旧渠与戾陵堰，"躬自履行，相度水形，随力分督，未几而就，溉田百万余亩，为利十倍"②。北齐孝昭帝高演登基后，"平州刺史稽晔建议，开幽州督亢旧陂，长城左右营屯，岁收稻粟数十万石，北境得以周赡"③。宋淳化四年（993），沧州临津令黄懋上疏，请于河北诸州置水利。于是宋太宗诏知雄州令何承矩在河北沿边屯田，兴堰六百里，"置斗门、引淀水灌溉……"屯田位于宋辽边界，北起涿州，南至新城、固安，就是督亢之地的范围。④《元史》载："（至正）十三年三月，脱脱用左丞乌古孙良桢、右丞悟良哈台议，屯田京畿，以二人兼大司农卿而脱脱领大司农事。西至西山，东至迁民镇，南至保定、河间，北至檀、顺州，皆引水利，立法佃种，岁乃大稔。"⑤一直到清代《日下旧闻考》中，为反驳《战国策》说燕地"民不佃作"之说，编者特地加按："国策谓燕地民不佃作者，此盖举当时风俗言之，迨其后耕垦相望，地无遗利。今则皇居建极，封畿内

---

① 《畿辅通志》卷四十六"水利营田"，清文渊阁四库全书本。
② 《魏书》卷六，清乾隆四年武英殿刻本。
③ 《隋书》志·卷十九"食货"，清乾隆四年武英殿校刻本。
④ ［元］马端临：《文献通考》卷三百四十六"四裔考二十三"，清乾隆十二年武英殿刻本。
⑤ 《元史》卷一百三十八"脱脱传"，清乾隆四年武英殿校刻本。

外数千里皆成沃壤。"①由此可见，自永定河南而东的千里沃野，直到此时仍然是帝京封畿内外农耕佃作与粮食供应的主要基地。

西山往北，越过那磅礴蜿蜒的万里长城，便是塞外。长城以内的人们想起塞外，总觉得那是一个无比遥远与不同的世界。出塞的人就如花木兰一样，"旦辞爷娘去，暮宿黄河边，不闻爷娘唤女声，但闻黄河流水鸣溅溅。旦辞黄河去，暮至黑山头，不闻爷娘唤女声，但闻燕山胡骑鸣啾啾"。走到燕山长城边时，已经离开家乡那么远，爷娘那么远，连呼唤都再也听不见。但是塞外不是只有关山和朔气，也不是只有寒光与铁衣，这里有大漠，有草原，也有西拉木伦河的农耕丰裕和白山黑水的渔猎山林，这里是马背民族的天下，是草原民族横跨欧亚大陆的高速公路，也同样是中华文明的早期起源地之一。红山文化出现于辽河流域，牛河梁出土的玉猪龙被誉为"中华第一玉雕龙"，其玉器已具三代文明中的礼制雏形，数千年后亦是契丹兴起之地。分布于西拉木伦河、老哈河与教来河的夏家店上层文化，在春秋早中期时已鲜明体现出多种文化交织的特点。在一些重要墓葬中，出土了与石板墓（欧亚草原东部）器物相近纹饰的兵器、工具和马具，甚至还有阿尔然

---

① ［清］于敏中等：《日下旧闻考》卷五"形胜"，清乾隆五十三年武英殿刻本。

王冢一号墓（今图瓦地区）的文化元素。同时，大量中原式铜器及仿造的中原式陶器、铜器，也反映出与燕国及其他中原列国相交往的事实。①新石器晚期，中原地区的龙山文化与北方的夏家店下层文化在西山南部交融，形成了夏家店下层文化的燕南类型。殷商时期中原文化的崛起，使得北京被逐渐融入殷商青铜文化之中。1987年在房山区塔照村、镇江营村遗址中，发现夏家店下层文化遗存被叠压在殷商时期的先燕土著文化层之下，且二者之间有明显影响的痕迹，就是证明。燕山以北，就是"最早的中国"的北境。辽宁朝阳魏营子曾先后清理了9座西周时期的土坑木椁墓，墓室结构与昌平白浮西周木椁墓相同，并出土铜盔、銮铃等车马器，也说明此处很可能是燕国经略东北地区的重要据点。②与其说长城隔开了两个世界，不如说它串起了边塞两侧的若干自然—文化生态区，在造成文化多样性的同时并未真正隔绝文化交流与融合。北方与东北各族南下，必须经过山海关、居庸关、古北口等关隘到达北京，再沿太行山东麓南下，方能直达中原。古代南北各族的经济、文化与政治交流，都通过这条路线进行。

　　长城内外，来来往往。蒙古高原南缘、太行山北部，

---

① 朱凤瀚：《中西早期文明交流的欧亚草原通道》，《中国社会科学报》，2022年8月31日第2版。
② 辽宁省博物馆文物工作队：《辽宁朝阳县魏营子西周墓和古遗址》，《考古》1977年第5期。

永定河在山间冲刷、沉积而成的一个个小盆地，既造就出相对与世隔绝的生存环境，又为这些来来往往的族群提供了和平共处与融合发展的小天地，其中最有代表性的就是唐五代时的"山后地"。《资治通鉴·后梁纪》记载，开平元年（907）夏四月，"银胡䩮都指挥使王思同帅部兵三千，山后八军巡检使李承约帅部兵二千，奔河东"[1]。史炤注曰："山后八军，谓涿、营、瀛、莫、平、蓟、妫、檀，皆隶卢龙节度。卢龙乃幽州范阳郡也。"[2] 也就是说，所谓"山后地"，指的就是今西山、燕山及其北部一带的边境之地。这一区域夹在平原与草原之间，既可以在峡谷间耕作农业，也可以在此放牧牛羊。这种天然的混杂性使得"山后地"不仅是影响中国历史走向的阶梯状舞台，更是文化走廊与文明前线。一个典型的例子是，契丹神册元年（916），耶律阿保机刚刚开国便大举进攻山后五州，将西山永定河一带的妫州更名为可汗州。同年十二月，契丹尽收山后八军，隔断幽燕与云朔之间的联防阵线，事实上已经将燕云十六州收入囊中。

回溯中华文明的漫长历史，我们会发现，"山后地"的混杂性不仅是中华文明多元一体、交流融合的缩影，事

---

[1] 《资治通鉴》卷二百六十六，民国八年上海商务印书馆四部丛刊景宋刻本。

[2] ［宋］史炤：《通鉴释文》卷二十八"后梁纪一"，清光绪间归安陆氏刻十万卷楼丛书本。

实上也正是西山永定河文化带的文明基调。正是在"山前"的中原农耕地区和"山后"的边疆游牧地区的拉扯与融合中,一个"能为不同人群的不同文化提供多样性发展空间的多民族之巨大中国"[1]才最终出现在欧亚大陆的东边。随着唐之范阳成为横跨华夷的政治中心,西山永定河也逐渐由幽燕的关山界河慢慢成为中国的砺山带河。随后的元明清等大一统王朝不断融合定居与游牧、农耕与马背、官僚机构与部落权力、儒法国家与内亚草原,但始终都以北京为中心,海纳百川、兼济天下,最终为今天的新中国奠定了基础。

多元一体:百工职事瞻仰于斯,九州风土形势所在

清康熙十七年(1678),少年天子玄烨在西山游览时写下这样的句子:"夫以北极神京,西山胜地,峰峦回互,草木茏葱。晴岚霁雪,掩映皇居;秋水春华,邀迎翠辇。非徒百工职事瞻仰于斯,实亦九州风土形势所在。"[2]作为大清王朝的帝王,康熙帝已经不假思索地将西山胜地视为

---

[1] 姚大力:《推荐序:一段与"唐宋变革"相并行的故事》,参见[日]杉山正明著,乌兰、乌日娜译:《疾驰的草原征服者》,广西师范大学出版社,2014年,第7页。

[2] 北京图书馆金石组编:《北京图书馆藏中国历代石刻拓本汇编》第63卷,中州古籍出版社,1989年,第124页。

天下九州风土形势汇聚的中心。这种想法当然来自宋及以后理学风水论的影响，如前文所引之朱熹、丘濬等人，但同时也来自辽金时期北方民族开始形成的世界地理观。事实上，当宋之边将名臣还将燕蓟之地视为北方边境时，辽金等王朝已将燕京看作天下之中。宋宣和七年（1125），许亢宗在《奉使行程录》中说："幽州之地，沃野千里，北限大山，重峦复障，有渝关、居庸、松亭、金坡、古北口。……以天下视燕为北门，失幽蓟则天下常不安。幽燕视五关为襟喉，无五关则幽燕不可守。五关虽得其三，纵药师不叛，边患终无宁岁也。"①而差不多同一时期，金海陵王完颜亮弑兄自立，随后下诏求言。"是时上封事者，多陈言以会宁僻在一隅，官难于转输，民难于赴诉。宜徙民居燕山，以应天地中。亮深然之。"②《大金国志》对燕京为天下之中的说法有更详细的说明。天德二年（1150）七月，海陵王问诸汉臣，为何上都栽种的二百株莲花全死了。汉臣回答说，因为上都地寒，唯燕京地暖可栽莲。兵部侍郎何卜年趁机进言道："燕京地广土坚，人物蕃息，乃礼义之所。"加上内外臣僚纷纷上疏，多谓上京僻在一隅，唯燕京乃天地之中，宜徙都燕。③金世宗继位后曾有还

---

① ［清］于敏中等：《日下旧闻考》卷四"世纪"引《奉使行程录》，清乾隆五十三年武英殿刻本。
② ［宋］张棣撰：《正隆事迹记》卷一，清钞杂史五种本。
③ ［宋］宇文懋昭：《大金国志》卷十三"海陵炀王上"。

都塞外之议，梁襄上疏极谏曰："燕都地处雄要，北倚山险，南压区夏，若坐堂隍，俯视庭宇。本地所生，人马勇劲。亡辽虽小，止以得燕，故能控制南北，坐致宋币。燕盖京都之首选也。况今又有宫阙井邑之繁丽，仓府武库之充实，百官家属皆处其内，非同曩日之陪京也。居庸、古北、松亭、榆林等关，东西千里，山峻相连，近在都畿，易于据守。皇天本以限中外，开大金万世之基而设也。奈何无事之日，越居草莱，轻不赀之圣躬，爰沙碛之微凉，忽祖宗之大业？此臣所惜也。"①最终，"世宗从之，安处中都"。此后，元明清历代王朝皆以西山为都畿、永定为城河，这才有了康熙帝所咏颂的九州一统格局。

可以说，以燕京为中心的天下，才真正形成我们今天所说的中华。这个新的天下，既是作为东亚轴心文明之载体的世界，也是数千年来不同族群共同创造的超大规模政治体。正如当代研究者所说："中国轴心文明的担纲者在古代的流转，最终必会落在起自农牧过渡地带的人群身上，过渡地带分布在长城沿线及东北。因为只有这个群体同时熟稔农耕与游牧两种体系的秩序奥秘，能够带来超越于农—牧之上的多元治理，使长城南北的紧张关系转化为统一帝国的内部均衡关系。他们对中原的理解能力使其能够调动中原的庞大财富，这是纯粹的草原统治者很难做到

---

① 《金史》卷九十六"梁襄传"，清乾隆四年武英殿校刻本。

的；他们的草原身份使其拥有超越于中原的广阔视野，有能力统治儒家文化无法直接整合的庞大非中原疆域，这是纯粹的中原统治者很难做到的。因此，这个群体能构建起庞大的多元复合帝国，使得轴心文明所构想的'天下'，外化为一个现实的帝国秩序。这种多元复合帝国也带来了中国的另一重超大规模性，即地理上的超大规模性和帝国内部秩序上的超级复杂性。"①西山永定河文化带就是这个超大规模、多元复合的天下秩序的枢纽和中心。

以青藏高原东缘为中心，北边的祁连山—贺兰山—阴山—大兴安岭一线，向南延伸的横断山脉及其邻近高地，共同构成一个巨大的半月形区域。童恩正先生称其为"半月形文化传播带"。杰西卡·罗森（Jessica Rawson）受其启发，指出这道"中国弧"是理解先秦时期中西文化交流的关键，而北京正位于这道弧线的北方地区中间，东西文明历来经由这里交往互通。春秋时期，蓟城一带已经是各族杂居的地方，东有孤竹，北有肃慎，而西山一带就是山戎活动的地方。《史记·匈奴列传》中说："唐虞以上有山戎。"杜预注曰："山戎、北戎、无终，三名也。《括地志》云：幽州、渔阳县，本北戎无终子国。"又说："燕北有东胡山戎，各分散居溪谷，自有君长，往往而聚者百

---

① 施展：《枢纽：3000年的中国》，广西师范大学出版社，2018年，第4页。

有余戎，然莫能相一。"[①]1985—1991年，先后在西山北部与军都山中发掘清理出570多座山戎墓葬，证实了春秋时期北京山区山戎活动的历史。这些墓葬中既有成套的中原特色青铜礼器，也有极具草原文化特色的黄金饰，尤其是金、铜制成的马、虎、鹿、狗形牌饰，是山戎服饰的明显特征。值得注意的是，墓葬中有大量狩猎工具与武器，却没有一件农业工具或器物。这表明，虽然当时的山戎人分散居住的"溪谷"之间水源充沛、植被茂密，但他们主要以放牧狩猎为生。

直到东汉时期，放牧狩猎仍然是北京文化的特征。东汉蔡邕在《幽冀二州刺史久缺疏》中说："伏见幽州突骑、冀州强弩为天下精兵、国家赡仗。四方有事，军师奋攻，未尝不办于二州也。"[②]幽州铁骑为天下精兵，是国家赖以仰仗的战斗主力。弓马精骑驰骋于西山之中，这不仅带有过去山戎猎人的影子，且与塞外文化影响有关，同时也是长期战争造成的结果。这里要着重指出的是，战争虽然残酷，但同时也是交流的催化剂。我们看到，正是出于稳定边塞、消弭战争的目的，汉朝中央政权随后也将京西作为与塞外各族交易的主要据点。东汉建武二十五年（49），光武帝刘秀采纳司徒掾班彪之议，在上谷宁城（今河北张

---

① ［汉］司马迁撰，［刘宋］裴骃集解，［唐］司马贞索隐、张守节正义：《史记》卷一百一十"匈奴列传"，清乾隆四年武英殿校刻本。
② ［汉］蔡邕：《蔡中郎集》卷六，清光绪五年陆心源刻十万卷楼丛书本。

家口万全区）置乌桓校尉，与乌桓、鲜卑、匈奴等岁时互市。《后汉书》中记载："司徒掾班彪上言……宜复置乌桓校尉于上谷宁城，开营府，并领鲜卑。赏赐质子，岁时互市焉。及明章和三世皆保塞无事。"[1] 上述蔡邕对幽州铁骑的描述，也是因为幽州饥荒、粮草无着，导致乌桓校尉夏育出征鲜卑无功而还，士马死伤者数万。这种既交易又战争、既联盟又攻讦的状态不仅极大地促进了物品流通，也带来了族群的往来融合。魏晋南北朝时期，战争频发、社会动荡，在客观上将人群流动与融合推至高潮。无论是鲜卑大人轲比能与曹魏的往来贡献[2]，还是慕容家族定都蓟城并徙入大量鲜卑贵族民众[3]，都使得幽州群山广纳四方来民，熔铸多样文化。到隋唐时期，在主流社会看来，燕蓟地区已不再仅仅是战场、骑兵和铁马冰河，同时也是文人雅士聚集的地方。《隋书·地理志》说："离石、雁门、马邑、定襄、楼烦、涿郡、上谷、渔阳、北平、安乐、辽西，皆连接边郡，习尚与太原同俗。自古言勇侠者，皆推

---

[1] ［刘宋］范晔、［晋］司马彪撰，［梁］刘昭、［唐］李贤注：《后汉书》卷一百二十"乌桓鲜卑列传"，清乾隆四年武英殿校刻本。

[2] 魏文帝黄初三年（222），鲜卑大人轲比能率三千余骑，驱牛马七万余只与幽州交市。太和二年（228），轲比能数次至幽州贡献。太和五年（231），轲比能率部人及丁零大人儿禅至幽州贡献名马。

[3] 前燕与后赵、冉魏的战争中曾数次夺取蓟城，除了将鲜卑兵民迁入蓟城外，也将赵郡、中山等处的贵族迁到此处。将蓟城定为前燕国都后，整个前燕宫廷包括贵族皇子等，都从龙城迁至蓟宫。

幽、并云。然涿郡、太原自前代以来，皆多文雅之士，虽俱曰边郡，然风教不为比也。"[1]说的正是以西山永定河为中心的华北、山西北部地区文化杂糅和文明交汇的情况。

站在今天的立场上，也许我们可以说，唐代是西山永定河一带发展的重要转折点。唐太宗远征高丽，为幽州带来了大批移民。贞观十九年（645）四月，唐太宗誓师于幽州城南，十一月返回幽州，诏命于幽州城的东南隅建悯忠寺（今法源寺）祭奠阵亡将士。此战虽然未果，但带回了辽东城高丽民一万四千余人定居幽州，开启了唐代幽州民族大融合的序幕。武则天万岁通天元年（696），契丹人李万忠在营州（治今辽宁朝阳）起兵，原置于营州的诸羁縻州县纷纷南迁到今天河北、河南和山东一带。中宗神龙年间，复北还侨治于幽州境内。到天宝初年，侨治于西山永定河区域内的羁縻州县共有十州，包括瑞州（属突厥，侨治于良乡之广阳城，即今房山区良乡镇广阳城村）、归义州（唐高宗时属新罗，侨治于良乡广阳城。唐玄宗时奚族首领李诗琐高率五千余帐降附，亦置于广阳城，皆以归义州为名）、威州（属契丹内稽部，侨治于良乡县石窟堡，即今房山区佛子庄）、师州（属契丹、室韦，侨治于良乡县之故东闾城，在今房山境内）、带州（属契丹乙失革部，侨治于昌平县之清水店，即今海淀区太舟坞）、沃州（属契丹

---

[1]《隋书》卷三十"地理志"，清乾隆四年武英殿校刻本。

松漠部，侨治于幽州蓟县东南回城，即今大兴区回城村)、慎州（属粟末靺鞨乌素固部，侨治于良乡县之故都乡城，今房山区长沟村）、夷宾州（属靺鞨愁思岭部，侨治于良乡县之古广阳城）、黎州（分慎州而置，安置夫余靺鞨乌素固部，侨治于良乡县之故都乡城）、燕州（属靺鞨突地稽部，先置于昌平城，后移于幽州北之桃谷山，即今昌平秦城东南）。[1]这些羁縻州基本都沿西山脚下、永定河沿线分布，随之而来的就是大量北方移民的进入，从而直接促进了京西山区开发，为地方社会的形成奠定了基础。

以羁縻各州移民为基础形成的京西地方社会，有两个突出特点。首先，与唐王朝的核心区相比，这里更少汉地传统而更多内部认同。天宝十四年（755），安禄山在范阳发动叛乱，其军队中有不少来自同罗、奚族、契丹、室韦骑兵的力量。这支军队少见门阀制度、府兵制度或租庸调制的痕迹，士兵相互之间以父子相称，号称"父子军"。直到唐朝末年，北京当地人仍然尊称安禄山和史思明为"二圣"，为其建庙祭拜。地方官察觉到这一现象后，打算拆毁该庙，却因此引发了士兵的叛乱。[2]其次，它带有较强的武士社会色彩，从唐到辽在西山捐赠寺庙、起建邑社的

---

[1] 曹子西主编：《北京通史》第2卷，北京燕山出版社，2012年，第88—91页。
[2] ［日］杉山正明著，乌兰、乌日娜译：《疾驰的草原征服者》，广西师范大学出版社，2014年，第32页。

地方领袖多有军人背景。唐咸通六年（865）归义县魏惟俨等人为石经山云居寺捐资题名立碑①，辽应历五年（955）以青白军使兼西山巡都指挥使陈巡贞、卢龙军随使押衙兼衙前兵马使充营田使刘彦钦为首的北郑院邑人起建陀罗尼经幢②，辽统和十年（992）玉河县清水院（位于今北京市门头沟区上清水村西北）经幢中有"充十将兼塞司军头""寨官""斋堂村山河直副兵马使"等捐资③，都表现出军士作为社会领袖的特征。军队在山中大量聚集，从根本上影响了这一地方社会日后的发展。从更大的视角来观察这一地方社会，我们会发现它也代表了长城内外正在发生的普遍情况。例如，不是只有契丹人住在京西，大量原本住在汉地的农民也由于种种原因而移居契丹。于是耶律阿保机仿照羁縻制度在辽南设临潢、乐郊、渔阳、檀州、潞州、龙化州、密云等州县。从这些新置县名就能看出，大量移民正是来自北京及其周边。这些熟谙耕作的农民来到草原后，很快在适宜农耕的地区居住、开垦，甚至并入契丹军队。村落和城镇开始兴起，农牧复合的生计方式很快成为常见景象。

辽定南京（今北京）为陪都，大大加速了长城内外一

---

① 碑存于房山区石经山。
② 经幢于1936年自北郑塔内发掘出土，现存云居寺。
③ 经幢原在门头沟区清水镇双林寺，现断成两截，分别存于首都博物馆和门头沟博物馆内。

体化的进程。正是由于多民族融合所积蓄和迸发出来的力量，长城两侧再次不分内外、无问华夷。后汉天福十二年（947），继承契丹王位的耶律德光改国号为"大辽"。这一明显中华式的称呼，反映出契丹人融入中华文明的信念与决心。与此同时，耶律德光大赦天下，改元"大同"。《礼记·礼运》篇说："大道之行也，天下为公，选贤与能，讲信修睦，故人不独亲其亲，不独子其子，使老有所终，壮有所用，幼有所长，矜寡孤独废疾者皆有所养，男有分，女有归，货恶其弃于地也，不必藏于己，力恶其不出于身也，不必为己，是故谋闭而不与，盗窃乱贼而不作，故外户而不闭，是谓大同。"不论出身，不依血统，唯行大道，天下为公，这就是"大同"，这才是大同！以此为年号，清楚表明了长城内外不分华夷、共享太平、天下大同的愿望。虽然战争不会因人们美好的愿望而止息，然而主动将天下大同视为执政的最高理想，这已经表明辽国同样是华夏文明的向往者与继承者。此后，所有定都北京的政权，无论其主导者是女真人、蒙古人、汉人还是满人，都从未放弃过这一基本立场与文明理想，长城内外的"大中国"再也没有分开过，也绝无可能再被割裂而论。

园林：缩天地于君怀，纳世界于山中

康熙十七年（1678），当康熙帝感慨"北极神京，西山胜地……非徒百工职事瞻仰于斯，实亦九州风土形势所在"时，吴三桂在衡州登基称帝，郑经围攻泉州，耿精忠叛乱的余绪尚未平复，一纸"迁海令"又令沿海居民背井离乡。对此时的康熙帝而言，怎样证明并确定"大一统"，仍然是清军入关后不得不面对的重大问题。雍正帝继位后，其私人园林取名"九洲清晏"，西砌昆仑，东临福海，圆而入神，明而普照[1]，在方寸之间容纳九州大海。而乾隆帝则走得更远。在他的治下，香山即是须弥，玉泉成为东岳。拟西洋、仿江南，西山经营构而浓缩了整个世界。

研究清史的学者已经发现，雍正和乾隆二帝重新定义了"华夷之辨"："夷狄只是在空间分布的状态下出现差异，而并不具备种族区别的内涵。这样一来就消解掉了朱子学中攘夷的真实含义。"[2] 的确，在所谓"皇清中夏"的空间观中，四方夷狄都属"吾民"而非不耕不臣的蛮夷。"至于东夷西戎，南蛮北狄，因地而名，与江南、河北、山左、关右何异？"[3] 这些称呼只有东西南北地方性的差异，而没有边疆蛮夷与中心华夏的区分。那么，在这样一个去除了文明等级的空间中，如何能建立起大一统的秩序

---

[1] 语出《论语·中庸》，也是圆明园名字之来历。
[2] 杨念群：《何处是"江南"？——清朝正统观的确立与士林精神世界的变异》，生活·读书·新知三联书店，2017年，第279页。
[3] 《高宗纯皇帝御制文二集》卷九，《命皇子及军机大臣订正通鉴纲目续编论》，文渊阁四库全书电子版。

呢？乾隆帝说，京师乃"会极归极之宗"①，如百水万川的归宿与源头，"故百越适京师则北辕，朔漠适京师则南首。南首北辕大不同矣。及其既至则同。故尧舜政治之源在心，而孔孟道德之源亦在心。颉之书、羿之射、输之巧、旷之音、鹊之医、僚之丸、秋之奕，何一不在心哉？且夫天下之水，其源多矣，而海则无源。无源正众水之源。则水之源亦在心，昭昭明矣！"②大家南辕北辙，从四面八方会聚到京师，但京师作为其根本则"一以贯之"，至者则无不同。在"海纳百川"的同时，京师也实现并象征着"天下大同"。这种从一月见千江映月、从一处见万千世界、"移天缩地在君怀"③的想法，首先通过圆明园的营建清楚地表现了出来。

在雍正帝继位之前，圆明园"不斫不枅，不施丹艧，则法皇考之节俭也"④，建筑很少，主要以自然风景为主，契合当时雍亲王胤禛"随处乐天，情之所寄又闲矣"⑤的心境。而在他继位之后，则"始命所司酌量修葺，亭台丘壑悉仍旧观。惟建设轩墀，分列朝署，俾侍直诸臣有视事之

---

① 《高宗纯皇帝御制文三集》卷七，《正阳桥疏渠记》。所谓会极归极之宗，出自《尚书·洪范》所说"会其有极，归其有极"一句。
② 《高宗纯皇帝御制文初集》卷七，《讨源书屋记》。
③ ［清］王闿运：《圆明园宫词》。
④ 《世宗宪皇帝御制文集》卷五，《御制圆明园记》。
⑤ 《世宗宪皇帝御制文集》卷六，《雍邸集》序。

所"①。此时的圆明园,才真正体现出雍正帝协和万方、平治天下的理念。在修葺圆明园之初,就是要以它涵括九州四海。雍正二年(1724),山东德平县知县张钟子等人来勘查圆明园风水,在随后写成的《风水启》中这样形容此地格局:"园内山起于西北,高卑大小,曲折婉转,俱趣东南巽地;水自西南丁字流入,向北转东,复从亥壬入园,会诸水东注大海,……东南流出巽地,……九州四海包罗于其内矣。"②天倾西北,地不满东南,这是中国古人最深入人心的世界观。圆明园以自身地势暗含宇宙图示,在西北堆砌假山象征昆仑,东部开凿湖泊象征东海,核心区以9个带有建筑群的岛屿,采用近似九宫格的布局来象征九州,岛外河道代表环绕九州的瀛海。最终,园林之"清晏"就象征着天下太平。③恰如雍正所说,建园"不求自安而期万方之宁谧,不图自逸而冀百族之恬熙"④。

乾隆帝继位后,没有对圆明园格局做根本改动,最大的添建当数长春园、西洋楼一区,以及对"西湖十景"的仿建。乾隆十二年(1747)开始筹划西洋楼景区,乾隆十七年(1752)建成"谐奇趣",又称"水法房"的主体

---

① 《世宗宪皇帝御制文集》卷五,《御制圆明园记》。
② 转引自郭黛姮:《远逝的辉煌:圆明园建筑园林研究与保护》,上海科学技术出版社,2018年,第12页。
③ 郭黛姮编著:《乾隆御品圆明园》,浙江古籍出版社,2007年,第6页。
④ 《世宗宪皇帝御制圆明园记》,转引自[清]于敏中等:《日下旧闻考》卷八十"国朝苑囿",清乾隆五十三年武英殿刻本。

建筑。至乾隆二十五年（1760）陆续建成海晏堂、方外观、大水法等处。乾隆六十年（1795）时，他总结了在圆明园中兴建西洋建筑的动机："（泽兰堂）堂北为西洋水法处，盖缘乾隆十八年（1753）西洋博尔都噶里雅国来京朝贡，闻彼处以水法为奇观，因念中国地大物博，水法不过工巧之一端，遂命住京之西洋人郎世宁造为此法，俾来使至此瞻仰……以今岁为朕御极六十年大庆，恳请来京朝贺，鉴其数万里外，慕化悃诚，因允其请。已即于腊月到京，新正并与朝贺宴赏，节间令于是处观看水法，使知朕所嘉者远人向化之诚，若其任土作贡，则中国之大何奇不有，初不以为贵也。"[1]按乾隆帝的说法，这些西洋式建筑并非为了新奇玩乐，而是特意为了让欧洲的来华使臣瞻仰观看，以显示西洋之知识技术亦为中国所有。尤其在繁华皇都之中，"朱楼甲第多侯王，槐市陆海无不藏"，如此方能显出"富乎盛矣日中央"[2]。从某种意义上说，他在南巡之后致力于在圆明园中仿建"西湖十景"也是出于同样的心理。也许正如葛兰言（Marcel Granet）所说，在宫苑中堆满了自然与人类的创造物，这种博物馆式的集萃最能证明帝王对天

---

[1]《高宗御制诗》五集卷九十四，《题泽兰堂》诗注。
[2]［清］于敏中等：《日下旧闻考》卷九十"郊坰·南"，清文渊阁四库全书本。

下的统治权力①,恰如上林苑中的珍禽异兽是帝王占有四海及其地方性的证明一样。②

为了使京城成为政治理想的典范,国君们常常将自己的都城与宫殿变成万物的博物馆。19世纪巴厘岛的尼加拉君主如此③,路易十四与拿破仑如此④,汉武帝同样如此。但乾隆帝与这些帝王的不同之处在于,他不仅仅追求万物毕集与夸耀展示,更关心满蒙联盟与儒家文明之间的秩序如何统一。我们看到,经由营造,他让神话传说中的须弥世界与五岳四渎在西山中相会——玉泉山就是历代帝王封禅以获得统治权力的泰山,而拥有金刚宝座塔的香山就是作为佛教世界之中心的须弥山。从西山发源的玉泉水汇入运河而东南转漕,如皇权自中央扩散到天下一般,其源头处的西山园林就代表了乾隆帝心目中的理想世界的完美典范。

乾隆二十一年(1756),乾隆帝在玉泉山建东岳庙时,这样解释自己的理由:"京师之西玉泉山,峰峦窈深,林木清瑟,为玉泉所自出。滋液渗漉,泽润神皋,与泰山之出

---

① Marcel Granet, *La pensée chinoise*, Paris, Edition Albin Michel, 1968, pp.197-201.
② 胡司德(Roel Sterckx)著,蓝旭译:《古代中国的动物与灵异》,江苏人民出版社,2015年。
③ 格尔兹著,赵丙祥译:《尼加拉:十九世纪巴厘剧场国家》,上海人民出版社,1999年,第145—146页。
④ 彼得·伯克:《制造路易十四》,商务印书馆,2015年。

云雨功用广大正同。"泰山为五岳之首,功在诩万物、出云雨、育群生,而玉泉山是京城水系的源头。正是在这个意义上,玉泉山就是北京的泰山,当以东岳之礼祭。也正是在此碑中,乾隆帝详细考证了四望与虞祭山林的祭典规制,并且提出,封禅泰山太过奢侈炫耀,事实上,"夫名山所在多有,均为造化灵粹所钟,英爽若接。东岳之为泰岱,人皆知之。而不知山岳之灵,不崇朝而雨天下,其精神布濩,固无不之。譬夫山下出泉,随地喷涌,导之即达,固不可谓水专在是,则东岳之祀于兹山也固宜"。山岳之灵也如天下之水一样,无在而无不在,并非专在某一处,因此皇帝在玉泉山致祭东岳,就可以获得与"封禅"同样的意义与功用。[1]

当玉泉山成了泰山后,山中喷薄而汇聚成京城水源的玉泉也就成了天下众水的源头,"天一生水"通过玉泉而被具象化,并成为皇权的表征。乾隆十四年(1749)的《御制麦庄桥记》非常详细地考证和描述了玉泉的流向:从玉泉山发源后,泉水"汇而为西湖,引而为通惠,由是达直沽而放渤海"。在清代,玉泉之水是京城水系的主要来源,它从御河桥出内城,自大通桥至通州,汇入大运河,而"夫东南转漕,国家之大计也。使由通而车载背负以达于都门,将不胜其劳,则玉泉之利岂非天地钟灵、神京发皇之祯符哉?"玉泉作为京城水源,既是漕运的终点,也是其源头。

---

[1] 《高宗纯皇帝御制文初集》卷十九,《玉泉山东岳庙碑》。

在乾隆帝的描述中，玉泉成为国家大计之本、天地灵气之源。①乾隆十六年（1751），他又再撰《玉泉天下第一泉记》，通过比较水质轻重的方法，称玉泉实为"灵脉之发皇，德水之枢纽"，的确为天下第一。他还将"应天下"的天子比作玉泉："泉之于人，有德而无怨，尤不能免讹议焉。则挟德怨以应天下者，可以知惧，亦可以不必惧矣。"到此时，乾隆帝已经明确将天子权威与玉泉德行联系到了一起。②从京师发源的玉泉在各地显现，就如皇权自中央扩散到天下一样，"天一生水"，"水利万物"。按照同样的逻辑，作为水源地的玉泉山就必然是封禅以天赐皇权的泰山。

如果说以玉泉山为泰山再次呼应了圆明园"九洲清晏"的华夏宇宙观的话，那么以香山为须弥的营建则展示出新的世界性。葛兆光指出，自明末利玛窦来华后，中国人已经"看见"了世界地理，尤其是像乾隆帝这类受过良好教育的知识精英，不可能再对中国以外的地方视而不见。此时，佛教概念被广泛用于表达世界地理，一方面是由于佛教对满蒙贵族的影响，另一方面（也是更重要的）是因为佛教宇宙观更适于表达这种中国之外的世界。③至少从康熙年间起，中外学者已经开始用"西牛贺洲""东胜

---

① 《高宗纯皇帝御制文初集》卷四，《麦庄桥记》。
② 《高宗纯皇帝御制文初集》卷五，《玉泉山天下第一泉记》。
③ 葛兆光：《宅兹中国：重建有关"中国"的历史论述》，中华书局，2011年。

神洲"这类佛教术语翻译欧洲、亚洲等地理名词。①如此一来，佛教宇宙观中位于世界中心的须弥山到底在哪里，就成了理解世界格局的重要问题。

在藏传佛教的宇宙观中，五台山一直被视为是汉地的世界中心。在元朝建立前，五台山就被认为是文殊菩萨安住之处，汉地统治者亦被认为是文殊菩萨化身。②而乾隆帝则相信，五台山不仅是汉地的中心，它同时也是须弥山的缩微。在五台山《普济寺碑文》中，他说五台山"按方岳峙，而山势北耸"，东、西、中三台都偏近于北，只有南台正居丁位。五台山紧邻关城，是入山以后最初见到的山峰，灵迹显化也最多。这种形胜格局不是没有道理的。因为"象教遍四天下，大乘气象独见南洲"，大乘佛教唯独兴盛于南瞻部洲，故而南台之象教佛迹最为灵验丰富。③南

---

① 格拉斯哥大学图书馆特藏的一份T.S.Bayer论文中，保存了一本匿名的俄汉满语词典手稿（着于1737年以前）。这部词典中由以俄语为母语的人和一位或多位精通汉语与满语的合作者合作编写，很可能是由在北京的俄罗斯八旗组织完成。在这部词典中，亚洲被译作南瞻部洲，美洲被译作东胜神洲，非洲被译作西牛贺洲。词典藏品见于Hunterian Library, Special Collections, University of Glasgow. Ms Hunter B/E1. vol. 1, f. 3r. 相关研究参见Alice Crowther, A manuscript Russian—Chinese—Manchu dictionary (from before 1737) in T.S. Bayer's Papers in Glasgow university library, *Written Monuments of The Orient*, vol.8, No.1（15），2022, p.57-74.
② 安海燕：《作为"转轮王"和"文殊菩萨"的清帝——兼论乾隆帝与藏传佛教的关系》，《清史研究》2020年第2期，第107页。
③ 《高宗纯皇帝御制文初集》卷十七，《普济寺碑文》。

台象征着南瞻部洲，五台山实际上和金刚宝座塔一样，都是在模拟须弥山的五方世界。有清一代，五台山成为最重要的佛教圣地，亦应从这一角度去理解。不过对于乾隆帝来说，仅仅将世界的中心——须弥山放到中国境内还不够，他还要更进一步将五台山"复制"到京畿西山之中。

乾隆十六年（1751），香山南麓建宝谛寺。按照乾隆帝的说法，这是"名山启初地，法界落中台"。因为宝谛寺正是仿照五台山菩萨顶而建，菩萨顶就是中台。①《日下旧闻考》记载宝谛寺正殿对联"地即清凉，白马贝书开震旦；山仍天竺，青鸳兰若近离宫"②，暗示其所在之山就是五台山，乃震旦佛法之源。乾隆二十六年（1761），为庆祝皇太后七十大寿，乾隆帝又在宝谛寺右新建宝相寺，更明确指出香山与五台山是一而二、二而一的关系。他说："夫清凉在畿辅之西，而香山亦在京城之西，然以清凉视香山，则香山为东。若以竺乾视震旦，则清凉香山又皆东也。是二山者不可言同，何况云异？……文殊随缘利见，应变不穷，是一是二，在文殊本不生分别，倘必执清凉为道场，而不知香山亦可为道场，则何异凿井得泉，而谓水专在是哉？"③意思是说，以京城为中心，香山在其西边；

---

① 《乾隆二十一年御制宝谛寺诗》，见［清］于敏中等：《日下旧闻考》卷一百三"郊坰"，清文渊阁四库全书本。
② ［清］于敏中等：《日下旧闻考》卷一百三"郊坰"，清文渊阁四库全书本。
③ 《高宗纯皇帝御制文初集》卷二十六，《宝相寺碑文》。

以畿辅为中心，五台山在其西边；而如果以震旦为中心，则印度在震旦西边。在这个同心圆式的地理图示中，香山—五台山—须弥山在不同层次上彼此对应，其实质"不生分别"，而位于西山之中的香山，就是五方世界中心的须弥山。

香山就是须弥，玉泉乃是东岳，加上无奇不有的"九洲清晏"，多种文明如水流般汇聚在小西山一地。这片湖光山色的土地不仅是复杂而精巧的世界模型，也是不同人群和谐相生、天下大同的隐喻。然而，正因它如此神圣美丽，寄托了中华文明几乎所有的最高理想与最美愿景，所以当它在100年后被焚毁、被劫掠、被撕碎时，这个民族的伤口才如此伤痛入骨，那曾经伟大的天下理想也随之蒙尘扭曲。

新生：全世界无产者联合起来！

伴随着侵略者的铁蹄一起来到西山永定河的，不仅有枪炮、鸦片、不平等条约，也有钢铁、资本和负责带走矿产的火车。京西越来越深地被拖入全球经济体系当中，不平等和剥削也越来越严重。从清末开始，大量外国资本涌入门头沟地区的煤炭业中，一时间，中英门头沟煤矿公司、中日杨家坨煤矿、中比合办格懋煤矿公司等纷纷出现，从根本上改变了这一地区原有的经济结构与生计方式。1920年，叶良辅等人调查西山地质时，发现西山中的传统煤窑大都有停工之势，煤炭行业日益被跨国资本垄断。[1]新的交通路线陆续出现，也打破了原有地方社会的结构。光绪三十四年（1908），西直门至城子段的京门铁路通车。1919年，京兆尹公署修通了阜成门至三家店、城子至圈门的公路，随后又修通了京门公路三家店大桥。1924年5月1日，门斋铁路正式动工。1925年，从琉璃渠村东口经过至板桥的路段通车。从此，旧有的"西山大路"日益废弃，人们不用再在永定河的出山口三家店村或西山大路出山口琉璃渠村停留，驿站被取消，集镇也就随之消失。不仅骡马背上的运输行业遭到了致命打击，西山大路中为往来客商服务的各种店铺也失去了客源，曾经繁华的山区变得萧条。

经济侵略从来都伴随着主权沦丧。《辛丑条约》签订后，日本政府正是以"护侨""护路"为名，宣布成立"清国驻屯军"，在北京、天津、塘沽、秦皇岛、山海关等地驻兵。1936年5月，日军开始在丰台非法修建兵营，并以此为据点在西山一带刺探骚扰、蠢蠢欲动。1937年7月7日夜，日军在永定河上卢沟桥故意制造事端。7月8日凌晨5时，日军向中国守军发动进攻，炮轰宛平县城。中共中央立刻发出《中国共产党为日军进攻卢沟桥通电》，号召"武装保卫平津，保卫华北！不让日本帝国主义占领中国寸土！为保卫国土流最后一滴血！全中国同胞，政府与

---

[1] 叶良辅：《北京西山地质志》，农商部地质调查所，1920年。

军队，团结起来，筑成民族统一战线的坚固长城，抵抗日寇的侵掠！国共两党亲密合作抵抗日寇的新进攻！驱逐日寇出中国！"第二天，周恩来、朱德等人会见蒋介石，共商抗日救国大计。在中国共产党的号召、组织和影响下，全国各族、各界、各阶层人民掀起了抗日救亡、支援前线的热潮。1937年9月22日，国民党中央通讯社公开发表了中共中央提交的《国共合作宣言》，这标志着以国共合作为基础的抗日民族统一战线正式形成。这不仅开辟了世界上第一个大规模反法西斯战场，也意味着这片土地将在抗日战争的洗礼中升华出了新的"大同"理想。

1949年3月23日，毛泽东率领中共中央机关离开河北平山西柏坡，进驻香山。正是在这里，中国共产党发出《向全国进军的命令》，领导解放战争走向了全国胜利、新民主主义革命取得伟大胜利。也正是以这里为起点，新的"百川归海"历程开始启动。万滴涓流从四面八方汇聚到中国共产党的旗帜下，参政议政、建言献策，基础空前广泛的人民民主统一战线逐渐形成。

1948年，解放战争形势发生了重大变化，中共中央和毛泽东曾经设想过把新中国首都放在东北的哈尔滨，因为这里是最早解放的大城市之一，拥有齐全的工业门类和比较发达的重工业，同时地理位置邻近苏联，有利于获得苏联支援。但哈尔滨毕竟"偏安一隅"，最终这一设想并未实行。1949年2月下旬，时任中共中央东北局宣传委员会书记的王稼祥抵达西柏坡参加党的七届二中全会，当日便与夫人朱仲丽一起去看望毛泽东。辛向阳、倪健中的报告文学《定都北京》中如此描述毛泽东与王稼祥之间关于定都的对话：

> 毛泽东拿起一支烟递给王稼祥，自己也点了一支，然后问："我想听听你的意见，我们的政府定都何处？历朝皇帝把京城不是定在西安就是开封，还有石头城南京或北平。我们的首都定在哪里最为合适呢？"
>
> 王稼祥作了片刻的思考，然后回答说："能否定在北平？"毛泽东要他谈一下理由。王稼祥分析说："北平，我认为，离社会主义苏联和蒙古人民共和国近些，国界长但无战争之忧。而南京虽虎踞龙盘，地理险要，但离港、澳、台近些，西安又似乎偏西了一点。所以，我认为北平是最合适的地方。"
>
> "有道理，有道理。"毛泽东一边笑着，一边不住地点头。王稼祥的看法与毛泽东以及其他中共领导人的看法是完全相同的。这种一致正是建立在当时国际政治格局和国家安全战略上的。①

---

① 辛向阳、倪健中：《定都北京》，参见《60个瞬间（1949—2009）》，生活·读书·新知三联书店，2009年，第5—6页。

随后,毛泽东在党的七届二中全会上明确指出:"我们希望四月或五月占领南京,然后在北平召集政治协商会议,成立联合政府,并定都北平。"至此,新中国定都北平一事已在党内形成一致意见。[①]定都北京,也反映出两种不同政权的根本对立。正如毛泽东所言:"蒋介石的国都在南京,他的基础是江浙资本家。我们要把国都建在北平,我们也要在北平找到我们的基础,这就是工人阶级和广大的劳动群众。"

1949年4月21日,中国人民革命军事委员会主席毛泽东和中国人民解放军总司令朱德发布《向全国进军的命令》,号召各野战军全体指战员战斗员、南方各游击区人民解放军"奋勇前进,坚决、彻底、干净、全部地歼灭中国境内一切敢于抵抗的国民党反动派,解放全国人民,保卫中国领土主权的独立和完整"。4月23日晚,第三野战军一部解放南京。6月2日,解放长江口崇明岛,历时42天的渡江战役胜利结束。在双清别墅内,毛泽东写下"钟山风雨起苍黄,百万雄师过大江。虎踞龙盘今胜昔,天翻地覆慨而慷。宜将剩勇追穷寇,不可沽名学霸王。天若有情天亦老,人间正道是沧桑"的著名诗句。人在西山,遥指钟山。此时的香山,就是中共中央指挥人民解放军向全国大进军、解放全中国,领导筹建新中国、建设新世界的总指挥部。

---

① 贾晓燕:《"香山答卷"光照史册》,《北京日报》,2021年11月2日。

在香山，党中央和毛泽东还做了一件大事，就是领导和团结一切爱国民主力量筹建中央人民政府，为新中国绘制蓝图。毛泽东从西柏坡抵达北平的当天，就在西苑机场会见先期抵达的李济深、黄炎培、马叙伦、郭沫若以及傅作义等160位各界人士。入驻香山不久，他又在双清别墅接待了张澜、李济深、何香凝、沈钧儒、柳亚子等人。1949年6月19日，毛泽东在双清别墅给宋庆龄写信，并派邓颖超去上海邀请宋庆龄来北平参加新政治协商会议"共商建国大计"。之后，毛泽东又亲自去前门火车站迎接宋庆龄。[1]1868年出生在广东开平的司徒美堂，少年时代为生活所迫到美国谋生，旅居美国近70年。他当过孙中山的保镖，为其筹集过15万美元的军饷；他曾聘任罗斯福做法律顾问，并成功推动了美国废除《排华法案》；他发起成立纽约华侨筹饷总局，推动华侨捐款1400万美元支持国内抗战……1949年，已是耄耋之年的司徒美堂到双清别墅拜访毛泽东。没有现成的担架，工作人员就用毛泽东用过的一把藤椅在两边绑上木棍，制成"轿子"接他上山。[2]此时的香山，真正以海纳百川的气势，将各党派、各团体、各民族、各阶层和各界人士团结在了一起。

---

[1] 贾晓燕：《"香山答卷"光照史册》，《北京日报》，2021年11月2日。
[2] 阚枫：《他为什么能坐着"轿子"上香山见毛泽东？》，中国新闻社2022年7月19日，https://www.xuexi.cn/lgpage/detail/index.html?id=173222 70012785854085&amp；item_id=17322270012785854085。

新中国的成立，彻底改变了近代以后100多年中国积贫积弱、受人欺凌的悲惨命运，实现了中华民族历史上空前未有的团结和统一。新中国诞生于冷战格局形成和社会主义与资本主义对峙开启之时，这一历史性的事件直接改变了世界政治力量的对比，推动形成新的世界均势，"岂惟中国五千年历史之唯一大变，更为全世界所从未见之唯一大变"①。走在新开辟的社会主义道路上，西山永定河地区也迎来了新的转折、新的主人、新的生机。

1952年，时任北京市委书记的彭真提出要在京郊建一个示范性"集体农庄"。南苑区委就提议在南海子中心的姜场村先行建立示范点，得到了北京市委的同意。1953年元宵节，在南海子"穷八家"初级合作社的基础上建立了红星集体农庄。农庄的办公地点设在姜场村，农民自己选举领导人、自己制定纪律、自己组织和管理自己，当年秋天就获得了大丰收。到1954年底，红星集体农庄就发展到了1000多户。1955年，《北京日报》刊登了北京市委农村工作部和北京市农林水利局帮助制定的《红星集体农庄的远景规划》。这一规划引起了毛泽东的关注，他还为此专门写了如下"按语"：

> 这是一个全乡一千多户建成的一个大合作社

---

① 张皓：《新中国诞生的世界历史意义》，《历史评论》2020年第1期。

（他们叫做集体农庄，即是合作社）的七年远景计划，可作各地参考。为什么要有这样的长远计划，人们看一看它的内容就知道了。人类的发展有了几十万年，在中国这个地方，直到现在方才取得了按照计划发展自己的经济和文化的条件。自从取得了这个条件，我国的面目就将一年一年地起变化。每一个五年将有一个较大的变化，积几个五年将有一个更大的变化。①

此后，南海子先后组建了金星社（金星乡）、曙光社（西红门乡）、晨光社（鹿圈乡）和旧宫社（旧宫乡）。这4个合作社与红星集体农庄（红星乡）在当时一起被誉为社会主义农村的五面红旗。1958年3月，这5个合作社与京郊农场合并成一个总面积约160平方公里的大型组织——大兴县红星人民公社。直到1983年取消建制前的20多年里，红星人民公社一直发挥社会主义新农村的示范作用，不仅是人民公社探索过程中的一颗明星，也是国家对外宣传的窗口。

从20世纪50年代起，红星集体农庄陆续接待的外国元首、政府首脑及各国贵宾等，来自缅甸、英国、日本、法国、墨西哥、美国、苏丹、朝鲜、刚果、菲律宾、索马

---

① 原载《北京日报》，1955年10月10日。

里、巴西、荷兰、尼日尔等国。各国留学生也经常组织来到农场参观劳动。1960年，红星人民公社与朝鲜民主主义人民共和国的宅庵农场互结友好，命名为"红星中朝友好人民公社"。1972年，曾经参加过"曼哈顿工程"原子弹研究计划的美国物理学家阳早、寒春夫妇定居红星人民公社。为延安精神所感召而来到中国的两位科学家，为公社奶牛场设计出新中国第一个直冷式奶罐和管道式挤奶设备。随后，中国自主生产的成套奶牛养殖机械设备就从这里走向了全国。1975年4月20日下午，朝鲜领导人金日成来到红星人民公社，在庭院里种下了3棵"中朝友谊树"。人民公社制度固然有其弊端，公社化运动也带来了严重后果，但红星集体农庄的社会主义实践仍然是全人类解放事业过程中的重要探索。

从夷夏有别的小中国到夷夏混同、"王道大平"的大中国，再到以构建人类命运共同体为己任的新中国，西山永定河从来都处在历史洪流的中心，因此也很自然地承受了更多的激荡与碰撞，甚至是长期惨烈的战争冲突。站在和平安详的今天，回望这数千年来西山永定河的历史，我们不得不承认，也许战争对这片土地的塑造，比我们想象的还要大。

砺山带河

妙峰山北边10多里处，有座孤山，这就是有名的穆桂英凝望儿子杨文广的望儿坨。

传说，穆桂英大破洪州以后，因为战事紧急，她即便已经怀孕，也只好再次出征。这天，激战几十回合以后，忽然肚子一阵疼痛，她料到婴儿就要出世了。可当时，刀枪晃动、战鼓雷鸣，山又高，谷又深，刮着北风，哪是生孩子的地方呢？于是她虚晃一枪，拨马便走，翻过一架山梁，把婴儿生在一个三面是山、一面是谷的平台上。后来，人们把这个地方叫"撂子台"。穆桂英把孩子撂在这个台子上，又杀入敌阵。大战结束后，离撂子台已经三十里，她来到一座孤山脚下。

这时，穆桂英想看一看她的孩子，于是，手搭凉棚朝西望去，看见的是山、树，哪里有小文广的影子呢？心想，这会儿孩儿是冷还是饿？恨不得能马上抱一抱小文广。可她不能走，保卫江山怎能离开战场呢？只好找个地方望儿子一眼吧。她看看左右，发现不远的地方有三块四尺见方的大石头。穆桂英把这三块大石头撂了起来，她爬上这有一丈多高的"撂撂石"，向西望，看不见撂子台，看不见小文广。穆桂英望子心切，决心要登上这座孤山。

这座孤山坡陡路滑，穆桂英爬到半山腰，乳房忽然隐隐胀痛。没有婴儿吃奶，她只好解开铠甲，把奶汁挤在山坡上，山坡的土竟变成了白土。据说这里白土比别处的白净，还能掺在白面里当面粉吃。穆桂英挤完奶继续朝山顶上爬，好不容易爬到山顶，登高望远，还是看不见撂子台。她只好下山来，从山脚下的砂上撮了一包土，二次上山，把这包土倒在山顶上，然后登上土堆，这才看见了她的娇儿小文广。从这儿，这孤山就叫"望儿坨"了。

如今登上望儿坨，还能看到穆桂英撮的那包土。土堆高出山顶七八尺，方圆足有十五六丈。如果在风清日朗的中秋，从望儿坨真可以看见三十里远的撂子台。

这个"望儿坨"的故事，是1983年当时已年过七旬的昌平农民邱瑞国讲给昌平县（今昌平区）文化干部施惠全的，后来被收入《中国民间故事集成·北京卷》中。①
它只是西山永定河地区无数杨家将（穆桂英）传说中的一
个。如今，穆桂英传说已被列入国家级非物质文化遗产代
表性项目名录。②故事中所说的"望儿坨"大概位于今棋盘
山风景区内，但西山永定河文化带范围内的望儿台、望儿
坨、望儿山特别多。昌平老峪沟里有了思台，据说穆桂英
在这里生了杨文广。颐和园附近的百望山，也叫望儿山，
传说是佘太君远望杨延昭的地方。房山的羊耳峪，据说应
叫养儿峪，也是穆桂英临阵产子之处。她躲在石头缝隙间
生子，那一大一小两块巨石，正像孩子依恋着母亲一般，
这就是燕山石化家属区内的"大象石"。穆桂英带着婴儿
上阵杀敌，在一块石头上给杨文广喂奶，奶水流下来染白
了石头，留下今天燕山办事处内的"奶子石"。穆桂英攻
打天门阵时，不得不把儿子送回家乡，她舍不得亲生的骨
肉，送了一程又一程，一直送到房山东流水村西南的高坡
上才止步，于是留下了望儿台这个地名。房山张坊镇穆家
口村的人们相信，他们就是穆桂英的亲人。当年穆桂英的
父亲带着她在这里占山为王，好不快活。直到杨宗保为破
天门阵上山求取降龙木，穆桂英才动了春心，踏入江湖，

---

① 《中国民间故事集成·北京卷》，中国ISBN中心，1998年，第244页。
② 杨家将（穆桂英）传说于2008年被列入第二批国家级非物质文化遗产代表性项目名录，申报地区为北京市房山区，项目类别为民间文学。项目编号Ⅰ-34。

演出这慷慨悲情的杨门女将戏。据说过去穆家口村的人绝不与姓杨的结亲，就是娘家人恨杨宗保带走了穆桂英，咽不下苦命女儿的这口气。①

出生于10世纪初的北宋名将杨业（令公杨继业的原型）当然没有一位孙媳妇叫穆桂英，他也没有过7个儿子或一个叫杨宗保的孙子，但像穆桂英这样的女英雄却是真实存在过的：她是代耶律阿保机出征的述律皇后月理朵，是杀伐果断的天之骄女弘吉剌·答己，是"旦辞爷娘去，关山度若飞"的花木兰，是平西根据地里扛枪埋雷的妇女自卫队队员。她是精于骑射的山戎女儿回荡在峡谷间的歌声，更是无数边关屯田将上家中那勇毅刚强的妻女。穆桂英的确是想象出来的人物，但西山永定河的人们爱她、念她、歌唱她，就如同思念自己那从不愿战但也绝不惧战的母亲。她和她们一样浴火而生，战斗至死，无非为了"使河如带，泰山若厉，国以永宁，爰及苗裔"②。穆桂英阵前生子、撂子杀敌、望儿成山，如今听来是多么不可思议又肝肠寸断的故事，但在西山作为战场的漫长岁月中，又有多少女人不是左手拿着针线，右手握着铁剑？有多少婴孩不是生在狼烟中，长在刀光下？直到今天仍然时时响彻山间的铁胆大鼓、中军把乐，难道不正回响着数千年来听不尽的杀敌声、

---

① 本书作者2022年在房山地区田野调查时听到的传说。
② 语出《史记·高祖功臣侯者年表》："封爵之誓曰：'使河如带，泰山若厉，国以永宁，爰及苗裔。'"

流不尽的英雄血？

战争：渔阳鼙鼓动地来，惊破霓裳羽衣曲

"缓歌慢舞凝丝竹，尽日君王看不足。渔阳鼙鼓动地来，惊破霓裳羽衣曲。"长安城中帝王绮丽柔缓的轻歌曼舞，一朝被来自幽州的战鼓声打破，就由白居易之笔谱出千古绝唱《长恨歌》。诗人没有提到的是，这战鼓声并不是第一天响起，早在安史之乱以前的很多年间，军中鼓号可能才是幽州西北群山之间最常听见的音乐。

春秋战国时期，山戎牧猎于燕山，燕国建城于拒马河畔，双方之间相距不过近百公里。山戎、猃狁等族群"因射猎禽兽为生业，急则人习战攻以侵伐，其天性也"[1]，生计方式决定了他们既惯于狩猎，也善于战斗。当时，"山戎伐我"[2]"山戎来侵我"[3]"伐山戎，为燕也"[4]之类的记载常见诸史书。仅《史记·匈奴列传》中记载的山戎与燕齐之间的大型战争就有4次："是后六十有五年，而山戎越燕而伐齐，齐釐公与战于齐郊。其后四十四年，而山戎伐燕。燕告急于齐，齐桓公北伐山戎，山戎走。其后二十有

---
[1] 《史记》卷一百十"匈奴列传"。
[2] 《史记》卷十四"十二诸侯年表"，齐釐公二十五年。
[3] 《史记》卷三十四"燕召公世家"，燕庄公二十七年。
[4] 《史记》卷十四"十二诸侯年表"，齐桓公二十三年。

余年，而戎狄至洛邑，伐周襄王，襄王奔于郑之氾邑。"[1]为了抵挡北方游牧部落南下，燕国自筑长城，在燕中都之西北置上谷郡以拒胡，其范围大致包括今天北京境内的延庆、昌平、门头沟，以及河北的张家口、宣化、涿鹿、怀来等地，涵盖了西山永定河文化带的西侧山区北部。上谷郡随后也成为秦汉时期中原政权与匈奴单于往来征伐的重点。

秦始皇二十九年（前218），蒙恬向匈奴大举进攻，三年后将匈奴赶出河南地（今内蒙古西河套及鄂尔多斯地区）。次年（前214），蒙恬于西起临洮（今甘肃岷县）、东至辽东的崇山峻岭间修筑长城，上谷郡北境一线成为边疆关塞。至楚汉相争之际，冒顿统一匈奴诸部，"悉复收秦所使蒙恬所夺匈奴地者，与汉关故河南塞，至朝那、肤施，遂侵燕、代"[2]，上谷郡成为匈奴的势力范围。当时正值楚汉相争之际，冒顿趁机扩张势力，以至"控弦之士三十余万"，其左部控制的领地向东一直到达滨海的秽貉和朝鲜。汉高帝七年（前200），刘邦亲自率汉军北伐匈奴，被冒顿困在山西大同以东的白登山，最终用陈平的贿赂之计方才逃出。五年后（前195），燕王卢绾反，率其党数千人降于匈奴，还是在上谷郡一带往来。至武帝时，汉

---

[1] 《史记》卷一百十"匈奴列传"。
[2] 《史记》卷一百十"匈奴列传"。

朝大举反攻匈奴，上谷郡仍然是主要战场。元光六年（前129）春，"匈奴入上谷，杀略吏民"。武帝遣车骑将军卫青出上谷、骑将军公孙敖出代、轻车将军公孙贺出云中、骁骑将军李广出雁门反击匈奴，但只有卫青直捣匈奴祭祖地龙城。元朔二年（前127）春，匈奴又入上谷、渔阳，杀掠吏民千余人。汉武帝遣将军卫青、李息出云中，至高阙，遂西至符离，获首虏数千级。①从元光六年至元狩四年（前129—前119）的10年间，匈奴6次侵扰上谷、渔阳、右北平等地，汉军几次大规模的征战，基本都在阴山、太行山和燕山一带。②门头沟区千军台村西有大寒岭，原名大汉岭，《宛署杂记》记载："大汉岭在县西二百余里。由清水山尖分脉，直抵百花山，相传汉时匈奴界止此。"③明代人普遍相信大寒岭一带是汉朝与匈奴的分界线，明末刘侗、于奕正的《帝京景物略》中亦有同样说法。④这些文献记载也得到了出土文物的证实。1985年，在大寒岭北侧不远的斋堂山坡上出土了125枚汉代箭镞。1986年，在大寒岭东侧的东石古崖村（现名东石古岩）出土了一柄99厘米长的汉代铁剑和若干枚铜头箭镞，村落附近山顶还有汉代烽火

---

① 《汉书》卷六"武帝本纪"。
② 曹子西主编：《北京通史》第1卷，北京燕山出版社，2012年，第229页。
③ ［明］沈榜：《宛署杂记》，北京出版社，1961年，第30页。
④ ［明］刘侗、于奕正：《帝京景物略》，北京古籍出版社，1980年，第325页。

台遗迹。①这都表明，大寒岭一带在汉代时是汉匈边境这一说法有其历史依据。

长期的汉匈战争锻炼出了一支"上谷突骑"，随后在东汉光武中兴的历史中扮演了关键角色。更始二年（24），王郎在邯郸称帝，随后派人到渔阳、上谷二郡征调军马打击刘秀。上谷太守耿况、渔阳太守彭宠在王郎、刘秀二人之间举棋不定。此时的渔阳安乐令吴汉因为素来对刘秀有好感，意欲归顺投靠，因此向彭宠进言道："渔阳、上谷突骑，天下所闻也。君何不合二郡精锐，附刘公击邯郸？此一时之功也！"②意思是说，渔阳、上谷二郡的骑兵天下无敌，何须受制于人？如果帮助刘秀反过来击败王郎，岂不是匡扶汉室的头一件功劳？对燕蓟精骑战斗力的信心可谓溢于言表。耿况与彭宠于是决定支持刘秀，为其平定河北立下了汗马功劳。被后世神化为星宿的"云台二十八将"中，就有5人出自渔阳、上谷。在今天的永定河平原一带，广泛流传着"王莽撵刘秀"系列故事，要么讲刘秀逃难到京南，靠吃桑葚才活了下来；要么讲刘秀被追得躲在草丛里，蝼蛄替他掩人耳目才未让追兵发现。这些故事当然是类型化传播的结果，华北各地都有广泛分布，常常也会把主人公换成朱元璋、努尔哈赤或其他起于微末的帝

---

① 北京市门头沟区文化文物局：《门头沟文物志》，北京燕山出版社，2001年，第252页。
② 《后汉书》卷四十八"吴盖陈臧列传第八·吴汉"。

王,因此不能说与刘秀求救于蓟的史实直接相关。但当人们讲起这些故事时,那种"是我们帮刘秀打下了天下"的骄傲感溢于言表,隐隐然仍有当年渔阳、上谷突骑所向披靡的勇气与自信。

东汉建立并未给渔阳、上谷带来和平。建武二年(26),彭宠叛乱。在此之前,乌桓、匈奴、鲜卑已侵扰边塞多时,尤其是上谷郡北边的乌桓白山部威胁最大。历任上谷太守的主要任务就是与乌桓、匈奴作战,但始终无法平定边疆。建武二十一年(45),匈奴发生内乱,乌桓发兵攻打匈奴,随后内附东汉。随后的若干年间,内附的乌桓各部移居塞内,大多居住在渔阳、广阳、上谷、右北平等处。他们与东汉军队混合,经常一同作战,是北境非常精锐的军事力量。东汉延熹八年(165),2.6万名乌桓步兵与骑兵被调往南方,平定了零陵和苍梧的大规模叛乱。太尉张温也曾派遣3000名乌桓骑兵前去协助镇压凉州叛乱。更重要的是,移居到太行山与燕山以内的乌桓部落离开了过去广袤的放牧草场,衣食用度必须依赖新的生计方式。汉光武帝在诏封乌桓渠帅的同时,也"令招来种人,给其衣食"[①],也就是说通过耕种开垦为乌桓部落提供衣食,才使得他们得以在这里居住下去。与此同时,由中原地区向北京山区迁徙的人群也不少见,汉章帝建初三年(78),谒

---

① 《后汉书》卷一百二十"乌桓鲜卑列传第八十·乌桓"。

者邓训统率黎阳营的士兵屯守狐奴（今北京顺义）。六年（81），邓训转任护乌桓校尉，驻扎上谷，从黎阳一路跟随他北上的故人们都扶老携幼，举家跟随邓训徙边。①这些来自中原腹地的人民来到北境，与惯于骑射牧猎的部族杂居在一起，以农养兵，以牧秣马，战争技术不断提高，在保卫当地农业耕作的同时也为发展生产提出了要求。两者结合，才铸就了汉末以后北方强大的军事实力。一个典型的例子就是，不仅燕代精兵傲视群雄，就连燕地的战马武器也名满天下。西晋左思在《魏都赋》里说"燕弧盈库而委劲，冀马填厩而驵骏"，北周《灵台秘苑》认为"冀之北土，马牧之所蕃庶，故天苑之象存焉"②。这些说法都表明燕蓟之地不仅有战争和战士，同时也有战争的艺术和战士的技术。到了北周武帝平齐之时，杨坚甚至感叹："燕、代，精兵之处，今若动众，天下不足图也！"③这支在群山中淬炼出的精兵铁马已有了所向披靡、战无不胜的能力。

以强大的军事实力作为后盾，隋唐时期幽州地区的整体实力与日俱增。加上隋大业八年（612），隋炀帝发兵征辽，四方兵马会集涿郡。此后隋炀帝三次征伐高丽，"器械资储皆积于涿郡。涿郡人物殷阜，屯兵数万"④。隋炀帝

---

① 《后汉书》卷四十六"邓寇列传第六·邓训"。
② ［北周］庾季才撰，［宋］王安礼重修：《灵台秘苑》卷三"十二分野"。
③ 《隋书》卷五十列传第十五"庞晃传"。
④ 《资治通鉴》卷一百八十三"隋纪七·炀皇帝下"。

还在桑干河（即永定河）上筑社稷二坛，驾临涿郡临朔宫，一时之间"临朔宫多珍宝"，以至于"诸贼竞来侵掠"①。天下人员物资集聚在永定河两岸，加之关外诸族归义移民，此时的幽州蓟门如躁动的少年一般，爆发出昂扬斗志与崭新生机。自唐天宝以后，幽州便由军人掌握政权，他们不仅是地方政府的掌权者，也是社会生活的主导者。典型如唐代房山石经中，军人参与的题记达半数以上，构成了当时社会的精英群体。②"幽州多骑射，结发重横行。一朝事将军，出入有声名。"③"去岁荆南梅似雪，今年蓟北雪如梅。共知人事何常定，且喜年华去复来。"④"人生在世能几时，壮年征战发如丝。会待安边报明主，作颂封山也未迟。"⑤这些吟咏幽州边塞生活的诗歌清新刚健、踌躇满志、视死如归，正是这一时期北京精神的最佳写照。甚至搅得天下大乱的"安史之乱"也应放在这一社会背景下去理解：充满力量的少年已不再满足于久居人下，既然"男儿本自重横行"⑥，"汉家能用武，开拓穷异域"⑦，那么何不凭

---

① 《资治通鉴》卷一百八十三"隋纪七·炀皇帝下"。
② 刘琴丽：《唐代幽州军人与佛教——以〈房山石经题记汇编〉为中心》，《世界宗教研究》2011年第6期。
③ 高适：《蓟门行五首》。
④ 张说：《幽州新岁作》。
⑤ 张说：《巡边在河北作》。
⑥ 高适：《燕歌行》。
⑦ 高适：《蓟门行五首》。

自己的力量，也去打出一片新天地？

民间传说中的巾帼英雄穆桂英就属于这片新天地。她不服王化，落草为寇，先是逼迫杨宗保娶她为妻，随后又代夫出征驰骋沙场。武艺高强、杀伐果断、敢作敢当，在她身上几乎看不到汉家女儿的旖旎情态，反而一直笼罩着铁马金戈的影子。我们可以推测，穆桂英之所以在京西如此受人喜爱且深入人心，至少有三方面原因。首先，唐末以后的数百年间，西山几乎全境都成为战场。不仅北部屡修长城，至明代一直是边关重镇，易水至大房山一线也是辽宋战争的主战场。作为"记忆之场"，战场遗迹凝聚了关于战争的集体记忆，穆桂英传说就是这种集体记忆的口传形式。其次，唐以后大规模迁入京西的人群多以北方游牧民族为主，对这些在马背上长大的女人来说，扛枪上阵与骑马打仗本来就是她们的能力和权利。从贵族到平民中普遍存在的强悍女性，是穆桂英这一人物形象鲜活的生命力来源。最后，也许是最重要的，战争为大山带来了人口，山中求生的人们必然与平原居民有不同的家庭关系和观念秩序。西山永定河地区的人群结构与生计方式决定了女性不仅连接了军士与土著社会[①]，也是物质生产的重要力量和家庭经济的重要支柱。这和华北平原以及江南地区农

---

① 类似宋怡明在福建卫所研究中的发现。参见［加拿大］宋怡明（Michael Szonyi）：《被统治的艺术》，中国华侨出版社，2019年，第二章。

业生产的家庭化,以及主要由女性劳动力提供内卷型商品的情况非常不同①,但却正是女性地位与权力的重要来源,甚至直到今天仍然影响着当地的日常生活与民间文化。

战场:可怜无定河边骨,犹是春闺梦里人

穆桂英传说之所以在西山永定河地区生生不息、流传千古,一个重要原因是战场遗迹在这一带比比皆是。它们作为视线中明显的物质存在,不断附着、凝聚与强化着人们的历史记忆,也每每提醒着人们去好奇、言说与传颂。大地上的遗迹能存在多久,人们的言说和回忆就有多长。在人们口耳相传的传说中,那些战场上的无名白骨,最终都汇成了传奇里可歌可泣的英雄。

如果仔细考察穆桂英传说的分布地,会发现它们的分布范围与两类遗迹高度相关:一是燕山南麓到西山北部的长城沿线,二是拒马河岸边与大房山一线的古战场。前者是抵挡游牧铁骑南下的防线,后者是从中原地区北上攻防的必经之路。这些与穆桂英传说有关的遗迹,大多是边关、战场,或历史上真实经历过战争的地方。

燕秦时期修建的长城大致在今多伦、围场、赤峰、敖汉一线,远在北京以北的塞外。但由于将整个燕山都纳入

---

① 关于华北平原与江南地区小农经济中农业生产的家庭化、内卷化,以及内卷型商品化,参见黄宗智:《长江三角洲的小农家庭与乡村发展》《华北的小农经济与社会变迁》,中华书局,2000年。

塞内，从平原供给相当困难，汉末魏晋时已名存实亡，燕山南麓与西山一带于是便屡建关防城墙。北京地区最早的石刻，就是此时修建军事城墙留下的遗迹。20世纪80年代，在北京门头沟色树坟村永定河转弯处的台地上发现了一块自然巨石，上刻"大魏武定三年十月十五日，平远将军、□安太守、筑城都使元勒□用夫一千五百人，□十人，乡豪都督三十一人，十日讫工"的文字，村西北处还残存了夯土城墙。① 东魏武定三年就是545年。仅仅5年后，高洋篡位建立了北齐。北齐政权放弃了燕山北部的燕秦长城，防线全部向南收缩，在燕山山麓的南缘新建长城，既利用了山势，也可以更有效地获得平原补给。天保七年（556）以前，"自西河总秦戍筑长城东至于海"，这是北京地区最早出现长城的记载。② 这一时期修建的长城，是今天北京长城的雏形。随后，北周、隋、唐各代都在北齐长城的基础上进一步修缮利用。明朝在燕山一带修长城驻防，仍大体选择了北朝长城一线，大部分地段覆盖了北朝旧迹，这也构成了我们今天所能见到的长城景观的主体。

《大金国志》记载"燕云之地，易州西北乃金坡关，昌平之西乃居庸关，顺州之北乃古北口，景州东北界乃松

---

① 梅艳红：《"大魏武定刻石"释文之谜》，《北京青年报》，2023年5月24日。

② 唐晓峰、陈品祥主编：《北京北部山区古长城遗址地理踏查报告》，学苑出版社，2009年。

亭关，平州之东乃榆关，榆关之东乃今人之来路也。凡此数关，乃天造地设，以分番汉之限。一夫守之，可以当百"①，简明扼要地列举了当时长城的主要关隘。至明代重修长城后，北京周边形成紫荆关—居庸关—山海关三大关镇的格局，亦称为"内三关"。其中，紫荆关在北京西南，"扼蜚狐之吭"；居庸关"拊上谷之背"，为太行八陉中最北一陉。两关之间有镇边城，乃西山的北部起点，亦为永定河流域入京之处。镇边城所辖的白羊口、沿河口，扼守西山与永定河的交汇处，"背据大山，下视怀来，东睨横岭，而斜界居庸，烟液杳袅，足为天险"②，亦是整个北京西北边境的重要边塞。

镇边城东南有白羊口，永定河支流就从此处流出，为南北交通之冲要。白羊口南接北京平原，外通怀来、宣府，是昌平和怀来之间最便捷的通道，一旦失守，至北京便再无关塞可守。明代历次蒙古侵袭，大都由此口出入。正统九年（1444），蒙古瓦剌部也先攻陷白羊口，由此直逼京城。弘治十一年（1498），火筛自大同深入，京师戒严，分遣大臣守"内三关"、白羊口等关隘。正德九年（1514）八月十一日，蒙古小王子犯白羊口；十一年（1516）七月，小王子复犯白羊口，官军御却之。嘉靖二十九年（1550），

---

① ［宋］宇文懋昭：《大金国志》卷二"太祖武元皇帝下"。
② ［明］蒋一葵：《长安客话》，北京古籍出版社，1982年，第144页。

俺答汗率军突入古北口，劫掠通州等地，原欲夺白羊口北去，未果，后只得复由古北口出。

镇边城西南为沿河口，古称"三岔口"。这里不仅是刘家峪沟、石羊沟、王龙沟三条山沟水汇入永定河的入口处，同时也是为太行山二支脉与永定河交叉处。《宛署杂记》中说："夫太行自天之西柱奔腾以北，云从星拥，几千万派，而至宛平三岔口，析而为二，此堪舆家所谓大聚讲也。"[1]作为关隘，沿河口同时也是蓟镇与宣府之交。明万历十九年（1591）的"沿河口修城记碑"中说："国家以宣、云为门户，以蓟为屏，而沿河口当两镇之交，东望都邑，西走塞上而通大漠，浑河汤汤，襟带其左，盖腹心要害处也。"既处要害，战端必不会少。明永乐四年（1406），此处已设守御千户所驻防，但是"虏阑入塞，民闻警溃散去，保匿山谷间，士之属橐鞬出捕虏者，志死绥而犹以内顾分其锐"。万历六年（1578），副都御使张卤议修城堡，此后"再无赤羽之警"，士民"平居不复忧盗，即一旦有缓急，急入收堡，凭坚城而守，据河上流为天堑，而壮士挽弓赴敌，人人自坚无忌，西扼虏，东辅诸君国，燕台易水之间可高枕无忧矣！"[2]

自沿河口而西南，长城便离开北京范围，出浮图峪、

---

[1] ［明］沈榜：《宛署杂记》，北京出版社，1961年，第33页。
[2] ［明］冯子履：《沿河口修城记》。该碑立于今沿河城西门外。

插箭岭，到达河北易县的紫荆关。而沿河口南的斋堂至大安山一带，相传即为唐末刘仁恭营建宫馆、屯驻山后八军之处。刘仁恭原为唐幽州节度使李可举手下裨将，后占据幽州，自称卢龙节度使，"骄侈贪暴，常虑幽州城不固，筑馆于大安山，曰：此山四面悬绝，可以少制众。其栋宇壮丽，拟于帝者。选美女实其中。与方士炼丹药，求不死。悉敛境内钱，瘗于山巅；令民间用堇泥为钱。又禁江南茶商无得入境，自采山中草木为茶，鬻之"①。民国时期，马庆澜修《房山县志》时，曾亲自到大安山村探访，发现当地仍有大量关于刘仁恭建馆于此的传说。据说村北原山就是刘仁恭的宫馆所在地，西有西陵台，传为刘仁恭之墓。村东南靠近红煤厂（今京煤集团大安山煤矿）路东的地方，山坳里有平地数顷，俗名操场，据说是刘仁恭练兵处。大安山南有长操村，民间亦传是刘仁恭练兵处。大安山东南的佛子庄村，据说有刘仁恭设立的烟墩，其山就称为烟筒尖。佛子庄乡黑龙关村内还存有一段旧城墙，可能也是刘仁恭所筑。②黑龙关村位于绝壁之上，下临深涧，即青龙潭。过去只有潭东一路，仅通驼马，可达斋堂。从古玉河（今清水河）畔的斋堂、清水镇、军响乡，到古圣水（今大石河）畔的佛子庄乡、大安山乡，这一带处在高山峡

---

① 《资治通鉴》卷二百六十六"太祖上"。
② 马庆澜：《房山县志》卷三"古迹"，民国十七年铅印本，第7页。

谷的两河之间，世界上最早种植粟谷的东胡林遗址、遍开异花如入神境的百花山，以及法脉遍京城的圣莲山、潭柘寺、戒台寺都位于这一带，也许就和这种地形条件有关。到了明代，这一地区归沿河城驻军管辖，设巡检司管理。这种情况一直维持到清代。

与西山北部由长城边塞驻军把守不同，西山南部至永定河冲积平原一带已属关内，并非边防的关键区域。然而由于北京城对于天下的重要性，战火纷扰同样不少。唐末纷争与辽宋拉锯战多在拒马河到大房山间进行。明代也先围攻京城不下，退往大同的途中劫掠了良乡城。1937年7月7日，日本对华侵略军炮轰卢沟桥、宛平城，中国驻军奋起还击，拉开了全面抗战的序幕。7月下旬，华北日军增兵10万，于27日轮番轰炸南苑、西苑及永定河一线，并向平津大举进攻。这些战争有一个共同的特点，就是每当军事力量较弱的一方想要以智取胜、以巧胜力时，往往会选择离开平原、遁入西山，在群山的掩护下机动作战，其中最有代表性的就是所谓"周德威收燕之路"。这条路线除了直接影响了宋朝北伐战略外，甚至在晋察冀边区的游击队活动路线中也能隐隐看到它的影子。

所谓"周德威收燕之路"的说法，始见于《宋史》。端拱二年（989），宋太宗将讨幽蓟，刑部尚书宋琪上疏，拟北伐路线为："令大军会于易州，循孤山之北，漆水以西，挟山而行，援粮而进。涉涿水，并大房，抵桑干河，出安祖寨，则东瞰燕城，裁及一舍，此是周德威收燕之路。"为何放弃平原进军，绕道西山行进？宋琪在上疏中说得很清楚："必若取雄霸路直进，未免更有阳城之围。盖界河之北，陂淀坦平。北路行师，非我所便。况军行不离于辎重，贼来莫测其浅深。"[①]从中原北上至永定河平原，一马平川，尤其利于契丹骑兵由北至南冲袭，辎重粮草受害尤深。宋琪提议"西适山路"，这确实是总结了唐末以后历次战争经验得出的结论。从后梁乾化元年（911）周德威进围刘守光到天祐十四年（917）李嗣源、李存审等北上解幽州之围，都采取沿太行山东进的路线。

乾化元年，刘守光在幽州登基，自号大燕皇帝，改年号为"应天"。是年，契丹军队举兵南下，准备侵占易州、定州。河东节度使、晋王李存勖乃命其大将周德威率军三万，出飞狐口，取涿州。乾化三年（913），周德威兵临幽州城下，刘守光遁入檀州（今北京密云），终被消灭。周德威随后镇守幽州，李存勖的弟弟李存矩把守"山后地"。然而不愿战死他乡的"山后地"骑兵发动叛乱，杀死了李存矩，推举卢文进为首领，投降契丹。"山后地"一区由此成为契丹的领地。周德威于是聚集燕、并、镇、定、魏五镇之兵，奔新州（今河北涿鹿），欲讨伐叛乱者，而耶律阿保机也率契丹军队从云州（今山西大同）东进，双

[①] 《宋史》卷二百六十四"宋琪传"。

方在镇边城（涿鹿东郊至居庸关以西）一带相遇并展开激战。周德威大败，退守幽州，契丹兵临城下。契丹大军围城之际，周德威向李存勖求助。八月，晋王派李嗣源、李存审等率步军、骑兵共7万人进至易州。李存审认为："虏众吾寡，虏多骑，吾多步，若平原相遇，虏以万骑蹂吾陈，吾无遗类矣。"意识到平原遭遇战中步兵面对骑兵的极大劣势，李嗣源完全同意这一点："虏无辎重，吾行必载粮食自随，若平原相遇，虏抄吾粮，吾不战自溃矣。不若自山中潜行趣幽州，与城中合势，若中道遇虏，则据险拒之。"[1]意思就是潜入京西山中，以地形为掩护携带辎重粮草北上，翻过大房岭，沿着山涧东行，与城中守军形成合围之势。果然，由于行军隐蔽，一直到距离幽州城六十里处才与契丹军队相遇。契丹军队大惊而退，晋王军队两侧包抄。契丹退至山中，晋兵随行涧下，在山口处展开激战。此时契丹军队有上万骑兵堵住山口，而李嗣源带着百余骑前锋突进。他脱下甲胄，扬鞭上马，以胡语向契丹人喊话，然后突入阵中，斩杀契丹首领一名。山口处的地形让契丹骑兵难以施展，只好继续败退，最终落入李存审率领步军布下的鹿角阵中，"契丹人马死伤塞路"，大败而去。长达200天左右的幽州之围终于得解。

这场战役巧妙利用山势水形，对西山、永定河与幽州

---

[1]《资治通鉴》卷二百七十"均王中"。

城池之间位置关系的把握恰到好处,其精彩程度令人叹为观止。也许正是这一点给时人留下了深刻印象,所以当60年后(979)宋太宗第一次北伐时,他同样沿太行山东麓北上,在易州东北岐沟关(今易县岐沟村附近)接受刘禹的投降。此地已临北拒马河,过河不远便是盛产美玉的房山大石窝。辽军闻讯来迎,双方就在拒马河上展开激战,辽军大败。随后,宋军继续北上,越过今天的夹括河、琉璃河,到达盐沟(今房山阎村)。此后一路几乎没有遇到抵抗,直到燕京城南。此时宋军气势正强,但执掌辽国大权的太后萧绰并未胆怯,她督促辽景宗派出耶律休哥的五院军南下支援,加上燕京城易守难攻、守军顽强抵抗,终于在七月七日的高梁河大战中大败宋军。宋太宗身中两箭,从涿州夺路而返。宋朝第一次北伐最终就在燕京城北的高梁河畔以失败而告终。

7年后,宋太宗开始第二次北伐,史称"雍熙北伐"。此次北伐,宋军兵分三路。东路军由曹彬总领,由河北中部直接北上,到了拒马河畔兵分两路:一路走李嗣源和李存审的老路,西潜房山,沿山路逼近燕京;另一路则涉水而北,采取第一次北伐的路线,过盐沟,从正南方向北攻都城。中路军则沿袭周德威第一次攻打刘守光的路线,出飞狐口,沿西山西麓北上,攻打镇边城一带,以切断云、朔方面的辽国援兵。西路军则直取朔州、大同,杨业就是此路人马的副主帅。然而,此次北伐同样无功而返。近千年后,《日下旧闻考》对此战评论道:"宋琪疏谓卢沟属燕城北,可决之使与高粱合者,乃当时宋臣未亲履燕地之言。筹策之疏,即此可见。"虽然仅仅针对宋琪所说开掘永定河与高粱水合流一事,但由此发现北宋朝臣对燕京山形地势已极不熟悉,这也是导致其战略失误和战争失败的重要原因。

在失去燕云十六州将近50年后,西山永定河在宋人的知识体系中已经很是陌生。"塞上长城空自许,镜中衰鬓已先斑。"陆游吟出的宋人心绪,恐怕从此时已埋下种子。

燕云十六州的割让不仅造成宋人山川知识的缺失,进而导致战略筹策的疏忽,同时还带来另一个直接影响,就是失去了北部山地的天然边防,宋辽之间再无屏障。宋辽之战的主要战场集中在拒马河一带,尤其是西山在北京境内最南端一线的张坊、涞水、一渡到十渡等处,今天仍然留下了大量古战场遗址。穆桂英传说就与这些战场遗址相伴相生。至澶渊之盟后,辽宋以白沟(今拒马河及其下游大清河)为界,双方陈兵河岸。但拒马河并非如长江、黄河一般的天堑,于是北宋从沧州到海滨引水入洼,筑塘蓄水,称为塘泺。"阙河川泉渎,灌庐墓耕牧之地",原本富饶多产的督亢之地一朝之间变成了蒲藻鱼蚌的泽国。宋人李邦直在《议戎策》中非常尖锐地指出:"包七州广数百里,东起泥沽海口,西达边吴淀堆,蒲藻鱼蜯生之,而粒食皆漕取于内地。并西山尚缺百里,曾未足限隔戎马,而边民丧其业矣。……譬之千金之家，寇盗在藩墙之内，不治格斗攘却之具，而方施堑阈下以为守，盗者从而笑之，塘水是也。"①壅塞的塘泺非但无法用以驻防，反而造成农业生产遭到破坏，粮食难以自给。边关从燕山一线南移到永定河下游乃至拒马河以南。

穆桂英传说以辽宋对峙为背景，双方在拒马河、西山和永定河一带的长期战争为这一传说提供了基本框架与灵感来源。但史实并不能完全解释穆桂英传说本身的丰富内涵，一个典型的证据就是，杨业从未深入西山北部、燕山一线的居庸关、古北口等处，但恰恰正是这里保留了最多的杨家将祭祀遗迹。早在辽代时古北口就已经出现了杨无敌庙，苏辙相信这里供奉的杨无敌就是杨业，故有"驰驱本为中原用，尝享能令异域尊"之句②。苏颂更直白地认为，杨业因为死战燕山、护卫宋师，因此得到了奚虏的奉祀。③辽地供奉的杨无敌就是杨业吗？今天事实上已经无从知晓确切答案。我们也许更应该意识到，杨家将这一千古流传的英雄传说是辽宋文化融合的产物，是西山永定河无数边关将士的缩影，他们既是辽国的健儿，也是宋国的

---

① 李邦直：《议戎策上》，《宋文选》卷二十"李邦直文"，清文渊阁四库全书本。
② 苏辙：《奉使契丹二十八首其六过杨无敌庙》。
③ 苏颂：《和种巽过古北口杨无敌庙》："汉家飞将领熊罴，死战燕山护我师。威信仇方名不灭，至今奚虏奉遗祠。"

将军,但首先是西山本地人民心中的英雄、保护他们自己的神灵。我们在穆桂英身上更能看到多元文化熔铸的在地性:她既有草原贵族女性骁勇的一面,又能看到宋明理学对女子坚贞品格的赞颂,但更重要的是,她独立执掌穆柯寨、亲自领军上战场,恰恰反映了西山永定河地区由于长期战争、驻军、屯田而形成的女性经济逻辑与社会规则。

戍边:万里锄耰接塞垣,幽燕桑叶暗川原

"白沟河边蕃塞地,送迎蕃使年年事。蕃马常来射狐兔,汉兵不道传烽燧。万里锄耰接塞垣,幽燕桑叶暗川原。棘门灞上徒儿戏,李牧廉颇莫更论。"这是宋嘉祐四年(1059)王安石奉命出使辽国时,在辽宋边界的白沟河边所写下的诗句。在王安石看来,辽国境内有广阔的大规模农耕区域,桑蚕生产简直遮天蔽地。但谁能想到,仅仅几十年前这里还是不见人烟的荒野呢?唐末五代至辽初,燕蓟一带居民被大量屠杀斩首,被俘虏和迫于战乱流徙北去的人口可达2万户10万余人。随后大量中原战俘被成建制地安置于析津府各州县,构成了当地农业生产的主力。[①]荒野—移民—屯田—桑梓田园,这一过程从唐至清一再发生,不仅因为西山永定河一带本来就有大量不适于农业定

---

① 韩茂莉:《辽金农业地理》,社会科学文献出版社,1999年,第90—98页。

居的区域，更因为长期战争给这里的人口结构和生计方式打下了深深的烙印。

唐代初年，曾留下千古名篇《登幽州台歌》的四川人陈子昂，在另一首五言诗《登蓟丘楼送贾兵曹入都》中写道："东山宿昔意，北征非我心。"满腹委屈、很不情愿入蓟的诗人，解释了他眼中的燕山景象："辽海方漫漫，胡沙飞且深。"他的情绪并非没有道理，燕蓟边关苦寒而荒凉，多狂风暴雪而少有人烟，来自天府之国蜀中射洪的陈子昂怎么可能没有情绪呢？尤其是永定河西岸的群山之中，山高而峡深，浪激而洪泛，基本没有农业种植的条件，更遑论出现自给自足的富庶田园。永定河平原的河道滩地虽然可以耕种，但历史上无定之水经常泛滥、土壤盐碱化严重，农业生产也极不稳定。整个西山永定河地区，只有房山大紫草坞至琉璃河之间、西北延庆山间盆地中的妫水平原在历史上是重要的耕种区。缺少可供耕种的土地，使得自发性的人口移入和垦荒很少出现，我们能从史册典籍中辨认出来的早期人口移入史，几乎都源于战争和屯军。

西山永定河地区长期作为中原王朝的边关，我们今天所能看到的有关人口徙入的最早资料都与军队卫戍和给养有关。前文已经提及的北京地区最早的石刻铭文色树坟东魏石刻，记载的就是包括乡豪都督在内的千余人由将军太守驱使，投入建筑城防的工程之中一事。北京历史上有记载的最早水利工程戾陵堰与车箱渠，也是曹魏嘉平二年

（250）魏国镇北将军刘靖令部下丁鸿率上千军士修建的。[1]随着幽州驻军增多，曹魏每年从青、徐二州陆运粮食以供幽州军食日增，丁是有了改造水利设施、发展农业生产的迫切需要。景元三年（262），曹魏遣谒者樊晨赴幽州改造戾陵堰，更制水门。竣工后的灌区自西向东润泽四五百里、灌溉土地上万顷。唐玄宗时在国内广置屯田，天宝八年（749）天下军屯收谷913960石，而河北道收谷403280石，占全国屯田产量的44.1%，与陇右地区相当，远高于河东、河西地区。[2]屯田是政府为供军需或税粮而由政府直接组织经营的土地，通常设置于边防和军事重地。河北道一带并非农耕适宜区，屯田产量却高居全国榜首，这表明军需屯田在当时是这一带农业生产的主力。唐武宗会昌元年（841）九月，幽州卢龙军作乱，先后杀节度使史元忠、陈行泰，拥立衙将张绛。蓟州广汉川的军吏吴仲舒至京师请节钺平叛，称"幽州粮食皆在妫州及北边七镇。万一未能入，则据居庸关，绝其粮道，幽州自困矣"[3]。这里当然不是说幽州粮食都产自延庆及北部边镇，而是说军粮大多储存于长城沿线一带，外来粮食主要通过居庸关进入幽州，一旦扼绝此关，则幽州会因绝粮而不攻自破。

唐代是西山永定河地区大发展的时期。除了大量北方

---

[1] 《三国志·魏志》卷十五"刘馥传"。
[2] 曹子西主编：《北京通史》第3卷，北京燕山出版社，2012年，第247页。
[3] 《资治通鉴》卷二百四十六"武宗上"。

民族内徙，唐末以后的战乱也为西山永定河带来了新的移民。辽金时期，移民通常由中原地区的战俘组成，具有奴隶性质，通常成建制地被安置于京畿农村。随着移民的增加，军屯之外的在官闲田与私田也发展起来。前者土地仍归国家所有，耕者纳租；后者土地归自己所有，耕者纳税。王安石所见到的桑园农田就是在这样的制度环境下发展起来的。不过，军事机构仍然是地方控制的主要力量，移民的主要来源仍然是受军事组织控制的军人和战俘。金初"徙上京路太祖、辽王宗干、秦王宗翰之猛安，并为合扎猛安，及右谏议乌里补猛安，太师勖、宗正宗敏之族，处之中都"。所谓猛安，是一种军政合一的基层组织，下辖谋克，大致相当于元明时期的千户所。《金史》中说："猛安，从四品，掌修理军务、训练武艺、功课农桑，余同防御。"这些亦军亦农的基层组织迁入中都，散处农村，使得当地的行政结构与生计方式与以自耕农为主的其他地区有很大不同，一个基本特征就是土地归国家所有，军事机构承担社会管理的职责。蒙古兴建大都不仅没有改变当地农业生产的军事性特征，反而更加强了军屯的重要性。元世祖忽必烈令蒙古、汉军万户各佥选军人，驻屯于北京东北、西北两部，随后又陆续设立左、右、中、前、后卫及武卫于大都附近驻屯，各有屯田，由枢密院管辖。[①]明初

---

① 《元史》卷一百"兵志·屯田"。

洪武年间为肃清故元势力，将这些官兵军民一律徙往南方内地，后又从宣化、滦平、山西沁州等处迁沿边之民入北平州县屯戍。

明成祖朱棣定都北京后，开始更大规模地从苏州、浙江、山西、山东等各地向北京移民，以至于今天西山永定河地区的几乎所有家族都在家谱中将自己的祖先追溯至永乐年间的大移民。门头沟区沿河城里的魏氏，其魏氏先茔碑上详细记载了迁至此地的过程以及魏家族谱，"领敕听奉王命，久役于外，享祭不便，每怀追祖崇宗之念，不亡其本"[1]。与之相仿，沿河口的大姓王家和唐家祖上分别镇守着邻近村子的两处敌台，东岭村的索家祖上据说是戍守黄草梁的将士。而王龙口的王姓、向阳口村的韩姓、刘家洼的刘姓都声称祖先是山西洪洞大槐树迁入的军户。大兴长子营、青云店、采育三镇的"七十二连营"，同样也是明初自山东、山西移民至凤河两岸，村民多以营为名，其中以移民原籍命名的村落就有22个，如霍州营、解州营、赵县营、沁水营、孝义营等。这些移民所耕种的屯田均属官地，民屯由政府管理、军屯由卫所管理，后者的数量绝不在少数。明成化至正德年间的直隶诗人储巏在《君子口人家》中说："三间茅屋十弓耕，了却官租便此生。闻道蓟门憔悴甚，麦田都属五军营。"这首诗描述的就是军

---

[1] 明正德八年《魏氏先茔之记》，碑刻现在沿河城东岭魏氏祖茔内。

屯耕地的情况。乃至到了清代以后，军营所辖范围内的民屯仍然需要向军营缴纳钱粮。沿河城附近的白羊石虎村告示碑记录了沿河营与宛平县民索显发争控土地一案，其中明确提到直至清光绪年间，龙门沟、椴木沟、石羊沟和狮子沟四沟山地由军户山民承种，照旧向沿河营按年缴纳粮银。[①]

长期军队镇守与卫所屯田，使得西山永定河地区的经济结构和社会结构与一般农耕地区有相当大的不同。战争与军队形塑了西山永定河生计方式与民间文化的同时，也潜移默化地改变了当地的性别关系。在这里，我们几乎看不到宋代以后中国南方由于编户齐民和纳税保甲而形成的地方社会，也看不到乡里自治与宗族的大量兴起，从某种意义上说，男耕女织的理想在这里很难实现。当男性必须大量投入戍边、备战、采矿等危险性工作中时，女性反而成为家庭生计的顶梁柱。戍守边关的将士因她们而与地方土著社会产生直接联系，农业种植、家庭繁衍与日常生计靠她们维持，常年留守聚落的她们也更有可能结成性别组织而实现互助。

巾帼：休言女子非英物，夜夜龙泉壁上鸣

杨家将故事中出场的所有女性穆桂英、佘太君、萧太

[①] 该碑现在斋堂镇沿河城白羊石虎村，仅存半截断碑。

后，以及征西的十二寡妇，无论她们的家国立场如何，都有着同样勇毅刚强的气质与能征善战的品质。我们很难想象中国其他地方，例如江南的民间故事中会出现这样的女性群像——织女不会倒追牛郎，祝英台不会与梁山伯私定终身，孟姜女不会提刀上马宰了强迫她的秦始皇。强悍的女将似乎只有出现在辽宋时期的北京一带才显得合情合理，无人会对这些女子的形象产生怀疑，这也许正是人们对辽代社会风气的集体记忆。事实上，从《辽史》《契丹国志》等文献记载来看，辽国女性正是以武见长。《辽史·后妃传》中说："辽以鞍马为家，后妃往往长于射御军旅，田猎未尝不从。如应天之奋击室韦、承天之御戎澶渊、仁懿之亲破重元，古所未有，亦其俗也。"[1]这些擅长鞍马骑射的皇后全都出自乙室氏和拔里氏。二氏均以"萧"为汉姓，女子历来成为皇后，男子世代担任宰相，是与辽国皇族耶律氏分权共治的后族。学者们相信，这种帝后共治制度正是来自契丹国开国君主耶律阿保机及其妻述律平的设计。

辽太祖淳钦皇后述律氏，名平，小字月理朵。她的祖先是回鹘人，这是一个惯于在欧亚大草原上东西往来经商的族群，无论是辽之经济，还是元之统治，背后都能看到回鹘商人的影子。述律平出身后族，从小就展现出不凡的

---

[1]《辽史》卷七十一"后妃传"，清乾隆四年武英殿校刻本。

一面。据说她曾经在辽河与土河的交汇处遇到过大地女神乘坐着青牛车，仓促之间连女神都为她让路。辽太祖耶律阿保机即位后，群臣为述律平上尊号为"地皇后"。无论是行军作战还是攻城略地，耶律阿保机常常与述律平一起商议谋划。一次，耶律阿保机跨过沙漠进攻党项，两个室韦部落乘虚而入偷袭契丹。述律平亲自率队出征，一举将其击败，这就是前引《辽史》中所说的"应天之奋击室韦"。从此，述律平名震辽西各部。

述律平有勇有谋。当时，占领幽州自称卢龙节度使的刘守光派韩延徽向契丹求援。韩延徽到了契丹后不肯下拜，耶律阿保机大怒，是述律平劝他"守节不屈，贤者也，宜礼用之"，方才留下了韩延徽。后来韩延徽以谋略征服党项室韦、建城邦安定臣民百姓、破渤海国建立政事省，成为民族融合的榜样与辽国的开国元勋。耶律阿保机要用猛火油焚毁进攻幽州，也是述律平力阻劝止，改用围困之计不战而屈人之兵。耶律阿保机驾崩后，述律平临朝称制，代耶律阿保机掌理军国大事。《辽史》上说耶律阿保机大殓时，她欲以身殉葬，被亲戚百官竭力劝阻。最终，她砍断右手装入灵柩之中，与耶律阿保机一同下葬。

除了应天后述律平之外，前引《辽史·后妃传》中提到的另外两位皇后——辽圣宗母亲承天皇太后萧绰（小字燕燕）和辽道宗母亲仁懿皇太后萧挞里，都是亲自带兵打仗的女中豪杰。宋雍熙三年（986），宋太宗赵光义兵分三路，进攻辽国。当时辽圣宗年纪尚幼，辽国正是"母寡子弱，族属雄强"[1]之时。萧绰从容部署军队，亲临前线披甲督战。宋景德元年（1004），萧绰带着儿子率20万辽军南下，与北宋军队对峙于澶渊城下，双方订立"澶渊之盟"，从此南北息战，华北几百年来的战火才得以短暂平息。《辽史》中说萧绰"习知军政，澶渊之役，亲御戎车，指麾三军，赏罚信明，将士用命"，辽圣宗被称为一代盛主，全靠他母亲的抚养教育。萧挞里虽然没有披挂上阵，但其杀伐谋略亦有萧氏后族的风范。辽清宁九年（1063），敦睦宫使耶律良告发皇太叔耶律重元叛乱。辽道宗将信将疑时，萧挞里当机立断，督促皇帝立刻开始戒严。后来耶律重元果然武装开战，萧挞里亲督卫士，统兵平叛，破除逆党。

萧氏皇后并不是孤例，辽代的普通女子也不是柔顺之辈。《契丹国志》记载，当时的燕京析津府（今北京西南一带）"水甘土厚，人多技艺。秀者学读书，次者习骑射、耐劳苦"[2]，骑射武艺是当时北京地区百姓的基本技能。宋至和二年（1055）冬，欧阳修奉命出使契丹，在《奉使道中五言长韵》一诗中写辽国风光："地里山川隔，天文日月同。儿童能走马，妇女亦腰弓。"小孩子人人骑马飞驰，

---

[1] 《辽史》卷十一"圣宗纪二"。
[2] ［宋］叶隆礼：《契丹国志》卷二十二"州县载记"，清嘉庆二年席氏扫叶山房刻本。

妇女腰系弯弓的景象，给他留下了深刻印象。辽代是个民族大融合的时代。自辽以后，北方如奚人等几个少数民族再也不见于史册，甚至到了辽末，契丹人与汉人在相互交融后，都被统称为汉人了。契丹的种种风俗也由此融入了北京的山川大地，女性能征善战的气质也在某种程度上延续了下来。例如，辽代婚礼中的一项重要内容是"置鞍于道，后过其上，乃诣神主室"①。这一习俗为女真人所继承，直到清代、民国时的满族婚礼中，新娘仍然需要跨过马鞍，才能进入礼堂面见翁姑，行交拜大礼。女性与战马的联系依然保留在婚礼仪式的符号象征中。

辽代女性的政治地位与其经济能力有密切关系，尤其是贵族女性，常常是巨额财富的持有者和决策人。辽代公主可以拥有自己的头下军州。《辽史》中说："头下军州，皆诸王、外戚、大臣及诸部从征俘掠，或置生口，各团集建州县以居之。横帐诸王、国舅、公主许创立州城，自余不得建城郭。"②头下，又称"投下"，是战争劫掠人口所建立的行政机构，领主可以自行收取赋税。辽代16个投下州城中，其中有3座直属公主。如果男性领主去世，他的妻子也应该是头下军州的第一继承人。在这样的制度中，贵族妇女往往积累了巨量财富。据昊天寺妙行大师行状碑

---

① 《辽史》卷五十二"礼志"。
② 《辽史》卷三十七"地理志"。

记载，辽代冠绝一时的名寺大昊天寺就由秦越长公主舍宅而建。她不仅独力处置自己的家宅财富，还为寺中施舍稻畦百顷、户口百家、枣栗蔬园、水井器用等，甚至还想挑选名马万匹进贡朝廷，将朝廷的回赐用于捐寺。公主去世后，她的女儿懿德皇后继续为昊天寺捐钱13万贯。[①]

贵族妇女的地位当然不能直接对应于普通社会阶层的情况，但至少从唐代开始，幽州普通妇女已经有较高的经济地位和强大的社会活动能力。从房山石经题记中，我们就能清楚看到，从人口大量移入的唐代开始，幽州地区妇女已经表现出相当的经济实力和地方社会组织能力。当时，唐代幽州地区妇女出资刻经比较常见的方式有两种。一种是自发组织起来，成立社邑，集体刻经。有时刻经社皆由妇女组成，但以男女混合社邑最为普遍。即使在男女混合的社邑中，不少首领都由女性担任。另一种是以家庭（族）或个人为单位进行刻经活动，则常常以妇女为首。这些妇女具有一定的经济实力和家庭财产支配权，且常常是家族的核心与组织者。刻经里出现的妇女，有幽州地方军政官员家属、工商业妇女、农村妇女、尼姑女冠等几种。尤其值得指出的是，幽州地区妇女从事的工商业相当宽泛，石经题记中出现的就高达26种，有时她们甚至能代表

[①] 郝武华：《金昊天寺妙行大师行状碑考》所附"昊天寺妙行大师行状碑文"，载辽宁省辽金契丹女真史研究会编：《辽金历史与考古》第2辑，辽宁教育出版社，2010年，第378—392页。

或领导整个行业造经。①由此可见，唐代妇女在幽州地区经济生产和社会生活中的地位已经不容小觑。

辽金元时期的佛寺碑文中，不仅捐资家庭常以母亲、妻女的名义出资，而且女性也常常自我组织成邑，以女性团体的名义共同捐资。这都从侧面反映出她们不仅绝非"大门不出、二门不迈"的闺秀碧玉，甚至很可能也在家庭中拥有相当的决断权力。例如，辽应历五年（955）的《北郑院邑人起建陀罗尼幢记》中，就既有将近40名女子组成的"在村女邑"群体捐资，也有摄顺州司马都加进、北衙栗园庄官王思晓等人带母亲妻女一同捐资。这种奉母、妻之命或女性集体修庙捐资的现象在西山延续了很长的传统。元太宗二年（1230），僧人龙溪重建龙泉大历禅寺，太宗七年（1235）竣工。随后刻立的重建龙泉大历禅寺之碑中记载，此次募化捐资的施主中，太夫人徒单氏赫然名列首位，地位尚在元帅黄德震等人之上。7位主要捐资人中，有3位女性，除了徒单氏之外，还有广平郡公夫人和太原郡夫人张氏。②

到了明清时期，完全由女性组成的香会更是层出不

---

① 姜欣玥：《房山石经题记所见唐代幽州地区妇女刻经相关问题的考察》，《科学·经济·社会》2022年第6期。
② 该碑的碑文时间据杨亦武考证为元太宗九年（1237）。碑石现立于孔水洞万佛堂关帝殿前，然碑文下部为赑屃座所遮，据民国《房山县志》卷八补。

穷。她们从几十人到几百人不等，成群结队地朝山进香，不仅常常引起儒生官僚们对"妇女入庙"的不满与恐慌，甚至形成了强大的民间宗教势力。以西黄村顺天保明寺（清康熙年间改名显应寺，民间俗称皇姑寺）为中心的西大乘教就是典型代表。这个由明代女尼归圆所创的民间教派，不仅与皇宫内眷有着密切来往，而且组成了严密的女性宗教团体。康熙九年（1670）的《敕赐顺天保明皇姑寺永顺房碑记》上记录了当时西大乘教的部分信众题名。为首的永顺二房枝干（即房支）领众弟子杨妙秀、原任浙江左布政诰封贞节夫人汪妙香，都是女性。她们率领着数千人的信徒组织，男女混杂、遍布京畿。大量会首、枝干领众都由女性担任，并对其下的男性会众拥有领导和组织的权力。女性有独立的经济行为，还能独立进行修庙架桥朝山进香等各类事业，这都表明了她们的社会活动能力。

妇女在地方社会中扮演了重要角色，这在近现代西山永定河的民间文化中也留下了浓墨重彩的痕迹，国家级非物质文化遗产"京西幡会"就是一例。

"京西幡会"所在的大台沟内山高险峻，缺少土地，极端干旱时有发生，每年7、8月的"龙扒水"还总会造成山洪暴发。[①]在这样的自然环境下，如果不是军队戍守屯田，是很难形成村落的。举行"京西幡会"的两个主要

---

① 韩同春：《京西幡会研究》，人民出版社，2014年，第46页下引注1。

村落——千军台村和庄户村，有学者相信其成村可以追溯到唐代"安史之乱"的安史余部，以及唐末幽州节度使刘仁恭防卫契丹南侵的驻守部队。[①]门头沟清水镇清水村双林寺内辽统和十年（992）经幢上，有"大寒岭交道镇使韩宗实"的题名，学者认为交道镇就是今千军台村、庄户村的所在地。庄户村至今多为韩姓，就是村民延续至今的证据。因此，千军台与庄户村所在地在辽代时已有镇使镇守。[②]从明代开始，大台沟属王平口巡检司管辖，巡检司在其防守的古道两端都筑有城台，一座在峰口庵、一座在大寒岭，千军台村与庄户村就位于这两端之间，由西山大路串联起来。

直到今天，村中所流传的幡会音乐，还依稀带有宋金钧容直军乐的特征。庄户村的神胆大鼓，据说由明初皇帝敕赐，是军队旧制。旧时有8面大鼓，周雕盘龙，象征一往无前的勇气与胆量，"走会没大鼓，就如同人没有胆，没有五虎少林，是个软会"，所以也叫"神胆老会"[③]。类似的情况在西山永定河一带非常常见。妙峰山上走会的香会中多见"中军把""中军都管"之称。房山、大兴一带的

---

① 包世轩：《京西幡乐》，北京美术摄影出版社，2014年，第25页。
② 包世轩：《辽玉河县清水院统和十年经幢考·续》，《北京文博》1995年第2期，第84—90页。包世轩的推测对后来学者影响很大，例如尹钧科《北京郊区村落发展史》《北京门头沟地方志》等著作中均据此认为，千军台、庄户等村在辽代时已成村。
③ 包世轩：《西山问道集》，北京燕山出版社，2011年，第332页。

大鼓花钹会常伴奏五虎少林的刀、枪、棍、鞭等十八般武器进行。丰台中顶村"一统万年大鼓老会"的会众，至今口传本会原是由明朝军队所带来；香会使用的万年大鼓，原本就是军中所用战鼓；鼓曲原有十几套，配合开道会表演的飞叉，原本也是军中所用兵器。

在明显的军事文化氛围中所形成的"京西幡会"，将妇女放在相当高的位置上。千军台村与庄户村的幡会队伍在组织结构上差不多，一般由10余个"会档"组成。每一面旗、幡都由5～6人合作擎举和表演，这被称为一个"会档"。幡、旗极为沉重，"擎幡"这一行为本身就是力量与勇气的表现，因此只能由青壮年男性承担。在幡、旗之外，只由男性组成的会档还有乐队，例如吉祥会、音乐会等，每一支乐队有10～30人，他们是华北乡村礼仪制度的核心。[①]然而在幡、旗与音乐会之外，游行队伍里的秧歌队、狮子队、腰鼓队等，参与者就大多是妇女和儿童。在今天，地秧歌几乎完全是妇女组成的表演团体，即使男性角色如头陀、花花公子、渔翁、樵夫等也都由女性装扮而成。在节日氛围中，她们是最活泼、最丰富，也是最有生命力的存在。这也许是社会主义时期出现的新变化，但妇女在村落仪式中具有不可忽视的神圣性，却是自古以来

---

① 张振涛：《冀中乡村礼俗中的鼓吹乐社：音乐会》，山东文艺出版社，2002年。

的传统。村里迎神的"灯花会"、护送娘娘驾的"娘娘驾会",都必须由女人来完成。无论是降神之前布置神棚、打扫神堂、点亮灯花,还是在走会游行队伍中抬起并伴送娘娘驾,都是中老年妇女的专属职责。据说,过去最好由寡妇来完成这两项工作,因为她们是最"虔诚"、最"干净"的人。在"京西幡会"的高潮——接会号佛的环节中,碧霞元君的娘娘銮驾要往前移,由12位女性组成的仪仗队分列两旁。此时,社区与香会的所有领袖——香首、都管、前引、所有会档的会头,以及号佛会成员等都跪在娘娘銮驾面前,也就是跪在这些女人面前。最肃穆的仪式环节内,这些中老年女性是最受尊崇的角色,她们如威风凛凛的将士般护卫着碧霞元君。也许在那一刻,她们就是英姿飒爽的穆桂英,守护着济世护生的天仙圣母,就像守护着万物繁衍与子孙后代,守护着山河大地生生不息的生命力。

这片山河,虽然千峰如绝崖,峻壑如盘龙,少有可耕之土,常患水旱疾兵,然而人们仍以大禹治水的毅力,一代代繁衍生息下来了。

大禹治水

黄帝者，少典之子，姓公孙，名曰轩辕。生而神灵，弱而能言，幼而徇齐，长而敦敏，成而聪明。轩辕之时，神农氏世衰。诸侯相侵伐，暴虐百姓，而神农氏弗能征。于是轩辕乃习用干戈，以征不享，诸侯咸来宾从。而蚩尤最为暴，莫能伐。炎帝欲侵陵诸侯，诸侯咸归轩辕。轩辕乃修德振兵，治五气，蓺五种，抚万民，度四方，教熊罴貔貅䝙虎，以与炎帝战于阪泉之野。三战，然后得其志。蚩尤作乱，不用帝命。于是黄帝乃征师诸侯，与蚩尤战于涿鹿之野，遂禽杀蚩尤。而诸侯咸尊轩辕为天子，代神农氏，是为黄帝。天下有不顺者，黄帝从而征之，平者去之，披山通道，未尝宁居。

——《史记·五帝本纪》

有系昆之山者，有共工之台，射者不敢北向。

有人衣青衣，名曰黄帝女魃。蚩尤作兵伐黄帝，黄帝乃令应龙攻之冀州之野。应龙畜水。蚩尤请风伯雨师，纵大风雨。黄帝乃下天女曰魃，雨止，遂杀蚩尤。魃不得复上，所居不雨。叔均言之帝，后置之赤水之北。叔均乃为田祖。魃时亡之，所欲逐之者，令曰："神北行！"先除水道，决通沟渎。

——《山海经·大荒北经》

洪水滔天，鲧窃帝之息壤以堙洪水，不待帝命。帝令祝融杀鲧于羽郊。鲧复生禹，帝乃命禹卒布土以定九州岛。禹娶涂山氏女，不以私害公，自辛至甲四日，复往治水。禹治洪水，通轘辕山，化为熊。谓涂山氏曰："欲饷，闻鼓声乃来。"禹跳石，误中鼓，涂山氏往，见禹方坐熊，惭而去。至嵩高山下，化为石，方生启。禹曰："归我子！"石破北方而启生。

——《山海经·海内经》

禹别九州，随山浚川，任土作贡。禹敷土，随山刊木，奠高山大川。

冀州：既载壶口，治梁及岐。既修太原，至于岳阳；覃怀厎绩，至于衡漳。厥土惟白壤，厥赋惟上上错，厥田惟中中。恒、卫既从，大陆既作。岛夷皮服，夹右碣石入于河。

——《尚书·禹贡》

《史记·五帝本纪》载，黄帝与炎帝战于阪泉之野，三战然后得其志。再与蚩尤战于涿鹿之野，擒杀蚩尤，并邑于涿鹿之阿。在《山海经》为我们留下的上古神话世界中，黄帝战胜蚩尤的关键人物是应龙。应龙在冀州之野蓄水，蚩尤借势让雨师风伯以水攻水，黄帝于是请来魃降下大旱。从此天旱时，人们必要先疏通水道、决通沟渎，再将女魃驱逐北去。顾颉刚先生认为，应龙就是句龙，同时也就是随山浚川、敷下土方、奠定九州基业的大禹。禹字古时或从"土"，句龙就是禹字形义的引申。鲧是"共工"二字的急音，他"堙障洪水"令天帝震怒，这一罪状与"壅防百川，堕高堙庳"（《周语下》）的共工一模一样，故《周语》说"有崇伯鲧称遂共工之过"。鲧的儿子禹卒布土以定九州，为社神，而共工的儿子句龙也正是社神，《左传》昭公二十九年说："共工氏有子曰句龙，为后土，……后土为社。"如果黄帝战蚩尤而奠华夏多借应龙之力，那么涿鹿之野、阪泉之地是否正是大禹治水的起点？

神话与古史大概并非一回事，然而涿鹿、阪泉这些名字代代相传，却一定会引发和延续当地人民的认同与联想。延庆区西北部张山营镇有泉名阪泉，所在之山即阪山。《太平寰宇记》："阪山，史记轩辕与炎帝战于阪泉之野。"①《大明一统志》相信说的就是这里的阪泉②。往西不远的涿鹿，常被认为是黄帝之都。《水经注》里说："（㶟水）又东过涿鹿县北，涿水出涿鹿山，世谓之张公泉，东北流经涿鹿县故城南，王莽所谓褫陆也。黄帝与蚩尤战于涿鹿之野，留其民于涿鹿之阿，即于是也。其水又东北与阪泉合，水导源县之东泉。《魏土地记》曰：下洛城东南六十里有涿鹿城，城东一里有阪泉，泉上有黄帝祠。"③唐《括地志》认为，黄帝与尧舜之都都在涿鹿："在妫州东南五十里，山侧有涿鹿城，即黄帝、尧、舜之都也。"妫州即前文所说的"山后地"，其治所就在今官厅水库下，旧怀来县城中。妫水汇入永定河的这片区域如果历来被人们认为是涿鹿之野的话，应龙曾于此处布水浚川的吟啸声，是否仍旧在人们心中回荡？大禹随山刊木、奠高山大川的功绩，又是否仍有遥远的遗绪？

我们当然不能直接将传说与古史一一对应，那既不智也无理，然而传说与神话之间的联系却是有迹可循的。融汇妫水后的永定河，在西山腾挪冲击后又于平原蜿蜒展平，沿河两岸流传着无数龙王或龙神兴洪、治水、布雨、随山刊木、敷土为田的故事。无论是卢沟桥畔声名狼藉的

---

① ［宋］乐史：《太平寰宇记》卷七十一"河北道二十"。
② ［明］李贤：《大明一统志》卷五"京师"。
③ 《水经注》卷十三"㶟水"。

诸位龙神、山沟里依恋母亲的秃尾巴老李，还是门头沟三家店主宰灌溉的侯家龙王、房山黑龙潭负责下雨的贾家女婿，这些不同的龙神面目多样，就像历史上的永定河一样性情"无定"。他们既是河水、泉水与雨水的化身，也是这片土地上人—水关系的象征，当然也是作为民族集体记忆的大禹在西山中的分身、永定河边留下的痕迹。

环伺卢沟桥的龙神

永定河是北京的母亲河，在历史上曾有过浴水、治水、㶟水、桑乾河、卢沟河、浑河、无定河等多个名字。它发源于山西省宁武县管涔山天池，《水经注》中说，桑乾泉潜承太原汾阳县北燕京山之大池，古老相传，有人在天池畔乘车，飘之于水，后来有人在桑乾泉中捡到了他的车轮，故知二水潜流相通。[①]从天池发源后，永定河向东北流，经朔州、大同、张家口等地，于怀来县南的东、西水泉村一带，转向东南流，进入官厅水库。从这里开始，永定河进入北京境内，在西山中向着东南方向形成一道深邃的曲流峡谷。在门头沟三家店附近，永定河冲出崇山，进入平原，一路向南。通过卢沟桥转而东南流，成为北京市大兴区与河北省涿州市、固安县的界河。出北京市后，永定河一路向东，最终汇入海河，全长680公里，流经山西、

---

① 《水经注》卷十三"㶟水"。

河北两省和北京、天津两个直辖市。

永定河自三家店出山便进入北京小平原这片广阔的低洼地带。在漫长的地质年代中，永定河不断运送大量的砾石与泥沙，最终形成了北京湾洪积冲积扇。这片冲积扇的西、北、东三面，群山环伺，永定河自西山倾泻而下后，在平原上形成纵横密布的古代河网。河流既是人类生存的宝贵资源，又形成了南来北往的天然障碍。只有华北平原的西部边缘，也就是太行山东麓的南北一线高地，是人们进入华北平原以北地区的必经之路。正是由于这种得天独厚的地理条件，北京城才在西山东麓、永定河畔发展了起来。永定河不仅决定了北京城的地理位置，也直接或间接为北京提供了水源，是北京当之无愧的母亲河。

然而这位母亲并不总是那么温柔可亲，而且特别明显的是，她的脾气是随着孩子——北京城的一天天长大而渐长的。

辽代以前，永定河几乎不见泛滥记录，唯有晋惠帝元康四年（294），地震破坏了戾陵堰的堤坝基础，次年造成洪水漫溢，冲毁了3/4的堤坝。在更多的时间内，永定河温柔可亲、柔媚可人。《水经注》中说："灢水又东，与洗马沟水合。水上承蓟水，西注大湖。湖有二源，水俱出县西北平地，导源流结西湖，湖东西二里，南北三里，盖燕之旧池也。绿水澄澹，川亭望远，亦为游瞩之胜所也。湖水东流为洗马沟，侧城南门东注，昔铫期奋戟处也。其水又东入灢水。"由永定河溢水带中涌出的泉水，形成了北魏蓟城中的游览胜地西湖。西湖水东流汇入灢水，与洗马沟水、蓟水一起，东流至海。魏晋南北朝时期，永定河下游称清泉河，是一条水清缓柔、柔媚清秀的河流，并不像后世那样被冠以"黑水河""浑河""无定河"之名。隋唐时期，永定河又称桑乾河。桑乾，即"溹涫"的音转，形容水沸腾之貌。可以想象，当时的永定河定然浩浩汤汤，湍急如沸。此时永定河水量大、泥沙少，多有行船航运之利。西山八大处之证果寺前有明僧南浦撰《重修镇海禅寺记》碑，碑文中说："都城一舍许曰西山尸陀林秘魔崖。有僧名卢，不知何许人，自江南造一舟，不设篙橹，任所之，曰：舟止吾止也。至卢沟桥桑乾河分两岔处，一岔通尸陀林，舟至于林畔，见石室，曰：吾居是矣。……"卢僧逆桑乾河而上，栖止于尸陀林中之事相传发生在隋仁寿年间（601—604）。这虽然是佛家传说，但隋代桑乾河下游的确是可以行船的。大业四年（608），隋炀帝为了用兵辽东，征调河北民夫开永济渠，利用桑乾河水道达至涿郡。大业七年（611）二月，隋炀帝自江都（今扬州）御龙舟入通济渠，幸涿郡，四月至涿郡之临朔宫，显然此时桑乾河下游还能通行大型船只。

辽代以后，永定河的水灾记录越来越多，这一方面固然是有可能因为关注与记录开始增多，但更重要的是，永定河的水文状况因为燕京城人口的不断增加、人类活动的不断侵扰而日益恶化。辽代时，桑乾河已有卢沟河之名，又称黑水河，可见河水已经开始变得浑浊。[1]到了金代，卢沟河"地势高峻，水性浑浊。峻则奔流漩洄，啮岸善崩；浊则泥淖淤塞，积滓成浅，不能胜舟"[2]，通航价值已经大大降低，且屡屡泛滥成灾。从元到清，永定河泛滥成灾的记录比比皆是。元代国祚98年，其中有52年大都地区都发生了水灾，永定河水灾的发生频率为四五年一次，有时甚至连续两三年以上年年决堤，每次泛滥都"漂没田庐人畜""大水伤稼"。[3]明代9次特大水灾中有5次都与永定河决堤有关。[4]有清一代，北京的水灾格外严重，几乎平均每两年就会发生一次，其中5次特大水灾中有4次源于永定河泛滥，30次严重水灾中有18次与永定河有关。[5]水灾越来越频繁的同时，受灾地段也逐渐向下游转移，这是由于水流含沙量增加，下游河道日益抬升，一旦出现连续降水则极易漫堤泛滥。《明史·河渠志》中说："（永定河）至都城西四十里石景山之东，地平土疏，冲激震荡，迁徙弗常。"河流不断改道，形成了今日之龙河、凉水河、凤河

---

[1] 尹钧科、吴文涛：《历史上的永定河与北京》，北京燕山出版社，2005年，第333页。
[2] 《金史》卷二十七志第八"河渠志·卢沟河"，百衲本景印元至正刊本。
[3] 尹钧科、吴文涛：《历史上的永定河与北京》，北京燕山出版社，2005年，第337页。
[4] 尹钧科等：《北京历史自然灾害研究》，中国环境出版社，1997年。
[5] 尹钧科等：《北京历史自然灾害研究》，中国环境出版社，1997年。

等河道的雏形。

永定河下游"地势陡而土性疏,纵横荡漾,迁徙弗常,为害颇巨"①。从金代到1948年的800多年间,永定河有81次决口、59次漫溢、9次改道。这不仅造成下游土地沙砾化和盐碱化,也直接决定了当地社会的基本形态。一方面,洪水的强大摧毁作用使得当地人口流动格外频繁,不仅当地居民多以外来移民为主,而且区域内的逃难、逃荒、流徙也是常事。土地产权极不稳定,自我组织并以武力捍卫群体利益便格外重要。另一方面,王朝国家不断治水修堤、兴工赈灾,几百年间已经形成一套高度复杂且严密的技术系统与管理制度,这又使得永定河下游两岸常年处在国家直接控制和中央政府强力动员的力量之下。流民社会与国家控制两种对立性的力量同时共存于永定河岸边,这或许就是卢沟桥畔的龙王庙不止一座的内在原因。

以卢沟桥为中心,邻近的较大龙王庙至少有3座:南侧的惠济祠、桥西的金龙大王庙、桥北的回神庙。其他小一点的龙王庙更是难以计数。桥南侧的南惠济祠由康熙帝亲自发帑敕建,是国家钦定树立的龙神权威。在修建卢沟桥之前,永定河就已有河神庙。《永定河志》引《金史》载:"[金]大定十九年(1179),有司言卢沟河水势泛决,

---

① 《清史稿·河渠三》"永定河"条,中华书局,1976年,第3808页。

啮民田，乞官为封册神号。礼官以祀典不载，难之。已而特封安平侯，建庙。二十七年奉旨每岁委本县长官春秋致祭如令。"①在永定河神安平侯庙春秋致祭已成常例的两年后，也就是金大定二十九年（1189），卢沟桥才开始修建。元世祖忽必烈两次册封，晋升永定河神为显应洪济公。明正统年间，在永定河堤上建龙神庙。然而这些庙宇都未能久存，到清初时已荒废无迹。康熙帝亲政后，把治河、平定三藩和漕运列为三件头等大事，从康熙三十一年（1692）开始永定河屡次治水，其中尤以康熙三十七年（1698）的工程为巨。是年，康熙帝视察石景山左堤，命直隶总督于成龙督修永定河堤。于成龙采用挑河筑堤的方式，从石景山麻峪经庞村到卢沟桥，均用花岗石加工成方条石，其间用腰铁连接，加以灰浆糯米填充，砌成高3丈余，计18磴，长10余里，形若锯齿的大堤。七月二十一日，工程完工。于成龙上疏康熙帝："乞赐河名，并敕建河神庙。"康熙帝下旨："照该抚所请，赐名永定河，建庙立碑。"于是发帑重建庙宇，是为卢沟桥畔的南惠济祠，并封神为永定河神。乾隆十六年（1751）重修，加封为"安流广惠永定河神"；乾隆三十九年（1774）又修庙，屡加恩赐，令庙貌"平野临其前，长河绕其侧。堂基爽垲，栋宇宏深"②。

---

① ［清］李逢亨：《永定河志》卷三十一"附录"，清嘉庆刻本。
② 《御制安流广惠永定河神庙》，转引自［清］于敏中等：《日下旧闻考》卷九十三"郊坰"。

不过，百姓们似乎对这位高高在上的"安流广惠永定河神"并不感冒，他们在桥西建了金龙大王庙，庙内供奉上百位水神牌位，其中最受崇祀的是"党大将军"。关于党大将军的传说有许多不同的版本，故事主干上横生的枝蔓丫杈也很多。民间传说，永定河泛滥无定，全因河中住着一条孽龙。它平时潜伏于永定河源头天池中，心血来潮时，便来北京城边兴风作浪，所以北京有句老话叫："南修城墙挡大水，北修城墙挡鞑兵。"永定河修堤筑坝、抵挡孽龙，就跟修长城防范南下军队一样重要。终于有一年，皇上下旨，在卢沟桥北边的河堤上建了座龙王庙，请来小白龙坐镇，这就是卢沟桥畔的南惠济庙。惠济龙王受皇封镇守此地，孽龙确实也消停了几年。但可惜小白龙酷爱看戏，龙王庙里演戏酬神，就是送给它的献礼。一年，宛平县的党知县接龙王去城里听戏，误了送它回庙的时辰，这给了孽龙可乘之机。眼见起了滔天的洪水，巨浪在卢沟桥边冲开巨口，大水直奔广安门而去，小白龙畏罪潜逃，党知县日夜亲自带人镇守堤岸却完全束手无策。他急火攻心而睡去，在迷迷糊糊的梦境中，一位白胡子老人送给他八字箴言："要想挡住，非得挡住。"猛然醒来后，发现他家三代单传的小孙子正站在他面前，而小孙子的名字就叫"党柱"。河水浊浪翻滚，堤上的土块仍不断塌陷脱落，还是孩童的小党柱望着大水对爷爷说："爷爷，我能看见孽龙在哪里，让我下水吧。"明知谶言已应，党知县心如刀绞,但仍抚摸着爱孙的头说:"孩子,你要真看得见恶龙在哪里,就下水吧。你们小孩子眼尖,我们大人比不了。只是见到决口堵上,你可马上就出来,爷爷等你。"其实他知道,他不会再见到孙子了。党柱用自己的身体堵住了缺口,孽龙带着永定河水向南流去。从此,永定河岸的乡亲们世世代代传颂党柱治水的故事,金龙大王庙内供奉的"党大将军"牌位就是为他而立。有时候用来堵住河堤缺口的土方沙袋,也会被称为党大将军。①

除了卢沟桥西的金龙大王庙之外,桥北还有一座回神庙,庙内同样供奉永定河龙王。民间传说,永定河的孽龙年年发大水,河边的人们就用土埋、用石挡,请来王母娘娘与它对抗。孽龙气愤不过,洪水一年比一年更汹涌。有人提议与孽龙讲和,这招来老人们的反对:"那不行!你越怕它,它越欺负你!"在鲁班爷的提议下,人们在卢沟桥的每个桥墩上都装上三角形石质宝剑,剑尖朝北,孽龙敢来就敢和它血战。但是宛平城的县官胆小怕事,仍然给孽龙修庙立像,还约定在每年的四月二十六日为它设供演戏,希望它到这儿看了戏就往回走,所以这座庙也叫"回神庙"或"回龙庙"。可惜的是,和宛平城东门外北侧的

---

① 这一故事在北京有很多版本,金受申先生早在20世纪50年代就记录过《党柱儿治水》的故事。本文使用的版本缩写自1984年于丰台区收集到的故事,载《中国民间故事集成·北京卷》编辑委员会编:《中国民间故事集成·北京卷》,中国ISBN中心,1998年,第176—178页。

龙王庙、卢沟桥南侧的河神庙、西侧的金龙大王庙一样，这座回神庙也在日军发动全面侵华战争的七七事变中被全部摧毁。①

由于战争的破坏，我们今天已经很难知道卢沟桥畔这些龙王庙里进行过哪些活动，但可以猜测的是，即使是皇帝敕建、国家维护的惠济祠，也不会完全孤立于民众日常生活之外。与南惠济祠遥相呼应的北惠济祠，由于被毁时间相对较晚，人们还能回忆起当年庙内的活动，可以从旁佐证这一猜想。康熙帝将治河作为自己的人生大事，其继任者雍正帝也同样如此。雍正帝曾在全国范围内广泛兴建龙神祠，北京自然不会例外。雍正七年（1729），雍正帝因"比年以来，永定河安流顺轨，无冲荡之虞。民居乐业，岁获有秋。岂惟人事之克修，实赖神功之赞佑"②，故命怡亲王于石景山之庞村建北惠济祠，年例崇祀，雍正八年（1730），在卢沟桥上游跑马堤的终端修建"水志"，以报河水涨落汛情③。南北惠济祠同由国家出资管理维护。乾隆年间，北惠济庙除香火地5亩以敷庙用之外，每年还由国库拨给春秋祭祀、安澜上供银32两，香灯银8两。秋汛

---

① 戴雄：《侵华日军对中国古建筑的毁损》，《民国档案》2000年第3期，第89—95页。
② 清雍正十年《御制石景山惠济庙碑文》，碑刻现在原址。
③ ［清］李逢亨：《永定河志（32卷）》卷十二"建置碑亭祠庙衙署"，清刊本，缩微胶卷，第6页。

后尚有谢神上供演戏3日，由巡捕领银20两办理。[1]据庞村的老人说，1952年北惠济庙被拆除之前，每到天旱，附近村落的村民便偷偷去北惠济庙中把龙王爷的神像"偷"出来，烧香磕头，等下了雨再敲锣打鼓送回去。当地村民管这叫"求老佛爷下雨"。每年四月石景山、妙峰山和天泰山庙会的时候，周围八角街、高井都摆茶棚，但唯有庞村开北惠济庙门接待香客，不用单独再设茶棚。[2]

有趣的是，几乎在所有与卢沟桥龙王庙有关的传说故事中，被皇帝寄予厚望、定水镇河的龙神都没什么好形象——它要么是玩忽职守的小白龙，要么干脆就是孽龙本龙、水灾的罪魁。金龙大王与皇封无关，它是京东运河沿线主要供奉的龙神。据《陔余丛考》记载，金龙大王原为南宋人谢绪，元兵攻打临安时投水自尽而成神。明太祖兴兵时曾显灵助战，因此"江淮一带至潞河，无不有金龙大王庙"[3]。虽然金龙大王在京东民间崇祀如响，但在卢沟桥畔，它的风头显然被自己手下的党大将军抢了去。不仅卢沟桥，北惠济庙旁的庞村也是如此。村民相信，龙王爷可以帮忙下雨，但真正能治水的是庙内那头镇海大铁牛。这头牛身上有宝，但后来被南蛮子"憋"走了。只要永定河

---

[1] ［清］李逢亨：《永定河志（32卷）》卷十二"建置碑亭祠庙衙署"，清刊本，缩微胶卷，第35—36、第41页。
[2] 2007年笔者在庞村西街的访谈记录。被访者瞿姓，女，时年81岁。
[3] ［清］赵翼：《陔余丛考》，河北人民出版社，1990年，第626页。

一发水，铁牛就叫唤。它一叫唤，水就跑到它肚子里，水就变小了。事实上，铁牛的确是洪水的报警器，它腹下暗井连着河床，当洪水暴涨时，牛嘴里就会发出"嗡嗡"的声音。[①]与永定河的孽龙相比，反而是卢沟桥与河堤上的各种建筑构件：土方、沙袋、桥墩和水警，被认为是善神的化身或神明的杰作。它们或"挡"，或"刺"，或"吸"，战天斗地，绝不屈服于孽龙的淫威。这或许从侧面表明：那些由皇帝敕封并御赐的永定河龙神，并未真正进入过民间社会。而恰恰正是在官民一心抗洪抢险、护堤救灾的历次战斗中，永定河边的底层民众才真正与国家站在了一起。堤坝与桥墩这些实实在在的抗洪之物，才是这种团结力量的象征。

清初顺治到康熙年间，永定河大堤的修筑事宜由工部直接负责，每年派专人、要员驻防，督促管理。从雍正八年（1730）开始，改由工部设石景山同知，专门管理石景山到卢沟桥一段堤防抢修、报永定河汛。[②]雍正四年（1726）设立永定河道，正四品，总理永定河河务，其下管辖河工，负责签桩下埽、搜捕獾鼠、看守料物、种植树木、填补水沟、传递公文等工作。除了建立专门的管理机构和工程管理措施之外，永定河堤还有整套严格的修守制度，包

---

① 根据2007年笔者在庞村的调查。
② 《清史稿·河渠三》"永定河"条，中华书局，1976年，第3810—3813页。

括三汛四防、官守民守、禁止私开河沟、私建房屋、私自耕种等。这些制度性的日常工作大都由当地百姓充任，他们就像大堤上千千万万的土龙石方一样，是这道防线真正的力量和基础。

为了治水，必须团结。大禹在治水中一统九州，这对永定河岸的人民来说不是什么遥远的神话或古老的历史，而是应对水灾的日常智慧：优雅文辞、仁义礼智、宗教象征等，在肆虐的灾难面前统统失去了意义，对抗孽龙需要的是强有力的组织和不畏死的人民，需要的是实际的物资征调和万众一心的血肉长城。要么一起死，要么携手赢。"伤心最是桑乾水，血溅流澌去未涯。"鱼米天堂和温柔之乡中的文人雅士也许很难理解这种粗粝的文化，但对于无定悬河日日在头顶咆哮的人们而言，一位牺牲"人性"亲手杀子的党知县，比无数个温柔敦厚试图"以礼伏龙"的道德楷模都更值得尊敬。1956年永定河大水，石景山庞村的所有村民都被征召上堤。他们无一人退缩，喊着"三保"（保卫大堤，保卫北京城，保卫毛主席）口号奋战三昼夜，终于保住大堤没有决口。[①]集体主义、自我牺牲、以国家为最高号召的精神，从大禹治水到党柱挡水，再到"三保"护堤，几乎一脉相承。

新中国成立后，第一项大型水利工程就是在永定河上

---

① 根据笔者2007年在石景山庞村西街的访谈记录。

游兴建官厅水库,自此以后,孽龙才真正被驯服。但龙神远去并不意味着灾难消失。由于水量减少等原因,到21世纪初时,永定河自三家店拦河闸以下已经干涸多年,生态严重恶化。从2010年2月开始,永定河绿色生态发展带建设开始动工,永定河全线补水与生态治理工程也陆续上马。到2020年夏天,官厅水库生态补水出库总量1.66亿立方米,水头最终到达天津市武清区,断流25年的永定河实现全线通水。[①]那离去已久或许已经奄奄一息的永定河之龙,是否也可以期待它以全新的形象回乡与人共存?

三家店农人的管水龙王

永定河由清变浑、水灾增多的另一后果,就是引河水建水利灌溉设施的难度越来越大。

在永定河还是"灅水""清泉河"的年代,引水灌溉曾是河东常态。北京地区有史可查的最早的农业水利设施,就是前文数次提及的石景山戾陵堰。从曹魏至西晋间,利用戾陵堰和车箱渠引永定河水灌溉,"自蓟西北迳昌平,东尽渔阳潞县,凡所润含四五百里,所灌田万有余顷。高下孔齐,原隰底平,疏之斯洫,决之斯散,导渠口以为涛门,洒滮池以为甘泽,施加于当时,敷被于后

---

① 朱松梅:《母亲河重生》,《北京日报》,2020年6月4日第13版。

世"①。由于收益甚大，这一大型水利设施废毁后曾屡有修复。例如，北齐河清三年（564），斛律羡导引高梁河水，北合温榆河，东注潞水（白河），"因以灌田，边储岁积，转漕用省，公私获利焉"②。学者认为，这条古渠道应该也是扩大的车箱渠工程的一部分。此后一直到隋唐时期，引卢沟河水建水利设施灌溉农田也多有成功。例如，隋开皇年间（581—600），裴行方任幽州都督时，也曾引卢沟水，开垦稻田数千顷。③但随着永定河含沙量日益增大，开渠引水成了一件危险的事情。

金世宗大定十年（1170），朝臣曾商议开金口河，引卢沟河水，以济京师漕运，然而这一尝试最终却以失败告终。"及渠成，以地势高峻，水性浑浊。峻则奔流漩洄，啮岸善崩；浊则泥淖淤塞，积滓成浅，不能胜舟。"④虽然渠水有灌溉之利，但泥沙顺渠而下，壅塞河道，一遇洪水极易成灾。到了大定二十七年（1187），金口（今麻峪村南石电护堤头）就被堵塞了。元至元三年（1266），为修建大都城便于从西山漕运木石，郭守敬重开金口河，并于金口西侧预先开减水口，从西南引水还于永定河，以泄洪防灾。这次金口河发挥了35年的作用，直至大德五年（1301），因当年

---

① 《水经注》卷十四"鲍邱水注"引［晋］刘靖：《晋造戾陵遏记》。
② 《北齐书》卷十七"斛律羡传"，清乾隆四年武英殿刻本。
③ ［清］李逢亨：《永定河志》卷四"集考"，清嘉庆刻本。
④ 《金史》卷十七"河渠志"，清乾隆四年武英殿刻本。

浑河水势浩大，郭守敬担心冲毁城村，金口再次被堵闭。①元末再开金口不成，这一水利设施就被彻底放弃了。

金口之废表明，自从永定河变成"浑河"后，建设大型水利设施引水成渠就变得危险且不经济。不仅国家放弃了这一尝试，饱受水患之害的沿河居民也明白这个道理。金口以南不远的庞村，历来也是永定河易决口之处。此处距离护城河西便门起点只有18.7公里，其河岸比北京海拔高出80米，一旦决口极易造成洪水高屋建瓴、直下北京之势。庞村虽然紧邻大河，却极度缺水，全村200余户人家只有一眼水井可供饮用，在1917年石卢水渠开凿之前，耕垦种植全靠雨水。这也是为何北惠济庙虽然设在庞村，但村民却认为龙王不管治水，只管下雨的原因。1940年，国民政府建设总署水利局计划在石景山开河。此消息一经传开，立刻在石景山一带的村民中引发恐慌。几个村的村民央求救世新教总会致函北京市工务局，声称河堤一开，恐酿水灾，希望建设总署能收回命令。这一事件生动反映出永定河沿岸村民对河堤完整牢固的高度重视，以及对开渠引水的自觉拒绝。②

---

① 关于金口河屡开屡废的详细情况，参见尹钧科、吴文涛：《历史上的永定河与北京》，北京燕山出版社，2005年，第102—104页。
② 北京档案馆馆藏《北京特别市公务局关于建设总署水利局计划在石景山开河事宜的呈及市公署的指令》（1940年4月），北京市档案馆，卷宗号17，目录号1，案卷号2155。

当洪水这把达摩克利斯之剑时时悬挂时，引永定河水以资灌溉就成了奢望。然而在永定河边有一个地方是例外。三家店村位于永定河的出山口处，从此村往西北，河水尚挟出山之力，泥沙无法大量堆积，而从此村往东南，已是北京湾的西北角，地势平坦，适宜耕种。只有在此处引水灌溉，才能既有平原可借高差，又少有堵口决堤之虞。正是在三家店村，我们看到民间灌渠与自治水利组织的巨大能量。

有不少研究相信，通常被称为"兴隆沟坝"的三家店灌渠是明末清初在元代旧渠的基础上重建的。这里所说的元代旧渠，很可能指的就是郭守敬重开金口河后挖通的减水口。沧海桑田，旧迹叠加，兴隆沟坝是否利用了这段旧渠，今天已经很难通过考古方法确证。但兴隆沟坝始建于明末清初，这倒的确有石碑为证。

三家店村西头，紧邻永定河出山口的东北岸边，有一座龙王庙。小庙仅一进，坐北朝南，无山门，仅有一个小门楼临街，上嵌琉璃匾额"古刹龙王庙"。庙内现存石碑6通，其中一通漫漶严重，不辨年代，其余5通中年代最早的是清顺治二年（1645）的重修龙兴庵碑。据此碑记载，明崇祯十四年（1641）时，山西人侯印携其家眷举家东行入京。来到三家店村后，他们发现这里"土满于人"，即地广人稀，土地荒芜而人烟稀少。碑文中认为，此地虽然"麓西山而带卢沟"，可以引水灌溉田地，但由于北方人不习惯耕作稻田，加上卢沟河带来的砂石堆积在田地间，故而荒芜已久，"未可以年历纪矣"。从山西太谷来京的侯印看到此景，与他的同族同乡商量道："这里与晋东南地区所开的阡陌田地又有何异呢？怎么能眼看土地荒废呢？"于是他从王姓人家手中购得土地，与同族同乡协力开垦，终于将沙地变成沃壤，河滩变成了粮仓。在垦荒之初，水旱之灾时时来袭，侯印于是点滴汇资，建成龙兴庵，供奉龙神，以资灌溉。龙神频频显灵，默默护佑，这便形成了后来的龙王庙。崇祯十七年（1644）的甲申之变，国无宁日，农无安居。等到清朝定鼎之后，四散逃亡的村民们才重新回到家乡。他们根据以前定下的规矩上奏地方官吏，按原有方式重新分配田地和用水，是年秋天果然有所收获。重新安定下来的村民感念神灵护佑，于是集合众人之力重修了龙兴庵，修建禅堂四间、茶房一所，购买庙产田地15亩，延请僧人住持管理，并立碑为记。正是通过这通碑文的记载，我们可以清楚地知道，在侯印来到三家店村之前，这里是一片荒无人烟的河滩地，直到侯印开始开荒灌溉、修庙立祀。兴隆沟坝和龙神庙应该都是出自他的首创。

不久之后的康熙元年（1662），以西梁庄、前房庄为首的10处田庄，多家以"店"或"厂"为名的商号、煤窑，以及若干个人再次为龙王庙捐资立碑。他们最高捐资68两多，最少捐资七钱，总额有数百两白银之多。也是在这通碑中，首次出现了"坝头"牛锡礼的名字，他虽然捐资只有3两，但这已明确表明，自兴隆沟坝运行之初就有明确的组织结构和管理者，且相对独立于国家之外自我运行。更重要的是，这通捐资题名碑也表明，兴隆沟坝虽为侯氏所创，侯氏子孙也的确托业于沟渠而繁衍兴旺，正如乾隆五十一年（1786）的重修龙王庙碑中所说："自时厥后，凡吾之族属、姻党，托业于兹者星云而集焉。"但兴隆沟坝不是家族或宗族产业，而是具有明显的社区性。坝头并不姓侯，捐资者多以田庄和商号为单位，就表明了这种社区性。

不过侯氏仍然拥有龙王庙的所有权，很可能也还在兴隆沟坝的用水系统中占据主导地位。乾隆七年（1742），侯氏后人侯有信重修龙王庙，并增加了配殿和垣墙。乾隆五十一年（1786），已历百年有余的龙王庙"岁月既久，风雨颓残，殿宇将倾，垣墉且圮"，于是仍由太谷侯氏的后人侯纯德任总经理人，于是年端午节开始兴工，两个月之后完成重修，以报答龙神"川涂沟浍，灌溉以时，民之食其利也"的功德。侯纯德亲自为重修之事撰碑，碑文的书写者为武英殿誊录即选分司的太谷县人侯锡辂，篆额者是太谷县国学生侯锡铖。毫无疑问，侯氏家族凭借重修龙王庙之事完成了一次家族力量的整合，门头沟侯氏与太谷县侯氏之间的联系借此得以增强。但这也并不意味着龙王庙就是完全归侯氏独有的"家庙"，兴隆沟坝的共享性决定了龙神庙也不会只由一家一姓完全控制。除了总经理由侯纯德担任外，我们在经理人的名单中还看到了武恒、杜成名等10人的题名。其中一位名叫牛列正的经理人，是否与康熙元年（1662）的"坝头"牛锡礼有关？而这10名经理人，又是否代表了康熙时期的10处田庄？

龙王庙中的最后一通清代石碑，是光绪七年（1881）的重修龙王庙碑。这通碑记录了住持僧人心德在咸丰元年至二年（1851—1852）叩化十方、捐资修庙的过程。碑文中特别提及，心德专门将缘簿送回山西太谷募资，在缘簿未能拿回北京之前，甚至不能立碑记事，为此一拖30年之久。即使年深日久、社会动荡，龙王庙与山西侯氏、侯氏与山西太谷之间的联系却一直没有中断。这次重修的经理首事者明确题名为"檀越兴隆沟坝"，前房庄和西梁庄的名字再次出现。兴隆坝作为一个整体，也为龙王庙重修捐资100两。从康熙元年到光绪七年（1662—1881），200多年时间过去了，兴隆沟坝仍在滋润灌溉着这几处田庄，当地自我组织的水利会仍在发挥作用，而龙王庙仍然还是兴隆沟坝的神灵象征。

那么，兴隆沟坝到底是一条怎样的灌溉水渠呢？它宽约二丈，深约一丈，长十余公里。渠首设在三家店西北的军庄村南。尤为巧妙的是，渠首设两个取水口，第一个取水口在水深且冲击力较小的地方，第二个取水口地势较高，前面有一百多米的拦水堰，作用类似于都江堰的飞沙堰。从取水口到主干渠，两公里的石渠上分布着三道排水闸，既能调节水量，又能以水排沙。引水量大时，灌渠可浇灌门头沟到石景山一带的四万余亩土地。洪峰过境时，又可从排水闸将水引回永定河。[1]依靠这套灌溉系统，三家店村少有旱涝之虞，甚至土地也比下游更为肥沃。村民在长期居住过程中，还掌握了一套"淤田"的种植技术。引浑河水入堰坝内，沉淀的泥沙是庄稼的好肥料，而清水顺渠排出，又是澄清的饮用水。这些清水进入居住区后，沿线各村都有公用蓄水池，俗称"土井"，可储水数千立方米。三家店村的部分商号和村民还有自备的土井，夏季炎热时可供村民免费使用，冬季灌满水足够全家过冬。除了引水灌溉外，三家店灌渠系统也有排水功能，夏季雨多时将渠水排干，能有效避免内涝。[2]

　　三家店的龙王不是只受人间香火、默佑报祈，它还是人间动员的真实力量、革命中的行动者。据说，辛亥革命后，兴隆沟坝的控制权落到了军阀手里。1927年，用水户纷纷抗捐。在曾任北京商会会长的三家店乡绅殷海洋的组织下，三家店、老店、五里坨、麻峪、营产等6个村子集体行动，召开用水户千人大会。上千人齐聚龙王庙，吃同

---

[1] 吴文涛主编：《永定河历史文化研究》，北京燕山出版社，2007年，第29—30页。
[2] 刘铁梁主编：《中国民俗文化志·门头沟卷》，中央编译出版社，2006年，第24页。

心面、诵团结词，在龙王爷的见证下集体与军阀斗争，终于夺回了兴隆沟坝的所有权。随后兴隆沟坝更名为"民生水利会"，简称水利会，自主管理灌渠。其常设机构由坝头、司账、杂工三人组成，日常于龙王庙西厢房内办公，每到初一、十五、春节要向龙神进香。农历六月十三给龙王爷过生日，挂佛牌、吃寿面、大摆宴席，成为三家店村乃至附近一带最重要的节日。水利会自民国时期保留下来的地亩水费账6本：流水账、新增地亩账、修沟治水用工账、日记账、垫借粮地户清册账和收支总目账，目前还相当完好地保存在门头沟区博物馆中。1948年以后，水利会改为灌溉利用合作社，一直存在到1952年。[①]

兴隆沟坝也许是永定河下游最成功的水利会，除它之外，永定河两岸还有过其他一些水利会的尝试。例如覆盖龙泉务与琉璃渠两村的公议沟，能浇灌两村1000多亩土地。虽然规模远小于兴隆沟坝，但其上原有两个俗称"石凳槽"的渡槽，驼队马帮都从渡槽下穿行，也是当地一大奇景。这些成功的水利会无一例外都有一大特点，它们既是村民自我组织和管理的组织，又有当地乡绅精英的支持，同时得到了国家的同意。三大条件缺一不可，如果与当地传统相违背，得不到村民的广泛支持，即使有强有力

---

① 刘铁梁主编：《中国民俗文化志·门头沟卷》，中央编译出版社，2006年，第24页。

的外部力量也无法形成有效的灌溉系统。在这方面,民国时期知名的中外合作慈善组织华洋义赈会,在石景山开掘石卢水渠的尝试可谓最为典型。

石景山庞村以上,并不是完全没有兴修灌溉水利的条件。乾隆九年(1744),御史柴潮生上疏云:"臣闻石景山有庄头修姓,能自引浑河灌田,比常农亩收数倍,旱潦不致为灾。"这说明这一带开渠灌溉曾有过成功先例,但后来不知何故荒废。1926年,永定河河务局局长刘垠泉,以华洋义赈会20万银圆赈灾款,从庞村建闸拦水兴建永定河引水干渠,引水向东经山下村,穿过石景山炼铁厂、焦化厂至场外煤泥坑的蓄水槽,分水三路,水渠总长19086米。1928年,石卢水渠渠工完成,与此同时石卢水利公会成立,负责水渠收费等一切事务。①

石卢水渠在建成之初主要控制在地主乡绅等社会精英手中。华洋义赈会的《民国十七年度赈务报告书》中提到,因为地基问题,水渠在兴修过程中与当地村民发生了比较激烈的冲突,甚至渠工都一度停止,后来"购置渠线地基问题经本会与各地主及官厅奔走磋商之后,业已圆满解决"。其后成立的石卢水利公会,由河北省政府主席商震任主席,根据灌溉地亩的多少收取水费,逐步归还华

---

① 华洋义赈会《民国二十年度赈务报告书》(甲种三十五号),民国二十一年八月刊行,第7页。

洋义赈会借垫给该会的13万元启动经费。但是，乡绅使用水渠是不收取费用的，也有用水优先权。庞村农民对石卢水渠的印象非常深。据他们回忆，石卢水渠的水闸在村子的西北，归水利会管，水利会常务机构也设于龙王庙内，就是雍正帝敕建的南惠济祠。村里需要灌溉的人家按地亩数给水利会交钱。水利会看管水闸，视水位高低决定放水多少。这一机制从表面上看与村民自治的兴隆沟坝并无差别，一方面，庞村农民担心灌渠破坏了永定河大坝，会造成水灾；另一方面，农民也认为支出与收益之间不成正比，放水权掌握在水利会手里，他们的需求不能完全满足，因此不愿意使用渠水。水利会收入一直不高，难以维持正常运行。华洋义赈会只好继续借款给石卢水利公会，以维持水利会运作。[①]

最重要的是，以永定河河务局局长刘坻泉为代表的地方官僚，既握有国家权力，又是乡绅代表，享有任意用水权，这导致了农民的激烈反抗。八角村东的东大荒处360亩农田，就是刘坻泉的产业。他要用水时就派人站岗放哨，不准其他农民用水。常常为此发生争水、挖水事件，甚至发展成打架斗殴。当地村民至今对此耿耿于怀："管水人员也不秉公办事：农户用水时，要先请吃'上水饭'，

[①] 华洋义赈会《民国十七年度赈务报告书》（甲种二十七号），民国十八年七月刊行，第39页。

浇完地后再请吃'下水饭';有的一年之中也没浇上一次水,秋收后照常缴纳水租。"[1]

兴修水利带来的争端不只在庞村出现。光绪年间,左宗棠的部将、湘军分统领王德榜,在村东永定河出山口西岸一带修建了下苇店、丁家滩、野溪、车子崖、琉璃渠5处水利工程。其中,城龙灌渠的渠首在城子村,但龙口却在上游的琉璃渠村,经城子、大峪、刘庄子、曹各庄、桥户营、上岸、栗园庄、西辛称,到卧龙岗村,俗称"大筒沟",于光绪八年(1882)六月竣工。由于地势较高,琉璃渠村的大部分土地事实上难以得到灌溉之利,但却因水渠经过而占用了土地。只有山坡下的平地处可以引永定河水灌溉,渐渐形成良田,得不到渠水灌溉的山坡地始终难以种植。但是到了民国时,王德榜的后人王道成与石门营村的大地主刘洪瑞合办"兴殖水利公司",借渠水赢利,要沿渠村民缴纳用水费,此举激起了琉璃渠村村民的强烈反抗。他们认为,当年兴修水渠,是造福一方百姓,"念系村邻,又属善举,乐善好施,谁而不为?"但如果要借渠水获利,则琉璃渠村未得水利之便,却又因此被占据村中公地,为何要任其勒索?于是村中妇孺百人乃联合会商,一致对外,抵制兴殖水利公司的营利行为,为此不惜与其

---

[1] 贾懋谦:《石景山区水利事业三十年》,载中国人民政治协商会议北京市石景山区委员会文史资料委员会编:《石景山文史资料》(第五辑),1988年,第54页。

余九村对抗，塞断入沟水源，"不达目的虽死不甘"。最终由宛平县王县长邀河北省建设厅史厅长从中斡旋，以兴殖水利公司每年补偿琉璃渠村损失租洋80元而告终，琉璃渠村人为此立碑为记。①

三家店与庞村两个村庄，同在永定河东岸，南北相距不过10公里，水利灌溉却呈现如此之区别。此时我们再回想两村龙王庙之不同：庞村龙王为雍正帝敕建御赐，却向来只管下雨，不管治水；三家店龙王是侯姓开荒时所奉，却慢慢成为当地最重要的管水神灵，也是村民团结的象征。龙王只是表象，它那泥塑彩绘的腹中，藏的是自然规律、组织机制与世道人心。它不仅在有水的永定河边组织社会，以黑龙潭贾家女婿为代表的一群龙神兄弟，也在极度干旱的西山深处慰藉人们的心灵、守护人们的家园。

房山黑龙潭的贾家女婿

和永定河龙王一样，房山黑龙潭的龙神也曾有过显赫的皇家背景，自元代以后备受帝王尊崇。黑龙潭位于大石河上游。大石河古称"圣水"，它从霞云岭内发源后，自佛子庄乡到河北镇一带进入浅山区，众水汇聚，加上碳酸盐岩裂隙间喷涌出的泉水，便在这段"河套沟"区域中形

---

① 据实地踏勘录文。另见北京门头沟村落文化志编委会编：《北京门头沟村落文化志（四）》，北京燕山出版社，2008年，第1614—1615页。

成深不见底的黑龙潭。1956—1961年，根据水文地质工作者的调查，当时黑龙关泉水的年平均溢流量在0.2～1.5立方米/秒，是北京溢流量最大的泉水。[1]元至正十年（1350）大都大旱，留镇京师的中书省平章政事搠思监携众官员遍祷群山寺观不雨，最后由留守司都事萨理弥主事，玉虚宫真人毕辅贵协办，于黑龙潭设坛祈雨，第二日便见灵验，继而雷雨大作。于是毕辅贵首倡就坛修庙，官吏道士与当地耆老辐辏捐资，创建黑龙潭龙神庙。4年之后，大都又是逾月不雨，黑龙潭再次祈雨灵验。国子监祭酒欧阳玄亲自为龙神祠撰碑，称龙神为"天之生气，能为膏泽以生万物者也"，龙被抬到了与天同高的位置。明清时期，黑龙潭龙神仍不断受到皇封御赐。明宣德十年（1435）五月，天久不雨，宣宗听取民意，遣官致祭黑龙潭。[2]明万历三十八年（1610）邑侯李庭幹祷雨成功，书石立碑以志。雍正帝为此庙御笔亲题"甘泽普应"匾额。[3]

不过有趣的是，虽然历代皇帝把黑龙潭龙神捧上了天，但当地老百姓却并不认为他高高在上，反而说他是斋堂贾家的长工兼女婿。和其他所有民间故事一样，这个传说也有多个版本，一个流传最为广泛的版本中说：有一

---

[1] 北京市水文地质工程地质公司编：《北京泉志》，1983年，内部资料，第3页。
[2] 《英宗睿皇帝实录》卷五，宣德十年五月二日。
[3] 清乾隆四十四年《修补龙神庙碑记》，碑石今立于黑龙关龙神庙前。

年，大安山下的斋堂村中来了个黑小子，他皮肤黝黑、长手长脚，投身到东斋堂地主贾家当长工。他力气奇大无比，种起地来谁也不及，但他有个特点，就是总是白天睡觉、晚上干活。贾家老爷瞅着他能干，就把自己的女儿傻丫头许配给了他。黑小子虽然答应了亲事，可老也不圆房。有一天，他说他要走了，没别的要求，只求贾老爷三天之后去村东河滩上，如果看见两只羊打架，就帮黑羊射青羊一箭。贾家人如约来到河滩上，果然看见两只羊打架，一箭射去，青羊化作青龙飞走了，一头撞在了万佛堂山上，撞出了孔水洞。而黑羊也变成了黑龙，一头扎进大安山佛子庄的龙潭里，化作了黑龙潭。此后不久，贾家的傻丫头没病没灾的突然死了，黑龙潭边的人们都听到河滩中传来鼓乐声，大家都说傻丫头是被黑龙接走做了龙神奶奶了。自此以后，斋堂就成了黑龙的老丈人家，遇到天旱时，附近的58个村子全没水了，唯独斋堂的井不干，于是大伙儿开五十八村龙王大会，到斋堂来弄水吃。要是斋堂水也不够了，那五十八村就以斋堂人为首到黑龙潭去"取水"。龙王一旦看见老丈人家来人了，很快就会普降甘霖。

　　为什么房山的龙神不好好在家待着，反而要去门头沟斋堂当长工？为什么龙神不是高高在上的神仙，反而是凡人的长工兼姑爷？为什么凡人要把自己的女儿嫁给黑龙做妻子？为什么黑龙青龙之间的战争需要凡人的帮助才能一决胜负？民间故事并不只是表面的奇妙有趣，我们要回答这些问题，就必须得回到西山的群山大地中去。

为什么房山的龙神要去斋堂当女婿？如果我们在地图上找到黑龙潭和斋堂这两处，会发现它们一个在大石河畔，一个在清水河边，两条河中间正是唐代节度使刘仁恭筑馆建城、拥兵自守的大安山。正如第二章述及西山战场时已经提及的，北到斋堂、南至黑龙潭的这片"两河流域"，大致相当于北到百花山—髽鬏山—妙峰山一线，南到大洼尖—猫耳山—马鞍山—石景山一线，东达香峪大梁—九龙山一带山岭之间所围出的区域，也是西山深处人烟最稠密的区域。黑龙潭的龙神去斋堂当女婿，斋堂人到黑龙潭祈雨不能说"请水"，要说"看姑爷，顺便取水"，一南一北两个主要水源地互相以亲戚相称来往走动，难道不正反映出这一片区域社会的内在联系？五十八村联合起来祭拜龙神，当然也就意味着本区域内各个村庄也以联盟的形式结合在一起。

为什么龙神不是高高在上的神仙，像卢沟桥的孽龙或三家店的龙王那样？一个很可能的答案是，因为在西山群山深处，干旱少雨，地多贫瘠，水少得可怜，连带着龙王也没有了永定河下游的气势。如果说永定河的洪水是悬在京西人民头顶上的达摩克利斯之剑，那么干旱就是京西山区的日常。中国自元代以后开始逐步进入小冰期阶段，中世纪暖期太行山区温润的气候与茂密的植被随着气温降低而消失，干旱、霜害、冻灾等各类极端气候接踵而至。特别是在明万历以后，大部分中国领土范围内进入干旱寒冷期，农业带南移，农作物减产，明末灾荒与朝代更迭都在这一大背景下发生。到了清代，北京的旱情更甚。有清一代268年中，居然约有160年都发生了旱情。康熙五十六年（1717），康熙帝在上谕中说："京师初夏每少雨泽，朕临御五十七年，约有五十年祈雨。"乾隆二十四年（1759），乾隆帝亦曾亲撰祭文："臣承命嗣服，今廿四年，无岁不忧旱，今岁甚焉。"①

西山一带更是高度干旱的地区，年均降水量仅为500～600毫升，是北京市降水量最少的区域，尤其是冬、春两季降水最少，春旱几乎年年发生。笔者在大安山一带调研时常常听老人回忆说：1943年，冬季没有下雪，夏季没有下雨，加上日本封锁，人们不但没有粮食和蔬菜，连盐都买不到，最后只能整村整村地集体逃难。从早到晚都能看到逃难的人群，路上全是饿死者的尸体。大台沟里的庄户村本来有100多户700多人，在这年的旱灾中整整饿死了100多人，当年出生的孩子活下来的只有两三个。②在全年降水量极少的情况下，人们也不敢在靠河流太近的地

---

① 转引自于虹编著：《京华通览·北京灾害史略》，北京出版社，2018年，第61页。
② 关于1943年旱灾的惨状，除了我们了解到的口头记忆外，也可参见北京门头沟村落文化志编委会编：《北京门头沟村落文化志（三）》，北京燕山出版社，2008年，第1144—1145页。

方修建村落，因为北京地区的降水几乎都集中于每年的7、8月份。这两个月中多暴雨，往往造成山洪暴发和泥石流，当地人称"龙扒"。光绪十四年（1888），暴雨成灾，大安山"崖裂石走，伤居室、人民无算。土随水走，五谷不登"[①]。光绪十六年（1890），"山水浸漫，盘回与还"[②]。每年一次的洪水让人们不得不远离河道，然而河流周围的陡峭山体又必然造成山中缺少水源。清同治三年（1864）的木城涧禅房村窑泉争地碑，真实记录了当地用水之艰难。禅房村位于大台沟东南，这里"山涧地狭"，唯有依赖邻村附近的水泉来"便民众生"。但由于"窑多槽众"，大量开采煤层导致地下水渗漏，此处水泉很快枯竭。为了取水，全村老幼只能长途跋涉，"夤夜晨昏，不弃路遥难行，不怨跋涉之苦，群觉担负"。幸好村南的井儿窑废弃多年，渗出了一些水，水虽不多，却能救命。但正是因为用水问题，村民之间爆发了激烈的冲突，最后在军粮厅与板桥村村民石得印的斡旋下才平息了争执。[③]这通碑文表明，虽然村落位于清水河畔，但河水经常断流，地下水也很不稳

[①] 《大安山创修桥道碑记》，载潘惠楼编：《门头沟文化遗产精粹·京煤史志资料辑考》，北京燕山出版社，2007年，第114—115页。

[②] 清光绪三十年的圈门重修药王殿碑，载潘惠楼编：《门头沟文化遗产精粹·京煤史志资料辑考》，北京燕山出版社，2007年，第115页。

[③] 该碑在禅房村遗址，载潘惠楼编：《门头沟文化遗产精粹·京煤史志资料辑考》，北京燕山出版社，2007年，第101—102页。河水难以接近，雨水几乎没有，在这样的条件下，人们唯一可以依赖的基本只有井水。

定,生活用水基本依靠人力凿井或跋山涉水去泉眼取水。在这种情况下,人们很难相信龙王爷有什么至高地位与无边神力。

为何两龙之争必须要人类帮忙来决定胜负?这既是当地人对地下水脉的知识,又是当地用水的最高原则——如何分水,水说了不算,人说了才算。青龙与黑龙大战后,一个变成万佛堂山孔水洞,一个潜入佛子庄乡黑龙潭,这正是大石河水流的真实写照。

《水经注》中说:"圣水出上谷……水出郡之西南圣水谷,东南流经大防岭下。岭之东首山崖有石穴东北洞开……"[①]这里所说的"石穴"就是孔水洞,洞中清泉是大石河的主要支流之一,与西北所来之黑龙潭水确似这一流域中两条主要的神龙。神龙要从哪里出水,这由自然地势决定,人力很难干涉,然而这些水要往何处去,神龙自己却说了不算。换句话说,水源地在哪里并不必然决定水权归属。泉水如此宝贵,必须大家共有、集体使用,这就是所谓"粒米同食,滴水共饮"。

"粒米同食,滴水共饮"这句佛家偈语常见于这片"两河流域"的寺庙中。戒台寺内有明代万历年间的极乐洞造四海云堂摩崖碑一通,碑中记万历年间极乐洞住持僧明信,回忆开山祖师如何在十方檀越帮助下在人迹罕至的

---

① 《水经注》卷十二"圣水"。

佛龛山中开山建庙之事，同时联系起当下众僧俗合力捐修寺庙之举，乃感慨曰："似一器水传于一器，愿与四海英贤，粒米同食，滴水共饮。"①佛子庄北大寒岭毗卢寺中原有碑刻六方，其中一碑为乾隆五十年（1785）九月翁方纲撰文的观音菩萨庙碑，额题亦为"粒米同食"，碑文中记录了当年大寒岭重修大士庙（即后来的毗卢寺）的经过，并特别赞颂了当地村民、附近居者，乃至十方善士之间同甘共苦、共生共存的精神。②如前所述，南井儿窑中虽然涌出泉水，但这水并不归此处地主或窑主所有，水源地产权人不能独占泉水。为保证泉水的公有性，全村人"同愿捐舍，资助胜事"，从窑主手中买下土地。窑主为此争讼于军粮厅，而基层管理者却认为，凡是想独占山场水源从中牟利之人必为无理，故判曰："想攘山场为己有，见事而起分心之意，因而逞讼。虽餍其欲，必难中饱……清泉现已涌出，那许私心独霸，自应解渴众人。着将此泉断归阖村，任其担取。"在维持村落生存的泉水面前，对土地产权的要求是次等的，这正是"滴水共饮"的原则在经济制

---

① 张云涛：《北京戒台寺石刻》，北京燕山出版社，2007年，第291—293页。
② 此碑仅在《北京名胜古迹辞典》中有部分录文，未见碑刻拓片或完整录文。北京市文物事业管理局编：《北京名胜古迹辞典》，北京燕山出版社，1989年，第396页。

度中的体现。①

"两河领域"内的区域联盟与用水共享,正视高度缺水的现实,同时相信人定胜天,既尊重水源的自然属性,但又不放弃对自然资源的社会性控制。黑龙潭龙神传说的背后,隐含的是当地民众在长期缺水环境中协调人与自然关系的文化逻辑。那么,这套社会组织与文化逻辑是何时形成的呢?要回答这一问题当然需要更多的研究,但至少我们可以看到,乾隆四十四年(1779)盛夏,从斋堂、大安山、史家营到佛子庄乡、河北镇、周口店镇的50余村,为了感谢龙神而重修祠庙,称"伊迩居民常蒙雨露之恩,时获丰登之庆。山原畎亩,优渥沾足",并共同留名刻石。这50多个村子,基本上就是传说中所提到的"五十八村龙王大会"的范围。②也许我们可以认为,这套民间用水的组织文化至少在乾隆时期就已经成形甚至成熟了。

泉水源头的秃尾巴老李

居于山间人多忧缺水,处于河畔则常虑洪波。平心而论,西山永定河地区与地球上某些自然环境得天独厚的地区相比,的确算不得条件优越。然而生于忧患,死于安乐,

---

① 清同治三年的木城涧禅房村窑泉争地碑,载潘惠楼编:《门头沟文化遗产精粹·京煤史志资料辑考》,北京燕山出版社,2007年,第101—102页。
② 清乾隆四十四年《修补龙神庙碑记》,碑石今立于黑龙关龙神庙前。

灾难在考验人类意志与智慧的同时，也教会了人们团结、协作与勇气。更何况，山河也暗中为人类带来了馈赠：剧烈的地壳运动在成层岩石中所造成的倾斜构造、褶皱构造和断裂构造，不仅为北京地下水的富集和运移，同时也为其出露奠定了基础。洪水泛滥、河流改道固然可怖，但水流也改变了地貌，形成了暗河，或在山谷，或于平原，储水岩层或河流故道中储存着大量的地下水。凡有适宜之处便露出地表，形成众多泉眼。这些泉眼常常是当地居民的主要水源或者唯一水源，凡有泉水之处，必有神庙、景观或古迹，以龙潭闻名的潭柘寺，伴樱桃沟而兴的卧佛寺，都是如此。乾隆三十二年（1767），乾隆帝疏浚沟渠，开辟水田，引泉水北流入畅春园、圆明园。在泉水满溢的海淀长河岸边，他特意创建泉宗庙建筑群，中路正殿供龙神，后阁供龙王龙母。庙前庙内各处泉眼，乾隆帝一一题字刻石，共计有32处之多。尤其是庙前的沸泉、大沙泉与小沙泉，更是聚而为湖，是为万泉源头。

天下泉水如此之多，乾隆帝却相信泉宗庙代表了它们共同的源头，分散到各处，又由各自的龙神所司。他在《御制泉宗庙记》中说："泉之数以万而神之祠惟一，其一以贯万之旨乎？曰然。……天一之精流而为水，四渎四海一水而已。综而括之，其神惟一，散而分之，各有所司……"[1]显而易见,对乾隆帝来说,泉水与龙神的关系,就等同于王权的基本原则——至高无上的天子掌握唯一的权力,并通过散布天下的"水脉"将其分散下去,于是每处显露于世间并决定万物生存的"泉眼",就类似于权力的派出机构或帝王分身的显现。

然而西山永定河的老百姓们一定不同意乾隆帝对泉水的这种理解。无论是延庆小盆地中见证了炎黄大战的阪泉,还是海淀温泉镇的画眉山,抑或是大寒岭下难得的山川胜地北港沟,或者房山西南泉水河的源头甘池泉,这些润泽一方的泉水的确都有自己的"龙神",但与皇权或官府并无任何关系。这里真正受人尊敬的龙神甚至不是男性,而是孕育并养大了"秃尾巴老李"的母亲,人们亲切地将她称作龙王奶奶,或直呼为娘娘。

"秃尾巴老李"是广泛流传在中国北方的故事类型,大约讲的就是一条由人类怀胎十月而孕育的龙,如何为人类社会所不容,最终显露真身腾云而去。但即便如此,他仍然眷念着自己的母亲,于是常年为母亲所在的家乡带来丰沛的水源。"秃尾巴"作为他的典型特征,意味着他像人一样柔软光滑、缺少龙鳞,这不仅暗示他由母亲那里继承而来的人类身份,也暗示他像人类婴儿一样在母亲怀里长大,因此永远依恋着母亲。这一故事在北京也有广泛分

---

[1] [清]于敏中等:《日下旧闻考》卷七十九"国朝苑囿·泉宗庙"。

布，但故事的重点常常不在秃尾巴老李本身，而是他的母亲如何温柔美丽，如何在不知情的情况下感应龙神而怀孕，如何被人驱逐，又如何含辛茹苦将小龙养大，最后上天成神。阪泉的故事中讲，李家的姑娘出于同情，用五色丝线为乞丐补好了衣服上的5个窟窿，没想到吞下的线头变成了胎儿，生出了5条小龙。姑娘被村民排斥，流落深山。但天下大旱时，正是这5条小龙引来五色祥云，下了场透雨。显示完神迹，神龙带着自己的母亲离开了人间。她舍不得自己的家乡，滴下的眼泪在地面砸出了无数泉眼，从此化作龙母守护一方。画眉山的黑龙潭是明清历代帝王建醮祈雨的地方，可当地的民间故事却说龙神其实是李家的孩子，是个人面蛇身的小黑龙。他的母亲是潭边的村民，所以他才不离开这处龙潭。西甘池的故事也差不多，区别只在于当地人还相信，李家姑娘生下的4条小龙后来成了四海龙王，他们都在西甘池的泉眼中"洗三"，所以甘池泉水连着海眼，永不枯竭。

不难看出，与其说人们崇拜的是非人非龙的秃尾巴老李，不如说他们供奉香火的对象是那位怀抱着龙子的姑娘。事实上，许多祈雨的寺庙本身就以龙母为主神，甚至直称她为娘娘——与生育之神碧霞元君同一称呼，因为她们也的确都是赐予生命、护佑众生的母亲。大寒岭旁北港沟的娘娘庙就是典型代表。

大寒岭，位于清水河与大石河之间，既是门头沟区与房山区的分界线,也是清水涧与大石河的分水岭。大寒岭,亦称大汉岭,《宛署杂记》载:"大汉岭,在县西二百余里,由清水山尖分脉,直抵百花山。相传汉时匈奴界止此。"[1]岭上有关城,城台东部原有毗卢寺,寺前古井可汲水,庙内可供行脚歇脚。板桥村北的清水尖,东临永定河,西接髽鬏山。主峰海拔1527.8米,山中有饮马鞍、樱桃沟、十八潭等风景优美之处,还有山神庙、大寺台、娘娘庙、菩萨殿等庙宇。大寒岭一带山高路险,水旱灾害无数,如果不是还有煤炭出产,恐怕是难以形成西山深处的村落的。明清时期,村民多以煤窑、运输和制作石板为生,少有可耕土地,民生常年多艰。清乾隆四十二年(1777)的永远免夫交界碑中说"西山一带,村墟廖(寥)落,旗人一半联居,石厚田薄,里下走窑度日,一应夫差,家中每叹糊口之艰",清楚道出了依靠走窑采煤度日的京西平民,极度依赖于家中的青壮年劳力"下苦力"维生,无法应付征夫赋税的生计窘境。到乾隆后期,随着"大差络绎,供役繁兴",雍正年间曾一度豁免的征夫差税重又"闻催派之声",于是邑人府庠申九成、刘廷玉等人"诉于廷",获宛平县丞黄瑞鼎批准,允许王平口、齐家、石港三司豁免夫役。此碑有二,一立于牛角岭关城西侧古

---

[1] [明]沈榜:《宛署杂记》卷四"天字",北京古籍出版社,1980年,第29页。

道之旁，一立于大台沟的入口处峰口庵。碑阴所载王平司所属村庄中，大寒岭一带村落之乡约均赫然在目，证明这一带确为免征夫役的极度贫困地区。①

山穷而水尽，少雨而民困，只有清水尖下的北港沟山清水秀，是大寒岭下为数不多的福地。《宛署杂记》称："清水尖，在县西二百余里雁翅山。山下有泉清冽，而山峰极尖峭，故名。"②从清水尖南麓自上而下形成三级平台，其中第二级叫大寺台，据说娘娘庙原在此平台上，后为了人们进香方便，娘娘显灵，一夜之间将庙宇移到了第三级平台福龙山上。因山上泉水的补充，北港沟内号称"三潭三庙"，娘娘庙是其中最著名的一座。清代的北港沟娘娘庙碑中曾以村人视角记录下当时沟内风光，虽碑文漫漶特甚，然珍爱景仰此方山水之情仍溢于言表："若夫初日出而林霏开，暮烟凝而岩窦暝，七宝……寂，潭树深沉，时有云雾出没其间，此又灵隐寺之妙境也。"③在极度缺水的环境中有如此一方胜境，北港沟对于当地村民的意义可想而知。

北港沟娘娘庙中供奉碧霞元君，殿内两侧山墙壁画讲

---

① 牛角岭永远免夫交界碑，载潘惠楼编：《门头沟文化遗产精粹·京煤史志资料辑考》，北京燕山出版社，2007年，第66—68页。
② ［明］沈榜：《宛署杂记》卷四"天字"，北京古籍出版社，1980年，第29页。
③ 此碑在北港沟娘娘庙正殿屋内，载潘惠楼编：《门头沟文化遗产精粹·京煤史志资料辑考》，北京燕山出版社，2007年，第120—121页。

述了这位一心修行、不愿出嫁的公主故事。[1]然而与此同时,村民们也传说,这位娘娘并非泰山大帝的小女儿,而是当地村中一位"云姑娘"。她因误食鸟卵怀了孕,被母亲藏到北港沟的岩洞里。后来她生下神龙,能行云布雨,亦被当地人奉为神明,就是北港沟内龙王庙中所供奉的龙王。[2]龙王庙北数十米处,一股山泉从山崖下流出形成天然瀑布,下面汇成一汪清澈的泉水,人称"小龙潭",是当地极为难得的水源,也就是娘娘和龙王所护佑的泉眼。这位娘娘到底是碧霞元君还是云姑娘其实并不重要,因为这二位女神说到底都是养育众生的"母亲"。当地各村每年四月初集体到娘娘庙朝圣进香,不仅是为了祈求保佑子孙,更是为了祈祷风调雨顺。事实上,北港沟娘娘庙作为圣地,其神圣性不仅在于龙母"云姑娘"(碧霞元君)能赐一方云从雨顺,同时也在于北港沟的自然环境本身就具有"神圣性"——这里是整个大台沟区域内不可多得的水源地,是当地村民在缺水灾难中的最后避难所,娘娘之神同时也是山川之圣。这一意义可以从每年四月初一的娘娘庙会仪式中清晰地展现出来。大台文保协会前会长在

---

[1] 关于中国华北地区流行的碧霞元君故事,参见鞠熙:《身体、家庭与超越:凡女得道故事的中法比较》,《民俗研究》2015年第2期,第81—90页。

[2] 北京门头沟村落文化志编委会编:《北京门头沟村落文化志(三)》,北京燕山出版社,2008年,第1151页。

向笔者等人介绍北港沟娘娘庙时说:"娘娘庙的庙台特别高,附近的地形是个盆地,四周都是山。娘娘架从里面抬上,从里面走出来下台阶,感觉就是从天上下来的。下来以后就举行参拜仪式,上供、烧香,然后各村的会首就烧香。……而且那里的环境特别好,有山有水。"①娘娘固然是上供烧香的对象,但只有在"有山有水的自然环境"中,在"感觉从天上下来的"盆地形胜中,娘娘架巡游仪式②的意义才完整。可以说,对大台沟内的居民而言,四月初一去北港沟娘娘庙不仅是"赶庙会",更是葛兰言所说的"一年一度的山川聚会"③。正是通过这样的山川聚会,地方社会才得以重组,人与自然的联系被拉近,人类自身因此也才能生生不息。

西山永定,山河多异。元代黄文仲在《大都赋》中说北京风物:"言其郊原,则春晚冰融,雨霁土沃,平平绵绵,天接四野。万犁散漫兮鸦点点,千村错落兮峰簇簇。龙见而冻根载苗,火中而早舞渐熟。柳暗而始莳瓜,藻花而旋布谷。种草数亩,可易一夫之粟;治蔬千畦,可当万户之禄。……有方外之黄鸡、玄凫,与沙际之绿凫、白

---

① 2017年4月笔者访谈记录。
② 娘娘架仪式多见于华北,即将娘娘抬出巡游的仪式,因将娘娘小神像放在架子上抬出而得名。
③ [法]葛兰言(Marcel Granet)著,赵丙祥译:《古代中国的节庆与歌谣》,广西师范大学出版社,2005年。

鹅。收霜菜而为菹，酿雪米而为醪。"[1]在这片土地上，既有平原沃野，亦有千峰簇簇；既有川谷激流，也有沙洲草原。多样的生境决定了人类与山水有不同的关系，更决定了人类在山河中采取不同生计方式，造成多样的物产与生境。山林采集、水旱农耕、狩猎畜牧、沙地园艺，人类几乎所有主要的生计方式都能在西山永定河地区找到影子，相应地也在这片土地上造就了文化多样性的繁华盛事。

---

[1] ［明］沈榜：《宛署杂记》（上），北京出版社，1961年，第166页。

耕樵栗园

若乃四郊砥平,王道正直。视万国之环拱,适居中而建极。其南则万流宗海,平林蔽天。揽邯郸巨鹿之广衍,眈平畴沃野之绵延。溏淤恒卫经其野,濡磁来桑汇其前。界以天陆广阿之宏壤,扼以大茂井陉之连山。包络赵卫,襟带齐鲁,膏腴之地,绵亘三千余里,而极于黄河伊颍之川。其水陆之所产,卓荦繁盛,盖莫得而计焉。……其西则崇山郁翠,高挹泰岱。北接居庸,南首河内。奇峰拥关,龙门阻隘。玉泉垂虹,青烟浮黛。上巘嵲兮倚空,下蟠据而际海。其麓则有浑河汤汤,西湖泱泱,盐沟璃璃,桑乾广阳。雪波泛涌,灏漾汪洋。一泻千里,会流帝乡。又有上林禁苑,种植畜牧。连郊逾畿,绿丘弥谷。泽渚川汇,若大湖瀛海渺弥而相属。其中则有奇花珍果,嘉树甘木,禽兽鱼鳖,丰殖繁育。麃麃籍籍,不可得而尽录。固可以因农隙而校田猎,选车徒以讲武事。乃遵国风，稽王制，诏期门，简将帅，乘玉辂，拥翠盖。出天关而雷轰，轹芳郊而云会。非所以威戎夸狄，娱乐骋意，盖将取不孕而除灾害，狩无泽而顺杀气。

——［明］李时勉《北京赋》

李时勉，名懋，号古廉，出生于南京，后迁至江西安福。永乐二年（1404）中进士，进文渊阁，参与修撰《太祖实录》。授刑部主事，又参与重修实录，后改任翰林侍读。作为明初名臣，李时勉曾因数次触怒帝王而被贬斥，第一次就是反对迁都北京。永乐十九年（1421），三殿失火，明成祖朱棣下诏征求直言。李时勉上疏称营建北京不妥，在北方新建的都城也不适宜接见外番使节。然而在北京城建成后，李时勉却写下了让他流芳百世的《北京赋》，这也被认为是明代第一篇以帝都北京为描写对象的文章。这篇著名的文章采取汉代都邑赋的形式，竭尽称颂讴歌言辞，不惮重复华美典故，将都城之富丽与北京的辉煌铺陈得天下无双。以至于我们很难理解，"言为心声"这句古语真的可信吗？李时勉是如何一面写下如此繁复溢美的台阁体，另一面又上疏抗议北京作为都城的？

如果只看《北京赋》，我们很难相信李时勉对北京的称颂完全出于违心。他描写北京的四郊，地理、物产、风土、形胜，无一不如亲见。他写北京南部的平原，说它

"万流宗海，平林蔽天"，很显然了解永定河等主要水系都在京城以南汇流后东奔入海。"潦淤恒卫经其野，濡磁来桑汇其前"，既点明当地土地多出于潦淤的特点，也很清楚平原多植桑树的景观。"濡磁"也许是指通过漕运从南方运来的瓷器，但也有可能指的是今房山磁家务等地的瓷窑。这里自辽代开始就是北方重要的瓷器生产地，大量依靠永定河水完成洗土、澄泥等工序。"濡磁"或许是对这种生计方式的描述。他说西山"北接居庸，南首河内……玉泉垂虹，青烟浮黛"，这或许是因为自金代以后逐渐定型的"燕京八景"此时已深入人心，其中居庸叠翠、玉泉垂虹已是吟咏西山的惯用典故。然而随后提到的浑河、西湖、盐沟、广阳等地名，就并非没有北京当地生活知识的人能随口说出来的了。李时勉对北京物产多样性的描写也值得一提。他不仅写到永定河冲积平原上沃野绵延、桑稻连畴的农耕风光，也写到了帝王在西北群山中田猎的景象。他的描写中固然能清晰看出《上林赋》的传统影响，但同时不可否认的是，奇花珍果、嘉树甘木、禽兽鱼鳖、丰殖繁育这些美好的形容词用于描写北京西山永定河文化带，尤其是林衡署与蕃育、嘉蔬二署所在地，也并没有什么不妥。也许出于各种各样的原因，李时勉的确从未真心认同过迁都北京的决定，但即使如此，西山与永定河之间如长安上林苑般的丰富生态，他仍然看在了眼里，落在了笔尖。

从某种意义上说，西山永定河的确是北京的上林苑。这不仅是因为它们同处京城郊外，都经帝王营建，更因为它们同样有极富变化的自然地貌。山水兼备、冈峦起伏、四季分明、海拔差大，自然条件的多样性本就适于各类物种生存，同时也造就了富于变化的风土人情。直到今天，北京仍然是世界上生物多样性最丰富的大都市之一，与之相适应的，就是西山永定河文化带同样丰富的文化多样性。在中国王朝国家的历史中，这种多样性一直受到赞美与欣赏。帝都园囿的丰富多样不仅是王朝"奄有四海"的标志，更是"王在灵沼，于牣鱼跃"的帝王仁德的象征。毫无疑问，李时勉正是出于这一角度来书写与赞美京郊的多样景观的。

同时，西山永定河不仅仅是上林苑。它们可以被视为风景，但绝不仅仅是风景。它们的多样性不仅体现在供禁城中人享用、欣赏与把玩的园林，更体现在普通人栖居于大地之中的生境。在这些生境之中，人的活动与地理条件相匹配，创造并维持了神、人、物之间的广泛联系，由此才能生产出丰富的物产与多样的景观：

田中有粟稻，平野满桑麻。
山间栗子香，河畔马徐行。
林下多药果，菜畦遍繁花。

幽燕朔漠、沙雪风霜，山河大地中的人们随地土之所宜、就风气之各异，或采于山涧，或种于田园，因时而动，生生不息。当李时勉等文人讴歌这些景观与物产时，我们更关心的是透过物产与景观去理解人民栖居于大地之上的基础条件——作为物质生产的生计，以及作为生计方式的文化。在这片土地上，这首先表现为农业耕种的文化。

农者，所以厚生也。"生"，是生计、生活与生命的统一。农业不仅提供了衣食生计之所系，更直接影响了人与自然的生命节律，创造出生生不息的生活世界。在西山之中、永定河畔，我们最早能找到的农作物是粟黍，最受讴歌喜爱的是稻米。山间难以开田，粟黍在很长一段时间内是幽州主粮之一。河滩受洪水洗刷，桑树守护着人们不离不弃。幽燕苦寒之地，幸好还有山间林果可供采摘充饥。帝京繁华都会，也催生出富贵精巧的莳花弄蔬技艺。李时勉所说"连郊逾畿，绿丘弥谷。……其中则有奇花珍果，嘉树甘木，禽兽鱼鳖，丰殖繁育。飚飚籍籍，不可得而尽录"，确然不错。这帝都如陆海般丰厚的基础，是当地人上万年的耕种渔樵生活。

粟黍：春种一粒粟，秋收万颗子

农业是中国早期文明最主要的物质生计方式。农，耕也。《汉书·食货志》中说："辟土植谷曰农。"在中国古代观念中,开垦土地种植谷物才被视为农耕,这与我们今天通行的"农林牧副渔"中的大农业概念并不完全一致。一般认为,中国早期农耕文化有三大板块,分别是黄河流域的粟作农业、长江中下游的稻作农业以及西藏的青作农业。其中,地处太行山东麓的磁山文化遗址及其邻近地区被认为是粟作农业的起源地,而北京西郊山区就位于粟作农业核心区的边缘地带。

2005年被评为全国考古十大发现之一的北京门头沟东胡林遗址,地处斋堂清水河畔北岸的三级阶地上,根据文化堆积的C-14测定年代在距今11000~9000年。在漫长的冰期之后,人类再次迎来降水丰沛的时期。作为永定河中游主要支流的清水河,此时也大力侵蚀和冲刷着两岸台地,为河谷带来丰富的沙砾沉积与黄土覆盖。低谷地带环境不稳定,原有的山洞栖居环境也常常发生崩塌,于是人们渐渐选择侵蚀不严重且有全新世黄土的河谷台地居住。东胡林遗址所在的第三级阶地就是如此。清水河谷的河漫滩外,砾石层顶部覆盖着厚厚的全新世黄土和沉积物,直到今天仍然是这片山区中主要的农耕区。[①]考古学家通过浮选法研究了东胡林遗址,从中鉴定出了比较丰富的炭化植物遗存,尤其是发现了粟和黍的炭化颗粒。学者据此认

---

① 北京大学考古文博学院等:《北京市门头沟区东胡林史前遗址》,《考古》2006年第7期,第3—8、97—98页。

为，东胡林遗址中出土的粟有可能属于由狗尾草向栽培粟进化过程中的过渡类型。这意味着，早在1万年前，清水河岸边的小型采集狩猎群体中很可能已经开始耕种粟与黍了，并且为了耕作，他们已经开始形成一种半定居的生活方式。①

《周礼·职方氏》中说："幽州，……其谷宜三种。"郑玄注曰："三种：黍、稷、稻。"唐代贾公彦疏云："知三种黍稷稻者。西与冀州相接。冀州皆黍稷，幽州见宜稻。……"位于幽州与冀州交界处的西山永定河地区，粟与黍一直是主要的农业种植对象。"粟者，王之大用，政之本务。"（《汉书·食货志》）丰台区大葆台的西汉广阳王汉墓中，在1号墓的北面外回廊陶瓮中发现了带壳的小米，2号墓中也发现了小米遗存。②直到唐代，粟谷仍然是西山永定河地区的主要粮食作物，例如，在高开道反唐叛乱之事中，粟米就扮演了非常重要的角色。

唐武德三年（620），高开道自称燕王，后因助罗艺击退窦建德之功得李渊诏封北平郡王，赐李姓。随后，幽州发生饥荒，高开道答应为罗艺输送粟谷作为粮食。起初，罗艺让老弱病残去怀戎县就食，高开道非常友好地接待了

---

① 赵志军：《中国农业起源概述》，《遗产与保护研究》2019年第1期，第1—7页。
② 大葆台汉墓发掘组：《北京大葆台汉墓》，文物出版社，1989年，第63页。

他们。罗艺不疑有诈,随后便发兵三千人、车数百乘、驴马千余匹,去怀戎准备拉粟谷回幽州救济。结果高开道把兵马悉数扣押下来,转头就联络突厥,起兵谋反,再次自立燕国。从《旧唐书·高开道传》中的记载来看,罗艺派如此多的人马去拉粟子,可见当时怀戎一带的粟谷储量绝不会太低。前文提到,唐代幽州至渝关一线的河北道有大量屯田,据《通典》中记载,这些资边州县镇戍之处的屯田,"其大麦、荞麦、干萝卜等,准粟计折斛斗,以定等级"[1],也就是说,在当时的屯田区内,粟谷是最为广泛种植的作物,甚至可以作为等价标准来折算杂粮,以纳田赋。到了元代时,仅《析津志》中所记之谷类,就有高苗青、诈张柳、撑破仓、乞达青、鹅儿黄等将近20个品种。有些品种品质上佳,适宜在平川田畴种植,即使有狂风烈日也无妨。有些品种适应西山地形,适于种在高山上,耐风抗倒伏。还有的品种专门用于上贡大内,称为"毛谷"。黍也有适于酿酒、适于煮食和粒大壳厚的不同品种。[2]粟谷的培育种植已经发展到相当专业与精细的程度。

然而,粟作为粮食作物有一个致命的弱点,就是它不适于连作。粟的种植需要大量消耗土壤肥力,种一季就得休耕一两年,尤其是和高粱、黍、荞麦等一起连作则产量

---

[1] [唐]杜佑:《通典》卷二"食货二",清乾隆十二年武英殿刻本。
[2] [元]熊梦祥:《析津志辑佚》,北京古籍出版社,1983年,第229页。

更差，而这三者偏偏都是黄河流域主要的粮食作物。粟与黍历来同时出现，欧亚各地都有粟黍合称的情况，但它们在耕作上的不"兼容"却无法避免。不仅如此，粟黍耕作还需要反复灌溉，这会造成土壤底层水分大量蒸发而形成盐碱化，地力衰竭的时间大大延长，土壤板结程度无法逆转，因此耕作极为不易。这就意味着粟作农业如果要增加产量，就只能不断扩大耕作面积。这样一来，必然会造成农业生产对环境资源的更大索取，国家"开疆拓土"、扩大田地的要求更为激烈。事实上，这也是历史上北方粟作农业区较之南方稻作农业区有更多武力冲突和土地兼并的内在原因之一。与粟作农业相比，稻作农业因为常年浸泡在几十厘米深的水中，既不需要休耕，也不存在土壤盐碱化的问题，不仅适于和其他作物轮作连作，还容易保持土壤松软而易于开垦。稻米产量高、易烹调、好消化，所有这些优点都使得它广受欢迎，即使在更为干旱的北方地区也同样如此。

水稻：地连佛寺楼台古，泉落山田稻蟹肥

郑玄注《周礼·职方氏》称"幽则宜稻"，说明幽州地区很早就有稻米种植。《齐民要术》中说："稻之名一，而水旱之名异，盖水稻宜近上流，旱稻宜用下田。"[1]在西

---

[1] ［北魏］贾思勰：《齐民要术》卷二"水稻第十一"，四部丛刊景明抄本。

山永定河地区，除了海淀、胡良河上游、昌平白浮泉这些泉水丰富、地热资源丰富的地方有水田种稻外，其他区域也有部分旱稻种植。1955年，河北省有7.8万公顷旱稻种植，占全部稻作面积的62%。[1]西山永定河地区的情况大概也差不多。但由于旱稻亩产量不高、人力投入更大，作为粮食作物并不占优势，所以永定河中下游各处旱地仍以粟、黍、高粱为主要种植对象。明代以来，大量山坡地用于种植玉米，直到今天仍是如此。

水稻对土壤环境要求不高，但高度依赖水利灌溉系统的建设。《齐民要术》记载："稻，无所缘，唯岁易为良。"水稻适应性广，这是它能在北方推广的关键原因。但是要成功种稻，还是需要做大量准备工作："选地欲近上流。地无良薄，水清则稻美也。……北土高原，本无陂泽。随逐隈曲而田者，二月，冰解地干，烧而耕之，仍即下水。"[2]因此，在北方高原缺少湿地沼泽的情况下，种植水稻的关键就是修建水利工程。利用水渠引水，减慢水流速度，使其自然沉淀而取其清水，即使是干旱地区也可以开辟水田。由此我们可以理解戾陵堰、车箱渠的意义：它在干旱少雨的永定河沿岸创造了水稻种植的基本条件，这打破了粟作农业的魔咒，使得幽州苦寒之地有可能走向丰饶

---

[1] 姚帮松等：《调亏灌溉对旱稻生长的影响》，湖南科学技术出版社，2018年，第4页。
[2] ［北魏］贾思勰：《齐民要术》卷二"水稻第十一"。

富足。史载:"水溉灌蓟城南北,三更种稻,边民利之。"①三更种稻,意味着粟、黍、稻三种作物共同成为永定河畔的主要粮食作物,大大缓解了幽蓟地区的人地资源紧张关系。随着辽金定都北京,西山一带人口增加,物产日益丰裕。《契丹国志》中说,辽南京"膏腴蔬瓜果实稻粱之类,靡不毕出。而桑柘麻麦羊豕雉兔,不问可知。水甘土厚,人多技艺"②。稻米已经成为辽代南京地区的代表性物产。

种植水稻的区域中,当以海淀为冠。海淀一带属永定河平原的潜水溢出带,水泉丰美、土地肥沃,又有高梁河水与永定故道的滋润,自古以来就是重要水稻种植区。隋唐时期中国大陆处于温暖期,北京西郊的水稻种植面积也得到扩大。唐代《册府元龟》记载,唐高宗永徽年间,"裴行方检校幽州都督,引卢沟水广开稻田数千顷,百姓赖以丰给"③。从这段记载来看,永定河和高梁河之间,即今北京西郊紫竹院公园东西一带,在唐代时已有数千顷水稻种植。金中都城北的万宁宫周围也是一片稻田。用白莲潭、高梁河水所灌溉的稻田,西至玉泉山以东,东至潞县以西,北至昌平,南至中都城。这一大片土地,都是水

---

① 《三国志》卷十五魏书十五"刘馥传"。
② [宋]叶隆礼:《契丹国志》卷二十二"州县载记·南京",清嘉庆二年席氏扫叶山房刻本。
③ [宋]王钦若等:《册府元龟》卷六百七十八"牧守部·兴利功课"。

田，可以种稻。[1]元代，引白浮、瓮山泉入京的水渠也滋润灌溉了沿岸土地，贵族与寺院等占有丰富水源，不仅足以浇灌稻田，甚至可以设置水碾，碾米获利。元天历三年（1330），中书省上奏曰"世祖时开挑通惠河，全藉上源白浮、一亩等泉之水以通漕运，今诸寺观及权势之家私决堤堰，浇灌稻田、水碾、园圃"，以致漕河水浅淤积，请谕禁止。[2]

至明代时，海淀稻田已成为西郊景观的标志。尤其在南来士子眼中看来，阡陌水落平田，稻田接天棋布，恰似江南风景，聊慰游子心肠。明正统年间，吏部尚书王直在《西湖》这首诗中写道："玉泉东汇浸平沙，八月芙蓉尚有花……堤下连云粳稻熟，江南风物未宜夸。"描写海淀稻田风光，成为明代文人时尚。《春明梦余录》中收录都人王嘉谟的《丹棱沜记》，详细记载了海淀巴沟一带的稻田："（岣嵝）河东南流，入于淀之夕阳沿而南者五里，旁与巴沟邻，曰丹棱沜。沜之大以百顷，十亩潴为湖，二十亩沉洒种稻，厥田上上。湖圜而驶，于西可以舟。其地虚

---

[1] 曹子西主编：《北京通史》第4卷，北京燕山出版社，2012年，第215—216页。
[2] 《元史》卷六十四"河渠志第十六"，清乾隆四年武英殿校刻本。柯劭忞：《新元史》卷五十四志第二十"河渠志二"，民国九年天津退耕堂刻本。

敞，面阳有贵人别业在焉。"①《帝京景物略》中记载，麦庄桥畔湖堤以北为稻田、豆场。②万寿寺左近皆为稻田，沿着湖堤一带莲菰茂盛。③万历朝初，官府招募南人开垦西湖水田。至万历十六年（1588）皇帝谒陵回銮，经过玉泉山西湖时，看见"水与崖平，白波森荡，一望十里"，由于之前兴水田之利，于是星罗棋布的水泊边尽皆筑堤列塍，"为畚为畲，菱芡莲菰，靡不毕备。竹篱傍水，家鹜睡波，宛然江南风气……"④直到明末，今万寿山之南仍"人家傍山，临西湖，水田棋布，人人农，家家具农器，年年农务，一如东南"⑤。清代帝王在海淀大兴园林，稻田作为王政稼穑的标志更被护育而扩大。清康熙五十三年（1714），玉泉山之东、青龙桥前后建稻田厂，厂内之仓廒、官署、碾房一应具备。稻田厂除在玉泉山种稻田"十五顷九十余亩"外，在金河、蛮子营、六郎庄、圣化寺、泉宗庙、高梁桥、长河两岸、石景山黑龙潭、南苑北红门外还有稻田合计"九十二顷九亩有余"，较之前朝增加了数倍之多。⑥

海淀稻米种植的明珠是康熙帝御选的"御稻米"京西

---

① [清]孙承泽：《春明梦余录》卷六十五"古迹"，清同治光绪间孔氏三十有三万卷堂重刻古香斋袖珍十种本。
② [明]刘侗、于奕正：《帝京景物略》卷七"西山下·西堤"。
③ [清]于敏中等：《日下旧闻考》引《燕都游览志》卷九十八"郊坰"。
④ [明]蒋一葵：《长安客话》卷三"郊西杂记"。
⑤ [明]刘侗、于奕正：《帝京景物略》卷七"西山下·瓮山"。
⑥ [清]于敏中等：《日下旧闻考》卷七十一"官署"。

稻。达尔文在其名著《动物和植物在家养下的变异》中曾介绍了这种单株选择法,称御米是康熙帝在一块田里注意到的,于是被保存了下来。这不是康熙帝"妙手偶得"的结果。他"自幼喜观稼穑,所得各方五谷、菜蔬之种必种之,以观其收获",对水稻育种情有独钟。在《康熙几暇格物编》中,他详细记录了自己发现"御稻米"的过程:"丰泽园中有水田数区,布玉田谷种,岁至九月始刈获登场。一日循行阡陌,时方六月下旬,谷穗方颖。忽见一科高出众稻之上,实已坚好,因收藏其种,待来年验其成熟之早否。明岁六月时,此种果先熟。从此生生不已,岁取千百。四十余年以来,内膳所进,皆此米也。其米,色微红而粒长,气香而味腴。以其生自苑田,故名御稻米。"[1] 据说此米做粥最佳[2],最初在京西畅春园等地试种,后来也曾在江南等地推广,甚至曾推广到岭南塞北,不仅成为北京地方品种"御苑胭脂米",也寄托了"天下群黎共此嘉谷",使"炎方塞北皆称瑞,稼穑天工乐岁穰"[3]的美好愿望。

除海淀外,永定河下游的房山与南苑一带都有稻田。大房山以南至涿州等处自古就是农业膏腴之地,但由于辽

---

[1] [清]于敏中等:《日下旧闻考》"圣祖御制御稻米文",卷一百四十九"物产"。
[2] 吴振棫:《养吉斋丛录》,中华书局,2005年,第343页。
[3] [清]于敏中等:《日下旧闻考》卷七十六"国朝苑囿"。

宋以拒马河为界长期对峙，北宋建"水长城"以拒辽骑兵，契丹贵族忌惮沼泽湿地无法行军，曾长期禁止引水种稻。直到咸雍四年（1068），辽道宗迫于都城缺粮的压力不得不放弃种稻禁令，诏曰"除军行地，余皆得种稻"[①]，使房山一带的水稻生产得以恢复。明代以后，黄龙山下石窝稻和上方山下甘池稻已闻名遐迩。明代徐昌祚在《燕山丛录》中记："房山县有石窝稻，色白粒粗，味极香美，以为饭，虽盛暑经数宿不馊。"[②]民国《房山县志》中先引房山旧志说："大石窝在县西南四十里黄龙山下，前产青白石，后产白玉石，小者数丈，大者数十丈，宫殿营建多采于此。石窝下有塘，突出一泉，其水甚清，流灌稻田，米色如玉。"随后作者指出，流灌稻田的并非白玉塘水，而是高庄村南、万泉庵山下的数眼泉水。凡是此地经这几眼泉水浇灌的稻田，都统称"玉塘米"。民国时期，"高庄、四坐庵、上下营、崖上四村稻田约数顷，皆万泉所浇，总称玉塘米"[③]。大石窝以东，上方山下的甘池一带亦产稻米。《房山县志》中记："北甘池西有庙，俗曰将军庙，泉流自石隙涌出，下流过石桥顺承王寝园前，两岸皆稻，极美，古谓泉甘而土肥者也。"[④]这就是传说中专供宫廷的甘池御

---

① 《辽史》卷二十二"本纪第二十二"，清乾隆四年武英殿刻本。
② ［清］于敏中等：《日下旧闻考》卷一百四十九"物产一"。
③ 马庆澜：《房山县志》卷三"古迹"，民国十七年铅印本，第10页。
④ 马庆澜：《房山县志》卷二"河流"，民国十七年铅印本，第5页。

塘贡稻。

凉水河畔也盛产稻米。乾隆帝《御制凉水河作》便是为纪念乾隆三十九年（1774）修水利、建稻田之作："凉水出凤泉，玉泉各别路。源出京西南，分流东南注。岁久未疏剔，率多成沮洳。……有节复有宣，遂得成川巨。川傍垦稻田，更赖资稼务。"在诗内自注中乾隆帝说：凉水河两岸旧有稻田数十顷，又新辟稻田九顷余，均资灌溉之力。修浚水利、开垦稻田后，有人说此地恰似江乡风景，乾隆帝对此说不屑一顾。他说自己疏通水利的目的是让农户旅人全都受益，并不仅仅是点缀风景而已，因此诗中还有"南苑红门外，历览欣斯遇。或云似江乡，宁饰江乡趣……"[①]之句。以这些稻田为基础，南海子成为"春蒐冬狩，以时讲武，恭遇大阅，则肃陈兵旅于此"[②]的皇家苑囿。

板栗：莫嗔老妇无盘飣，笑指灰中板栗香

中国古代农业以"五谷"种植为中心，"桑麻"织造为辅佐，这是至少自周代以后就已经确定的生计形态样式。但北京的西山永定河地区，多山而常旱、少雨却多洪，大量的高山峡谷和浅山丘陵地带连粟黍尚不得种，更

---

① ［清］于敏中等：《日下旧闻考》卷九十"郊坰"。
② ［清］于敏中等：《日下旧闻考》卷七十四"国朝苑囿·南苑一"。

不要说膏腴稻田了。西汉刘向《别录》中说:"燕有黍谷,地美而寒,不生五谷。邹子居之,吹律而温气至。"邹衍是燕昭王时人,顾炎武在《昌平山水记》中认为邹衍吹律生谷之地就是怀柔县东四十里的黍谷山。① 靠音乐使天气转暖、黍谷出生,当然不是事实。然而这一传说却反映出,"其谷宜三种"的幽州只是一部分,多样的北京还有更多的山区"地美而寒,不生五谷"。在这些山区中,枣栗才是人们的主要作物,尤其是西山中常与寺院相伴的千顷栗园,渲染出山区生计方式的底色。

《战国策》载,苏秦出使燕国,说燕文侯曰:"(燕)南有碣石雁门之饶,北有枣栗②之利。民虽不由田作,枣栗之实足食于民矣。"③ 以枣栗之实代替田作之谷作为主食来源,很容易让我们联想起人类学家所描写的东非哈扎比这类部落,他们以狩猎采集为主要食物来源,类似于鲜枣板栗这样的水果与坚果是他们主要的能量来源。这是否意味着,苏秦所在的战国时期,燕国山区人民还普遍以狩猎—采集为主要生计方式呢?他们是否正如人类学家所说的"富裕原始社会",无须储存耕种就可以满足生活所需呢?或者换句话说,燕国山区人民以枣栗为主食,是否就

---

① [明]顾炎武:《昌平山水记》卷下,清吴江潘氏遂初堂刻本。
② 此处应为枣栗之利,原文误作"粟"字。
③ 《战国策》卷二十九"燕一",清嘉庆道光间吴县黄氏士礼居丛书景宋剡川姚氏本。

意味着他们并非以农为生呢？这是一个有关中国"以农为本"历史叙述的大问题。

处于亚热带与热带地区的部落民能够以"枣栗"之属作为主食，首先当然是因为自然的馈赠丰厚。这些社会中的成员通常按需采集、即时满足，按需共享、无须储存。[①]他们既没有大量劳动以积蓄的观念，也没有相应的实践。社会财富难以积累（甚至可以说根本不存在），当然也就不存在或者只存在很小的社会分化。反过来也正因不存在等级、剥削和贪欲，因此社会成员的需求很容易得到满足，这便是我们通常所说的"原始共产主义"或者"富裕原始社会"。以枣栗为主食的北京西山也是如此吗？诚然，在辽金以前北京地区的总体气候较之现在温暖湿润、植被覆盖情况也更好，到6世纪《水经注》的时代华北地区还有180余处湖泊。这使得当时的北京有丰富的木本植物果实可供采集使用，有学者因此相信，秦汉民众大量依靠捕鱼狩猎维持生存，并不都是农民，所谓中国"以农立国"毋宁说是大一统的建构。[②]然而，如果我们深入历史文献之中，会发现或许也并非如此。西山中的山民虽然以枣栗为食，但并不意味着他们就不是农业耕作者，只不过他们耕

[①] James Woodburn, "Egalitarian Societies", *Man*, vol.17, no.3（1982）, pp.431–451.

[②] 侯旭东：《渔采狩猎与秦汉北方民众生计——兼论以农立国传统的形成与农民的普遍化》，《历史研究》2010年第5期。

种的对象是果木而非禾谷而已。

  《史记》中多处提及以栗为食的生计方式。除了与《战国策》一样讲到苏秦称燕国"北有枣栗之利,民虽不佃作而足于枣栗矣"①,《货殖列传》中还说:"上谷至辽东,地踔远,人民希,数被寇,大与赵、代俗相类,而民雕捍少虑,有鱼盐枣栗之饶。……安邑千树枣,燕秦千树栗……此其人与千户侯等。然是富给之资也,不窥市井,不行异邑,坐而待收,身有处士之义而取给焉。"②燕地的枣栗与蜀汉江陵的橘子、齐鲁之间的桑麻、都城附近的土地、染料或蔬菜姜韭一样,都是"富给之资",将其理解为资本或财富毫无问题。人们拥有了一定数量的这类财富,不仅不用到市井中去谋生,不用去外地奔波,只需坐在家里就有利润,甚至还可以因财富而获得处士的名声而取用丰足。在司马迁看来,枣栗对于燕地而言已经绝不仅仅是果腹的食物,它是地方风土的标志性"土产",是财富与身份的标志,甚至很可能还具有一般等价物的性质。千树栗,就等于千户侯。这意味着大规模枣栗种植经济的出现。大规模商品交易的发生,以及经济资本与社会资本之间的转化交换,只能是规模化农业生产的结果,而不可能建立在采集—狩猎社会之中。如果我们承认此时在陈夏

---

① 《史记》卷六十九"苏秦列传",乾隆四年武英殿校刻本。
② 《史记》卷一百二十九"货殖列传"。

种漆树、齐鲁种桑麻、渭川种竹子、都城种良田的人都是农民，他们的经济形态是以农为本的话，那么我们就很难否认燕秦枣栗同样是农业生产的一种形态。

除了《史记》中的笼统说法外，我们还知道，与北京隔永定河相邻的河北固安自魏晋时起就已是知名的"御栗"产地，并设有贡品栗园。《资治通鉴》等书中记载，北魏孝昌三年（527），上谷贼杜洛周派遣都督王曹纥真等，劫掠蓟南。幽州刺史常景派遣将军于荣等，大败其于栗园，斩杀曹纥真及其将卒三千余人。[1]清初学者顾祖禹认为，这指的就是固安的御栗园。[2]以栗园为地名，清楚证明大规模板栗种植的存在，并且这一种植园的生产品质还相当高。西晋左思在《魏都赋》中盛赞北魏山川物产，其中提及"真定之梨，故安之栗"，其下注云："故安属范阳，出御栗。"[3]永定河畔的御栗质量绝佳，名闻天下。三国时吴国陆玑所撰的《毛诗草木鸟兽虫鱼疏》中说："五方皆有栗，周秦吴扬特饶，吴越被城表里皆栗。唯渔阳、范阳栗甜美长味，他方悉不及也。"[4]在唐代，栗子和绫、绵绢、角弓、人参等一起，都是幽州范阳郡的贡品。[5]

---

[1] 《资治通鉴》卷一百五十一"梁纪七"。
[2] ［清］顾祖禹：《读史方舆纪要》卷十一"直隶二"，清稿本。
[3] ［清］于敏中等：《日下旧闻考》卷一百四十九"物产一"。
[4] 陆玑：《毛诗草木鸟兽虫鱼疏》卷上"树之榛栗"，明唐宋丛书本。
[5] 《新唐书》卷三十九志第二十九"地理志"。清乾隆四年武英殿刻本。

除了固安的御栗外，关于永定河以北西山群山中是否亦有"燕秦千树栗"，相关记载非常少，但我们完全有理由相信，固安的御栗园肯定不会仅限于永定河与拒马河以南，因为在《辽史》中，北京已经出现了专门管理栗园的官员——南京栗园司。如果不是当时拒马河以北的板栗生产已达相当规模，那么专门为一种果树设立以"司"为名的官职，是难以想象的。辽代著名学者萧韩家奴就曾担任过南京栗园司之职，《辽史·萧韩家奴传》中记载了他的事迹。萧韩家奴于统和十四年（996）开始出任官职，二十八年（1010）时为右通进，主管南京栗园。辽兴宗继位后一次与他谈话，问他在京外做官是否有特别的见闻。萧韩家奴回答道："臣惟知炒栗，小者熟则大者必生，大者熟则小者必焦。使大小均熟，始为尽美。不知其他。"[①]史书说因为他曾经掌管栗园，所以托栗以讽谏。但从我们关心的生计角度来看，似乎辽代南京栗园司的官员不仅掌管栗树林，同时还拥有板栗加工的知识。这种加工以美味为目的而不仅仅是为了储存食物，表明辽代北京地区已有成熟的板栗食品加工业乃至税收机构。

除了《辽史》外，其他文献中也屡有"栗园"出现。房山北郑村出土的辽应历五年（955）《北郑院邑人起建陀罗尼幢记》中有捐资人"北衙栗园庄官王思晓、妻都氏。

[①] 《辽史》卷一百三"萧韩家奴传"。

北衙栗园庄官许行福、妻张氏、男重霸"题名①。关于"北衙"之制，向南先生认为辽承唐制，唐代幽州节度使之下，有北衙、南衙、内衙之分。北衙者，禁军也。辽代卢龙节度下亦有北衙、南衙、内衙之别，北衙栗园庄官即是掌管北衙所属栗园官庄的官吏②。也有学者认为，南衙、北衙即南、北枢密院，分领汉人、契丹事。北衙栗园庄官，即意味着掌管契丹事的北枢密院内栗园官，与南京栗园司相对应。③无论如何，当时的栗园不止一处，栗园官也不止一位，这是确定无疑的。例如，秦越大长公主为大昊天寺捐建的庙产中，有"枣栗蔬园"。④《光绪顺天府志》中记："宛平县治西四十四里有栗园，辽置栗园司。"宛平县西四十五里卧龙岗西南亦有栗园村，"盖栗为都城土产，固在有之"⑤。从辽至元，"栗园"之名出现得越来越多。到元代时，西山栗园、斋堂栗园、寺院栗园、道家栗园、庆寿寺栗园都已颇具规模。《析津志》中记载："（栗园）祖师以华严经为字号种之。当身迷望，岁收数十斛，为常住

---

① 《北郑院邑人起建陀罗尼幢记》，见向南主编：《辽代石刻文编》，河北教育出版社，1995年，第12页。
② 《北郑院邑人起建陀罗尼幢记》注释，见向南主编：《辽代石刻文编》，河北教育出版社，1995年。
③ 于德源：《北京农业经济史》，京华出版社，1998年，第153页。
④ 辽乾统八年的妙行大师行状碑，见向南主编：《辽代石刻文编》，河北教育出版社，1995年，第584—588页。
⑤ 《顺天府志》卷二十九"地理志九"，清光绪十二年刻十五年重印本。

供。紫荆关下有栗园，尤富，岁收栗数千斛。今为官军占据之。"[1]京西冯家里的太乙集仙观（在今门头沟凤凰山冯村）"有栗五千株，全佑相栗林隙地，重冈环抱，下有寒泉，旁地衍沃，可引灌溉"[2]。房山芦子水村附近的延洪寺有栗园、果园、水碾、园林等一众山产。[3]房山天开寺的东南方也有栗园若干顷、水碾、蔬圃等。[4]

随着栗园面积的显著扩大，炒栗子技术也与时俱进。金初燕地的炒栗子已是人间至味。南宋陆游在《老学庵笔记》中记载了这样一个故事：北宋故都汴梁中，李和炒栗名闻四方，其他人无论如何也仿效不来。靖康之变后，南宋绍兴年间有宋使出访金国。到燕山时，忽然有两人拿了炒栗子各十包来献。使臣们拿到栗子后，来人自称自己是李和之子，众人洒泪而别。[5]汴梁城破后，炒栗子的手艺人逃难到栗子产地继续干老本行，倒的确是合情合理的事情。和北地山民大量食用栗子为主食不同，此时的南方人似乎只将栗子作为零食点心，尤其是夜读时用以助兴的佳品。南宋林洪在《山家清供》中写道："夜炉书倦，每欲煨栗，必虑其烧毡之患。"每每夜读之时便想烤栗子吃，

---

[1] ［元］熊梦祥：《析津志辑佚》，北京古籍出版社，1983年，第228页。
[2] ［清］于敏中等：《日下旧闻考》卷九十五"郊坰·西五"。
[3] 元至元十八年的大都延洪寺栗园碑，据原碑录文。
[4] 元至元二十八年的涿州房山县重修天开寺碑，据《上方山志》，收入《中国佛寺志丛刊》第2册，江苏广陵古籍刻印社，1996年，第226页。
[5] ［南宋］陆游：《老学庵笔记》卷二，明津逮秘书本。

但又害怕着火点燃了毡毯。后来,马逢辰告诉了他一个煨制栗子的好办法,他试了后果然好用,而且味道比用砂炒更妙,名之曰"雷公栗"。此外,林洪还记录了山栗、橄榄薄切同食的"梅花脯",山药与栗子数片与羊汁加料煮的"金玉羹",听起来都细致精巧,与李和之子见人就分一包的栗子大为不同。《日下旧闻考》引《析津日记》说,元代时"今燕京市肆及秋,则以饧拌杂石子爆之。栗比南中差小,而味颇甘,以御栗名,不以大为贵也"[1]。看来,糖炒栗子以小而甘为佳,在此时已经形成风俗定例了。

明代以后,大规模的栗园、栗林少见记载,似乎随着元末明初的人口大迁徙,西山山民不再将板栗作为主食,反而是南人助兴式的栗子吃法成了主流。乾隆帝的《御制食栗诗》最能反映出这种微妙的变化。乾隆帝在此诗的开篇说"小熟大者生,大熟小者焦。大小得均熟,所恃火候调",这显然是用了辽代萧韩家奴的典故。然而他笔锋一转,说"堆盘陈玉几,献岁同春椒。何须学高士,围炉芋魁烧"。他把栗子视为年节时与春椒类似的装点之物,虽说"何须学高士",但显然并不把栗子视为主食,反而更熟悉围炉夜话时以栗相佐的雅风。这种变化除了食俗本身的变化外,应该也与明清两代西山山林被大量砍伐的历史有关。以辽元之际栗园最多的房山为例,到了民国时期,只有大

---

[1] [清]于敏中等:《日下旧闻考》卷一百四十九"物产"。

房山北麓的南窖、北窖到长操一带还有大片栗林。20世纪60—70年代，据良乡供销社收购统计，房山南窖、北窖一带的板栗收购量在每年5万～8万斤。1955—1988年，供销合作社部门共收购板栗103.2万斤，其中1968年收购了10万斤。[①]80年代起，良乡板栗选育出燕山红、燕丰等优质新品种，同时也被评为地方名特优产品。2008年，燕山板栗被正式评为中国国家地理标志产品。"紫烂山梨红皱枣，总输易栗十分甜。"[②]秋风起时，北京大街上、胡同里那随处可见的板栗，依然还飘着先秦燕地"枣栗之实，足食于民"的香气。

桑蚕：开轩面场圃，把酒话桑麻

与栗子一起成为唐代幽州贡品的，还有丝绫和绵绢。当时的幽州，是北方丝织业发达的地方，与今天的情况大为不同。辽以后，北京丝织业的位置逐渐被南方取代，但种植桑树的传统却一直保留了下来。直到今天，永定河畔大兴区的前野厂村还有华北地区最大的一片桑木园。乡情何处，心依桑梓。作为家园的象征，桑树数千年来一直伴随着西山永定河的变迁，山河温暖湿润时便养蚕缫丝，山河土地沙化后仍然顽强奉献绿意。无论环境如何恶化，桑

[①]《北京百科全书·房山卷》，奥林匹克出版社，2002年，第171页。
[②] 范成大：《良乡》。

树始终如一，这或许就是西山永定河的故事里经常把桑树比作笨拙却忠心的保护神的原因。

也许是受地处山东的齐国影响，春秋时期燕国已开始种桑养蚕。《晏子春秋》中记载，晏子主政齐国时发展生产，开垦田地。蚕桑豢牧的地方不够，他就在燕国养蚕缫丝，在鲁国牧马，这两国因此也都向齐国朝贡。[①]《史记·货殖列传》中说"燕、代田畜而事蚕"，桑蚕此时是作为燕国特产而记录的。到了汉代，桑树与安居乐业之间的象征性联系已经扎根于人们的脑海中。《后汉书》中记载，张堪做渔阳太守时，开稻田、劝耕种，地转富庶，人民拥护。当时流行的一首民歌这样赞颂张堪的功绩："桑无附枝，麦穗两歧。张君为政，乐不可支。"[②]桑树长得苗壮笔直，一棵麦苗长出两穗麦粒，这都被视为地方祥瑞的标志，也是官员善政带来美好生活的证明。正是在这样的文化氛围中，桑树才与优秀的官员和安全的生活建立起联系，人们一看到它就不由联想起美好家园。更重要的是，这一美好家园不在别处，就在燕山脚下、永定河边。汉唐期间不少诗歌描写蓟城桑林，曹植《艳歌行》中说："出自蓟北门，遥望湖池桑，枝枝自相植，叶叶自相当。"庾信《燕歌行》中唱道："代北云气昼昏昏，千里飞蓬无复

---

① 《晏子春秋·内篇杂上第五》，四部丛刊景明活字本。
② 《后汉书》卷六十一"郭杜孔张廉王苏羊贾陆列传"。

根。寒雁嗈嗈渡辽水,桑叶纷纷落蓟门。"桑叶与蓟门常常放在一起吟咏,在文化的集体记忆中刻下深深印记。也许这就是不少西山古村都爱以"桑"为名,而桑树救驾的故事在京西广为流传的原因。

从永定河岸边的古桑园到石景山北的天泰山,京西到处都流传着桑树救驾的故事。通行的版本是讲:西汉末年,王莽篡位,刘秀起兵,立志恢复汉室天下。在幽州附近的一次战役中,刘秀大败,只剩一人从战场上逃出来。王莽追兵在后,刘秀慌不择路,逃进了树林。茂密的桑叶掩护了他的行踪,成熟的桑葚让他重新恢复了体力。这样过了几日后,他终于与大部队会合,并重振旗鼓,夺回天下。为了感谢桑树的救命之恩,刘秀将此地桑树封为树王。在这一颇受欢迎的故事中,桑树既是保护者,也是养育者,更是帮助帝王重建天下秩序的支持者。有的故事最后还喜欢加上一个小尾巴,讲执行命令的人传错了话,错把臭椿当桑树,留下了"桑树救驾、椿树封王,气得桑树破肚肠,旁边笑坏了傻青杨"的俗语。仿佛是在提醒所有听故事的人:千万不要认错了桑树,即使别的树(如臭椿)更高大茁壮茂盛,也不可能取代桑树的地位。

西山永定河人民对桑树的感情是毋庸置疑的。在水土丰美的汉唐时期,桑树是丝织业蓬勃兴旺的基础。房山云居寺石刻的唐代题记表明,当时幽州尤以纺织业生产分工最细,有布、帛、丝、绸等,其中绢行又分为大绢、小绢、丝绢等细类。由此可以佐证,唐代幽州的确是有名的丝织品生产与贸易中心。①《大唐六典·尚书户部》记载,开元中幽州主要贡纳的丝织品为绫,绵、绢多充作幽州百姓的赋调。《大唐六典·太府寺》记载,充作赋调的绢布按精粗分类,绢分八等,布分九等。幽州绢为第五等,属中下水平。②而到了辽金以后,由于永定河流域环境恶化、洪灾增多,中下游洪泛区土壤由于经常性洪水冲刷而沙砾化和盐碱化,此时桑树又成了乡民赖以生存的物种资源。笔者在大兴调研的过程中曾不止一次问过当地人,为什么这一地区要大面积种植桑树,为何不能发展多种林木经济?得到的回答往往出奇地一致:因为除了桑树,别的都种不了。只有不多的木本作物才能在这种沙砾满地、恶劣贫瘠的土地上生存下来。而桑树不仅能适应这种环境,且较其他树种更有经济价值。事实上,故事中讲到的桑树、臭椿与杨树,都是耐贫瘠、耐盐碱、耐干旱的树种,也是永定河下游沙地区域内最常见的三种木本植物。可惜的是,除了桑树外,臭椿是自《庄子》以来就举世皆知的无用"樗木",杨树也是除了做小件家具外无甚长处,《红楼梦》里麝月说它:"我最嫌的是杨树,那么大笨树,叶

---

① 吴梦麟:《房山石经述略》,收入《房山石经之研究》,中国佛教协会,1987年,第79页。
② [唐]李林甫:《大唐六典》卷三"尚书户部"、卷二十"太府寺",明正德十年席书刻本。

子只一点子，没一丝风，他也是乱响。"只有桑树既能结果，又可入药，枝叶还能制弓、造纸、制作车辕；木材坚硬，适于制作硬木家具、乐器或是雕刻。如遇荒年，桑葚亦可活人。《汉末英雄记》中说："幽州岁不登，人以枣椹为粮，一石十万钱。"①它如此忠诚坚强，令人安心，就如同默默守护家园的保护神。

"白沟河边蕃塞地，送迎蕃使年年事。蕃马常来射狐兔，汉兵不道传烽燧。万里锄耰接塞垣，幽燕桑叶暗川原。棘门灞上徒儿戏，李牧廉颇莫更论。"宋嘉祐四年（1059）王安石奉命出使辽国时，在辽宋边界的白沟河边写下了这样的诗句。在王安石看来，辽国境内有广阔的大规模农耕区域，尤其是桑叶简直遮天蔽地。直到今天，在大兴御林古桑园中，200年以上的古桑树有508棵。2001年安定镇对古桑园进行整体规划后，更是形成了万亩桑林、百样桑种的奇观。当年王安石曾见过的"幽燕桑叶暗川原"景象，今天仍然是永定河畔这片土地的重要地理标志。

山珍有药果，菜畦遍繁花

北京总体属于暖温带半湿润季风气候，地形复杂多样、土壤变化大，特别是坡向和海拔高差大，具有垂直地带过渡交替的现象，因此水热条件千差万别，造就了多样

---

① 李家瑞编：《北平风俗类征》上，商务印书馆，1937年，第189页。

化的物种资源。北京的森林资源覆盖情况高于全国平均水平，林地、灌木林地与湿地的面积都很大，尤其是西山永定河范围内的松山、百花山等国家级自然保护区，不仅具有良好的生态系统，也是各类珍稀濒危野生动植物的天然集中区。这些丰富珍贵的物种很早就为人们所认识和利用。幸运的是，长期的山区开发史虽然的确对生态环境造成了破坏，但并未造成不可挽回的生态损失。一个重要的原因就是，当地人民很早就学会了培植、繁育山林药果，以及尽可能地提高消费品生产的投入产出比，由此带来的不仅是农业技术手段的提高，同时也推动了生产组织与管理制度的不断演进。

北京最初名"蓟"，乃以本地草药而得名。周武王灭纣后，封召公奭于蓟，后为燕国国都。蓟，今称大蓟或马蓟，即中药"术"，本来就是一种产于山中的草药。《尔雅》中说："术，山蓟。《本草》云：术，一名山蓟，今术似蓟而生山中。杨，袍蓟，似蓟而肥大，今呼之马蓟。"[1]这种草药在古代被视为"山精"，有长生之效。《抱朴子》引《神药经》说："必欲长生，常服山精。"《神农本草经》中称："术，味苦温……久服轻身延年，不饥。一名山蓟。"[2]可见人们很早就重视利用这种植物。直到宋代，燕

---

[1] 《尔雅·释草第十三》，四部丛刊景宋本。
[2] ［清］莫枚士辑注，郭君双等校注：《神农本草经》，中国中医药出版社，2015年，第14—15页。

地一直盛产大蓟。北宋沈括在《梦溪笔谈》中谈及,他曾作为使者出使辽国,在契丹境内看到"大蓟茇如车盖,中国无此大者,其地名蓟,恐其因此也"①。得名于草药的北京,也历来以它山中的草药为荣。

今天以珍稀植物资源和特有植物多样性而成为国家自然保护区的百花山,至少从明代开始就已是京都闻名的百花仙山、百草仙园。《宛署杂记》中记载,去百花山必经王平口,"中有平川,约数十亩,地暖而肥,产杉橑药草,春夏之间,红紫烂漫,香气袭人"②,故又称"百花石床"。《帝京景物略》认为,家园中所植花草,无不是从野外移植命名,然而"不至百花陀,则不知从经物色者,犹未能十一矣"。百花山之"百花者,红紫翠黄,不可凡数,不可状喻,不可名品,即一色中,瓣萼跗异,不可概之"。无数不可名状的奇花异草,连《本草图经》中都从未记载,然而"山暖肥,产杉橑药草,春夏烂红紫,香袭人。则百花者,药草花耶?"③除了松山、百花山这些国家级保护区外,西山之中、村落之畔,可采撷而争艳的药草又不知有多少。在水旱无度、不可耕作的山区,它们的确就是活人无数的天赐灵药。《析津志》记载,斋堂村盛产黄精。

---

① [北宋]沈括:《梦溪笔谈》卷二十五,四部丛刊续编景明本。
② [明]沈榜:《宛署杂记》,北京出版社,1961年,第32页。
③ [明]刘侗、于奕正:《帝京景物略》,上海古籍出版社,2001年,第472—474页。

前文提及的大寒岭下清水涧,据《日下旧闻考》引《蓟邱集》中说,这里"山皆奇峭巃嵷,飞泉瀎洒,决地分流,声激崖穴。崖间百合、忍冬、棠杜、牛奶、相思、郁薁、黄精、唐求之属,红翠含濡"[1]。虽然民生困苦、耕种不易,但有这些丰富的野菜与药物资源,当地以煤为生的人们仍然可以在山间生存。

除了草药,水果与菌类也是西山的丰厚馈赠。前文已经述及枣栗在北京农业中的重要位置,但西山水果的琳琅满目又岂是枣栗所能概括?尤其是辽金元三代,马背上的民族纵横草原,极大地促进了物种与物产的交流共享。元代建立了横跨欧亚大陆的大帝国,打通了贯穿世界的商品与文化交流网络,大都作为这一网络的关键节点,也汇聚了来自四方的珍异品类,菜畦蔬圃中的物产亦大为增加。《析津志》中记载的菜蔬已有白菜、甜菜、韭菜等30余个品种。到明代时,黄佐说北京"蓊蔚蓁蓊,瓜果成阴。崇桃蕡实,乃玉乃金。花红青翠,香水黑琴。朱樱素柰,若榴丹椹。虎刺班于楰椁,苹菠棶于来禽"[2],实非过誉,即使与自然条件更为优越的南方相比也不遑多让。明人史玄就说:"京师果茹诸物,其品多于南方,而枣、梨、杏、桃、苹婆诸果,尤以甘香脆美取胜于他品。所少于江南

---

[1] [清]于敏中等:《日下旧闻考》卷一百六"郊垌·西十六"。
[2] [清]于敏中等:《日下旧闻考》卷六"形胜二"。

者,惟杨梅、柑橘。而北方又自有榛、栗、松榧三属,韵味清远,不相下而相敌也。"[1]无论是本土之杏,还是外来的西瓜,都最终成为这片土地上的名优特产。

1977年丰台区贾家花园出土的战国墓中,在铜钫内尚存有杏核残壳十数个,可见战国时京西已有杏子被采摘食用。西山产杏,文献中多有记载。《北游纪方》载:"车营岭小冈叠阜,起伏连绵,居民以种杏为业。环十数里,峰头涧底,皆是杏林。又东一小岭,有杏约三百株,树尤奇古,高者三丈,低者丈余,状如垂柳,繁花缀之,亦杏林之变态也。"[2]元代诗人马祖常有《谢人送杏子诗》,说"杏子黄金色,筠笼出蓟邱",这来自北京山区的金黄杏子,"味甘醒午寝,可是督诗邮"[3]。《帝京景物略》中提到钟灵毓秀的小西山各有特产,"香山曰杏,仰山曰梨,寿安山曰柿也",其中香山尤以杏而闻名,"香山,杏花香,香山也。香山士女,时节群游,而杏花天,十里一红白,游人鼻无他馥,经蕊红飞白之旬"[4]。海淀到永定河畔出产的白杏历来闻名都城,尤其是龙泉务村一带的香白杏,是宛平县进献大内的贡品之一,人称杏中之王,最为香甜。据说

---

[1] [明]史玄:《旧京遗事》卷二,清退山氏抄本。
[2] [清]于敏中等:《日下旧闻考》卷一百三十"京畿·房山县一"。
[3] [清]汪灏:《广群芳谱》卷五十四"果谱",清康熙刻本。
[4] [明]刘侗、于奕正:《帝京景物略》,上海古籍出版社,2001年,第332—334页。

香白杏与石灰矿有伴生关系，在废弃灰窑中生长的杏树，其果实色泽口感极佳。龙泉务村所在的九龙山山麓自辽金时期起就烧制石灰，这为香白杏的培育提供了极佳条件，许多果园也成为西山景物的标志。《鸿雪因缘图记》中记载，明代有位太监善于种桃，在西山宝藏寺广开桃园，所产之董四桃亦成为御桃。太监死后被奉为桃神，宝藏寺的董四桃园也名满天下。清末严缁生曾有《墨花吟馆文钞》吟咏之："忆京都，桃实满天街。贩来谁说深州好，采得还夸董墓佳。"

西瓜原种可能产自非洲卡拉哈里沙漠和纳米布沙漠之中，经由西域传入中国。学者们一般认为，契丹破回鹘后，从西域得到此种，后引入江南。《五代史》中记载："萧翰北归，有同州郃阳县令胡峤为翰掌书记，随入契丹。翰见杀，峤无所依，居虏中七年。当周广顺三年（953）亡归中国，略能道其所见。云……自上京东去四十里，至真珠寨，始食菜。明日东行，地势渐高，西望平地，松林郁然。数十里，遂入平川，多草木，始食西瓜，云契丹破回纥得此种，以牛粪覆棚而种，大如中国冬瓜而味甘……峤归录以为《陷虏记》云。"[①] 这段记录一般被认为是西瓜引进中国的最早记录，但因《陷虏记》早佚，学者也多有争议。一般认为确切无疑的记录出自南宋洪皓的《松

---

① 《五代史》卷七十三"四夷附录二"。

漠纪闻》，他为金人拘留，受困冷山，归宋时携带西瓜种子，传播南地。那么辽人是否真有西瓜呢？1979年门头沟斋堂出土的辽墓壁画中，墓门内东西侧各绘两侍女，前者托盘，盘内盛石榴、鲜桃、西瓜，后者亦双手托盘，盘上托高足碗。此壁画的出土，确切无疑地证明辽代时西瓜已是京西常见的水果。到元代时，京西西瓜已经是上供佳品。《析津志》记载："进上瓜甚大，人止可负二枚，又有小者，西山产亦佳。西瓜、甜瓜、苦瓜、冬瓜、青瓜、黄瓜。"[1]这里所说的"进上瓜"，指的就是西瓜。《宛署杂记》记载，宛平县每年向太庙上供西瓜15个。明代以来，永定河洪水带来的沙砾无意中造成西瓜栽培的大发展。洪泛区土壤胶质少、土质疏松，上层为沙土，下层为黄土，水稻等作物难以生长，但却是种植西瓜的"金脱银"宝地。清末沈太侔《东华琐录》记畿南大兴一带的瓜市，"市瓜者，先与种瓜人预购一年，先后摘取。惟约定后，即有劣败，瓜主人已售出，即不任咎也。俗以瓜为甜瓜，亦名香瓜，有羊角密、葫芦酥、青皮脆、金铃坠诸名。别有蛤蟆酥者，皮青似翠，瓤赤如火。西瓜自六七月后，方于街市叫卖，有红沙瓤、黄沙瓤、三白。三白者，谓皮、子、瓤皆白也。初皆哈密、榆次种，以后则多内地所出瓜果矣"[2]，

---

[1] ［元］熊梦祥：《析津志辑佚》，北京古籍出版社，1983年，第228页。
[2] ［清］沈太侔：《东华琐录》，收入《近代稗海》第13辑，四川人民出版社，1989年，第619页。

已然是一幅瓜满田园的繁荣景象。直到今天，大兴西瓜已经享有国际盛名，大兴庞各庄周边的200多个村庄均以种植西瓜为主。从清晚期的大小花苓到20世纪50年代的大小绷筋、旱花、郑州三号，再到如今最常见的京欣一号、麒麟，作为物种的西瓜也随着社会历史的发展而变迁。

在京城这样一个巨大的消费市场驱动下，京西的农人们一直不断改进耕种手段，技术进步从未停止。明清时期的唐花、窖菜、洞子货，就是工业革命之前京西重要的温室技术。早在汉代，已有用火室火炕生产瓜果、韭黄与花卉的技术。北京地寒，这一技术更是被使用得炉火纯青。明代文人谢肇淛在《五杂组》中记载："京师隆冬有黄芽菜、韭黄，盖富室地窖火坑中所成，贫民不能办也。今大内进御，每以非时之物为珍，元旦有牡丹，有新瓜，古人所谓二月中旬进瓜，不足道也。其他瓜果无时无之，盖置坑中温火逼之使然。"[①]鲁迅先生在《藤野先生》中提到的被尊为"胶菜"的北京白菜，事实上也是这种培育技术的产物。白菜原产南方，本非寒冷环境中的物产，元人贾铭《饮食须知》中说"北地无菘"，这虽然与《析津志》等文献记载抵牾，但也从侧面证明当时白菜在北京的种植食用尚不广泛。《格致镜原》卷六十二引《格物论》说："以菘种北地，即化为芜菁。"芜菁是大头菜，与白菜原非同种。

---

① ［明］谢肇淛：《五杂组》卷十一"物部三"。

白菜化为芜菁虽不可信，但它在北地难以栽种却是真的。直到明代窖培之法成熟，白菜才成为北京特产之一，尤以谢肇淛所说之黄芽菜为殊胜。《广群芳谱·蔬谱》说："（白菜）南方者畦内过冬，北方多入窖内，燕京圃人又以马粪入窖壅培，不见风日，长出苗叶，皆嫩黄色，脆美无滓，谓之黄芽菜，乃白菜别种。"明代中期以后，北京黄芽菜的名气、品质甚至超过了南方。王世懋《学圃杂疏·蔬疏》中说："燕地黄芽，可称菜中神品。"清代经学家施闰章作《黄芽菜歌》咏道："万钱日费卤莽儿，五侯鲭美贪饕辈。先生精馔不寻常，瓦盆饱啖黄芽菜。可怜佳种亦难求，安肃担来燕市卖。滑翻老来持作羹，雪汁云浆舌底生。江东莼绘浑闲事，张翰休含归去情。"除白菜外，"唐花"也是温室农业的产物。"京师气候寒，花事较南中为迟，然有所谓唐花者，非时之品，十二月即有之，诚足以夺造化而通仙灵。盖皆贮于暖室，烘以火，使之早放，腊尾年头，烂漫如锦，牡丹、芍药、探春、梅、桃诸花，悉已上市矣。"[1]有了这样的技术，丰台才能培养花木四时不绝，京城花市方才四季绚烂如锦，乃至"每至新年，互相馈赠。牡丹呈艳，金橘垂红，满座芬芳，温香扑鼻，三春艳冶，尽在一堂"[2]。

---

[1] 《清稗类钞》第44册"植物类·唐花"，商务印书馆，1928年，第144页。
[2] ［清］富察敦崇：《燕京岁时纪》，北京古籍出版社，1981年，第97页。

技术的进步往往也同时意味着制度的演进。京西作为都城重要的生活资料供应地，历代均设有相应的农业管理机构。以明代为例，明洪武年间设上林苑，统管良牧、嘉蔬、蕃育、林衡四署。其中，嘉蔬署在今大兴区东部的采育镇，林衡署在石景山区南部衙门口，两者都位于西山永定河文化带的范围内。嘉蔬署负责种植蔬菜，据《天府广记》："嘉蔬署原额地一百一十八顷七十九亩九分零，岁办上用青菜、瓜、茄及光禄寺、内阁等衙门蔬菜。"[1]林衡署负责"岁办进贡果品"。《天府广记》中说："林衡署原额地二百八十六顷一十六亩七分。岁办进贡果品。五月份进黄杏，六月份进李子，七月份进花红，八月份进唬喇槟，九月份进香水梨。"[2]这里提到的5种水果，至今仍是北京的特色果品。在这400余顷土地上种植蔬果的菜户、果户，由中央政府统一管理并控制，是蔬果品种改良与农业生产的中坚力量。

　　但是，王朝国家绝不是组织农业生产的唯一力量。当我们深入京西社会的内部后，会发现其他的社会力量甚至发挥了比国家和政府更重要的组织性作用。首先当然是市场，典型如丰台花乡的形成。元代新建大都，其永定门外的下马飞放泊便成为郊外著名的郊游雅集之地，许多士大

---

[1]　[明]孙承泽：《天府广记》卷三十一。
[2]　[明]孙承泽：《天府广记》卷三十一。

夫与文人在这一带修建别墅花园,由此推动了当地花木业的发展。到了明代,丰台花乡已然成型。《春明梦余录》记载:"今右安门外西南,泉源涌出,为草桥河,接连丰台,为京师养花之所。元人廉左丞之万柳园、赵参谋之瓠瓜亭、栗园使之玩芳亭、张九思之遂初堂皆在于此。"①到了清代,丰台花匠已成为北京城内炙手可热的手艺人,不仅有自己独立的行会、行业神庙,而且对京城市场物价有着举足轻重的影响。在国家和市场之外,寺院对农业生产的组织作用也不可小觑。就西山永定河地区而言,从辽金到明清,事实上是众多大小寺院组织甚至领导当地山民开发山林土地,形成地方社会,管理农业资源。过去学者通常比较注意辽、金皇室对寺院的大量捐赐,以及由此产生的寺院经济和诸如"二税户"等问题。但是如果将时间拉长,从整个西山永定河的大历史视角来看,我们会发现,这片山河既是鼙鼓不绝的战争前线,又是山高林密的避难隐居地。人们既期待神灵降临以拯救苦难,也期待隐入山水以超越俗世。这些心愿汇聚为组织的动力,其中的一个突出表现就是寺院在地方社会中扮演了核心角色。"西山五百寺,多傍北邙岑。土木春岩尽,楼台海雾深。"②我们会从"西天乐土"部分开始,深入阐释西山如此之多的

---

① [明]孙承泽:《春明梦余录》卷六十四"古迹一"。
② 郑善夫:《西山杂诗三首》其三。

寺庙及其与地方社会的关系，而在此之前，我们还必须继续讨论关于生计的话题。中国人以农为本，但西山少有良田，这里最早开发的动力来自燕山白石，随后乌金煤炭铺出了西山大路，以矿为生才是西山内的常态。

白石乌金

元宗幸华清宫,新广汤池,制作宏丽,安禄山于范阳以白玉石为鱼龙凫雁,石梁石莲花以献,雕镌巧妙,殆非人工。上大悦,命陈于汤中,乃以石梁横亘其池上,而莲花才出水际,上因幸。解衣将入,而鱼龙凫雁皆若奋鳞举翼,状欲飞去。上甚恐,遽命撤去,而石莲花至今犹存焉。

——《明皇杂录》卷下[1]

【碑阳额题】修桥补路

【碑阳碑文】

盖闻造桥梁以济人渡,修道路以便人行,务民之义,此善举之第一也。况西山一带仰赖乌金以资生理,而京师炊爨之用,尤不可缺,道路忽尔梗塞,各行生计攸关。兹因上年天雨连绵,夏

---

[1] [唐]郑处诲:《明皇杂录》卷下,四库全书本。

秋之季涧水涨发，将稠儿岭西水峪嘴村泊岸大道冲断二十余丈，郝家楼重修上道六十余丈，牛角岭西桥儿涧村大桥冲断，再石古岩西小岩子道冲断，以至吕家坡口子西大岭各处要路冲塌，沿途栏墙倒坏，客商叹息，难以来往，煤驮阻滞，不能运京。工程浩大，不敢擅举。由此，首事人等会同众村公议，修补费资万数余吊，幸恃垫办，诸公闻风而动，尚不足两月厥工告成。往来通达，人人快意，若非办理秉公，安得众村随意。于是填写骡驮布施，并募化煤厂铺户以及煤窑众善鼎力辅助，共襄胜事，故撰记勒石，以为后之好善者劝云尔。

经理：王福来、佟振镛（冷家庄人），郝天仁、王槿（五里坨人），王廷如（斜河涧人），陈进忠（水峪嘴人），马兴环（南港村人），梁庆、韩钟达、李起旺（三家店人）。

经理：高德、李进桢（担里村人），高富才（上苇甸人），邓云、孙正修（龙泉雾人），琉璃厂（琉璃渠村），天富厂（三家店村），邓云天、高士杰、荣德宽、荣枝秀（三家店人）。

撰书：马兴庆（南港村人）

道头：郝永口（水峪嘴人）

司房：李士林（西直门人）

铁笔：牛仁（石府村人）

时大清同治拾壹年岁次壬申仲秋谷旦修道会众村公立

【碑阴碑额】万古流芳

【碑阴正文】

今将修补西山大路众善布施开列于左

三家店村：山西社施银七百伍拾千；天利厂施钱八十千；翟煤厂、协泰厂、裕泰厂、李煤厂，以上各施钱七拾千；隆泰当、隆盛义、义顺泰，以上各施钱五拾千；泰合厂施钱四拾千；天成厂、广盛厂、聚口厂、公泰厂、德泰成、义聚泰、西天义，以上各施钱叁拾千；玺云厂、门铁铺、汇源店，以上各施钱贰拾千；广和厂、东郭铁铺、义兴口、元□□、李勤口、德顺厂、信远楼，以上各施钱拾千；永兴厂施钱拾五千。

琉璃渠村：琉璃厂施钱壹佰五拾千；大成店施钱壹百千；永隆全施钱八拾千；泰和当施钱五拾千；天和永施钱四拾千；大来恒、天盛骡店、天成布店、泰山厂，以上各施钱叁拾千；立成公、天盛油店、世恒口、宋鞍铺，以上各施钱贰拾千；□酒店施钱贰拾五千；□□□、□□□、□庆永、郭铁铺、增和厂，以上各施钱拾千；永盛肉铺施钱八千；杨煤厂施钱九千三；天富店施钱拾五千。

五里坨村：德顺、广隆厂，各施钱壹百千；义和厂施钱四拾千。

高井村：隆顺和厂施钱贰拾千。

磨石口村：山西社施钱叁百五拾千；庆恒厂施钱四拾千；天德厂施钱叁拾千；源兴厂施钱拾五千；龙泉涌、顺泰厂，各施钱贰拾千；公德永、宝隆厂各施钱拾千；□□□。

大岭众善：德顺窑、西德顺窑、喜德窑、宝兴窑，以上各施钱六拾千；合亿窑施钱五拾千；麻子港窑施钱四拾千；同合窑、德胜窑，各施钱叁拾千；公恕窑施钱贰拾五千；楼儿窑施钱贰拾千；万宝窑施钱八十五千。

岭上骡驮贴帖共收众布施钱壹万壹千贰百叁拾八千文，修道一切出入花费存垫账尾，另有告白，实贴在三家店。

——门头沟区三家店村白衣庵的重修西山大路碑[①]

在漫长的地质历史中，华北陆台数次隆起沉降，剧烈

[①] 此碑原在三家店村白衣庵内，疑今已移至石刻博物馆。此处据潘惠楼编著：《京煤史志资料辑考》录文，北京燕山出版社，2007年，第102—103页。按：该书中称此碑与同年的门头沟牛角岭重修直路碑文字相同。经查，该碑现立于牛角岭，其叙事部分文字与本碑大致相同，仅有数字不合，然碑阳并无众人题名。

的地壳运动在北京地区形成了完整的地层形态。太古代、元古代、古生代、中生代和新生代时期地层在北京基本齐全，地质工作者们称之为"五代同堂"。当地壳、地幔逐渐成形后，太古代时期的大规模火山喷发、凶猛而频繁的地震以及大量的熔岩流动，在房山关坻、门头沟碾台、延庆红石湾等地形成变质岩地层，也在西山与燕山中留下丰富的铁矿。随后的元古代和古生代时期，华北板块大陆地壳慢慢从剧烈震荡中稳定下来，北京经历数次海侵与海退，在整个西山区域形成了广泛的海相沉积岩。此时这一地区还是一片浅海或滨海，大量富镁碳酸盐沉积于此。在降水的冲刷下，沉积物中的有机质被带走，留下的岩层逐渐被压实，最终形成了房山典型的白云岩。以白云岩和石灰岩等为主的岩层，不仅为西山各处奇峰异洞的岩溶地貌奠定了基础，也成为汉白玉构造的材料。随着海水撤退，在石炭纪与二叠纪时期，北京植被繁盛、沼泽广布，百花山—大安山—青水尖一线在这一时期开始形成丰富的煤藏。距今约2.5亿年前，地质时期进入了中生代，北京经历了著名的"燕山运动"。火山喷发、岩浆活动与构造变动，使得北京原有的地质地貌格局发生巨变，燕山美石——大理石与花岗岩，就形成于这无尽的山火之中。在岩浆的热力作用下，岩体周围的白云岩被大理岩化和重结晶，洁白而细腻的白云岩大理石由此形成，这便是可拟美玉的燕石——汉白玉。当地壳再一次稳定下来后，地球进入恐龙时代的侏罗纪，门头沟大台煤矿、木城涧煤矿等，都得益于这一时期的植物沉积。几番天地曾颠覆，转眼沧海又桑田。当人类登上华北陆台的这片土地时，西山已经默默为他们备好地底的馈赠。此后世事往复、春秋迭代，这山中的矿产不仅为皇权宗庙奠基立阙，也让人丁以此为生、千村赖以延续。甚至可以说，在天寒地冷、难生五谷、战事不断的西山深处，如果不是因为这些白石乌金，恐怕是很难形成如今天这般密集而丰富的文明印记的。

燕玉白石

北京很早就以其美玉"燕石"而闻名。《山海经·北山经》中说："北百二十里曰燕山，多婴石。燕水出焉，东流注于河。"郭璞注："言石似玉，有符彩婴带，所谓燕石者。"[1]后世人多有不同意见，因为燕山之石以白为胜，不见"符彩婴带"者，故而郝懿行按曰："婴，疑燕声之转，未必取婴带为义。"[2]更为历代学者取信的是郦道元《水经注》中卷十二"圣水"条中说："圣水又东，迳玉石山，谓之玉石口。山多珉玉、燕石，故以玉石名之。"这常被视为古人早在魏晋时期就已认识和利用房山汉白玉的证据。事实上，燕山白石很可能早在战国时期就已名满天下，并在

---

[1] ［晋］郭璞：《山海经传·北山经第三》，四部丛刊景明成化本。
[2] ［清］郝懿行：《山海经笺疏》，清嘉庆十四年阮氏琅嬛仙馆刻本。

当时已经开始了规模化利用。《太平御览》引战国文献《阙子》，讲了一个宋国愚人的故事。故事说这个愚人在齐国梧台之东得到了一块燕石，以为大宝，回家后小心翼翼地藏起来。在周边经商的客人听说后，要求看看这块石头。主人斋戒十日，穿礼服戴礼帽，杀公牛祭祀后方才取下装燕石的箱子。只见他在燕石外套了10个皮箱子，箱子里还包了10层橘黄色的布巾。客人看了那石头，掩嘴大笑，忍不住笑得都弯下了腰，告诉他说："这只是块燕石，和瓦片陶块没什么区别。"主人听后大怒，呵斥他："你这是商人的话，小人之心！"随后把那块燕石藏得更严实、看守得更加小心了。这个故事在汉代时一定广为流传。《后汉书·应奉传》中记载，应奉之子应劭于建安元年（196）向汉献帝上奏《春秋绝狱》等250篇，说"昔郑人以乾鼠为璞，鬻之于周。宋愚夫亦宝燕石，缇缊十重。夫睹之者掩口卢胡而笑。斯文之俗，无乃类旃"[①]，就引用了这个关于燕石的故事。《抱朴子·外篇》《文选》等文献中也都提到了这则故事，可见它当时流传甚广。燕石之光泽拟于美玉，单从外表看来足以鱼目混珠，然而它储量大又易开采，作为商品的价值远远不及贵重珠宝。时人一定是对此已有共识，所以才在听说宋之愚人把燕石当作大宝时心照不宣地哑然失

---

① 《后汉书》卷四十八"杨李翟应霍爰徐列传第三十八"，百衲本景宋绍熙刻本。

笑，这一故事才能在相当长时间内广为流传。

燕石储量大、石质好、易于开采雕刻，它成为西山名产的同时，也直接促进了北京地区石作技艺的发展。1964年，石景山老山北坡脚下出土建于东汉永元十七年（105）的"汉故幽州书佐秦君之神道"石阙，其石柱、柱础上都有螭虎纹浮雕，技法精湛、古朴生动。柱额阳刻隶书"汉故幽州书佐秦君之神道"三行十一字，被认为是汉代隶书的精品。郭沫若曾盛赞："秦君石阙的柱形、纹饰、文字、雕刻等都具有相当高度的艺术性，不可忽视。"[1]石阙的石柱上有"鲁工石巨宜造"六字题记，证明创作这件作品的石匠来自鲁国。正是在这种跨地域的交流合作中，北京石作技艺迅速发展起来。

到隋唐时期，范阳白玉石雕已达到很高的技术水平。大石窝镇白带山，全山都由白云岩构成，如白云玉带般耸于天际，故隋僧静琬刻经之寺有"云居"之名。静琬之所以选择在白带山刻经，与当地盛产刻碑篆石必不可少的大理石有密切关系。今天的学者们已经发现，房山石经刊刻所用的艾叶青大理石、青白石大理岩、白石大理岩等，绝大多数就出自白带山下的岩上、独树等村，村旁的蝎子山

---

[1] 郭沫若：《"乌还哺母"石刻的补充考释》，《考古》1965年第4期。

大理石矿至今尚能看出完整的采石面与采掘痕迹。[1]本章开头所引《明皇杂录》中记载，安禄山为华清宫献白玉石雕，精雕细刻的鱼龙凫雁，在温泉水光潋滟中翩若惊鸿，矫如游龙，其逼真程度吓得唐玄宗令人撤去方罢。石梁上莲花刚出水际，纤毫毕见，菡萏欲滴。其雕镌巧妙，殆非人工所能为，故此御汤又称莲花汤。

关于御汤内的汉白玉装饰，《唐语林》中有更详细的记载："（朝元阁）次南即长生殿，殿东南汤泉凡一十八所。第一即御汤，周环数丈，悉砌白石，莹彻如玉，石面皆隐起鱼龙花鸟之状。四面石座阶级而下，中有双白石瓮，连腹异口，瓮口中复植双白石莲，泉眼自莲中涌出，注白石之面。"[2]其文与《明皇杂录》可以相互印证。有理由认为，华清池内的白石建材至少有一大部分或者说最精美的那部分，都是来自范阳的燕石。这种石材以其莹彻如玉且温润易雕的材质，成为骊宫仙境中最旖旎的背景。随后的千年中，随着北京作为都城地位的不断上升，这种石材更成为京城达官显贵、文人富商竞相追捧的高级建筑材料。

---

[1] 高剑波等：《大石窝地质条件对云居寺刻经石材的影响》，载《中国地质学会旅游地学与地质公园研究分会第32届年会暨铜仁市地质公园国际学术研讨会论文集（旅游地学论文集第二十四集）》，2017年，第192—195页。

[2] ［北宋］王谠：《唐语林》卷五，清惜阴轩丛书本。

《辽史拾遗》中记载,后唐明宗天成二年(927)二月,幽州奏报契丹王差人持书求碑石。此时的契丹王正是辽太宗耶律德光,他为耶律阿保机建陵造碑,专门到幽州求取石材。[①]可见此时尚在关外的辽皇室已经将汉白玉视为皇陵的必备用材。有确切证据表明北京城营建开始使用房山汉白玉,至少可以追溯到12世纪。宋孝宗乾道五年(1169),南宋使臣汪大猷出使金国庆贺正旦,其随行侍从楼钥在《北行日录》中记录了他从端礼门、丰宜门进入金中都的所见:"行约五里,经端礼门外方至南门。过城壕,上大石桥,入第一楼,七间无名。傍有二亭,两傍青粉高屏,墙甚长,相对开六门以通出入,或言其中细军所屯也。次入丰宜门,门楼九间尤伟丽,分三门,由东门以入,又过龙津桥。二桥皆以石栏分为三道,中道限以护阰国主所行也。龙津雄壮特甚,中道及扶栏四行,华表柱皆以燕石为之,其色正白而镌镂精巧如图画然。"[②]南宋范成大《揽辔录》中也提及,他至金中都"入丰宜门,即外城门也。过石玉桥,燕石色如玉,上分三道,皆以栏楯隔之,雕刻极工。中为御路,亦拦以杈子。两旁有小亭,中有碑曰'龙

---

① [清]厉鹗:《辽史拾遗》卷二"本纪第三·太宗上",清文渊阁四库全书本。

② [宋]楼钥:《攻媿集》卷一百一十一"北行日录",清武英殿聚珍版丛书本。

津桥'"①。范成大还专门写了一首《龙津桥》赞美其建筑之美，诗曰："燕石扶栏玉作堆，柳塘南北抱城回。西山剩放龙津水，留待官军饮马来。"②今天作为国家重点文物保护单位的大房山金陵中保留了一段白玉石神道，其踏面、两侧栏板与柱础等，均以汉白玉雕琢，满饰牡丹、龙纹等。遥想当年丰宜门内龙津桥盛况，全桥以遍雕镂镌的汉白玉制成，该是何等瑰丽。考虑到都城营建用石之费，京畿附近出产汉白玉最近的便是房山大石窝，因此有理由相信，至迟到12世纪中叶，房山大石窝已存在由中央政权直接控制的石料开采与石作制度。

由于疆域分割，宋代文人所能获得的燕山石有限，无法用于大型建筑材料，只能用于雕刻小型器物。南宋杜绾的《云林石谱》中说："燕山石出水中，名夺玉，莹白，坚而温润。土人琢为器物，颇能混真。"③到了元朝修建大都城时，几乎整座都城都用汉白玉和青白石装饰。崇天门有白玉石桥，镌百花蟠龙。大明殿为青石花础、白玉石圆碣，燕石重陛。延春阁九间、寝殿七间，白玉石重陛。兴圣宫、兴圣殿，白玉石重陛。大内西北太液池畔万寿山，

---

① ［南宋］徐梦莘：《三朝北盟会编》卷二百四十四"炎兴下帙"，清许涵度校刻本。
② ［南宋］范成大：《石湖居士诗集》卷十二"龙津桥"，四部丛刊景清爱汝堂本。
③ ［南宋］杜绾：《云林石谱》下卷，商务印书馆，1936年，第24页。

山前有白玉石桥，长二百余尺，直仪天殿后。御苑内假山上香殿，以玉石为础。《析津志》中载："都中桥梁、寺观，多用西山白石琢凿阑干、狻猊等兽。青石为砖，甃砌大方，样如江南。镜面砖，光可鉴人。"[1]如此浩大的采石雕刻营建工程，必然有完整系统的采石制度作为支撑。从元代留下的一些碑石来看，元代的采石机构有采石提举司、金玉府石局等。至元二十八年（1291）重修辛庄隆阳宫，时任采石提举司管勾吕政、提控李源与独树村张彬刊刻碑石。[2]泰定元年（1324）的《康氏先茔碣铭》中记载，因病去世的康惠琮生前为将仕郎金玉府石局大使。[3]他们手下统领不少石匠，《医隐贾君阡表》的刊刻者就署名为石局百户杨甫进。[4]元代山场石局机构设在大石窝，于是来自各地的石匠也都齐聚此地。《光绪山阳县志》记载，曲阳县的杨琼，受元世祖诏命来到大都，管领燕南诸路石匠，建设两都宫殿及城郭诸处营造，后来又迁为领大都等处山场石局总管、拜玺书采玉石提举等。他历年所得赏赐俸

---

[1] ［元］熊梦祥：《析津志辑佚·风俗》，北京古籍出版社，1983年，第208页。

[2] 元至元二十八年的重修隆阳宫碑，载佟洵主编：《北京道教石刻》，宗教文化出版社，2011年，第63—69页。

[3] 元泰定元年《康氏先茔碣铭》，载《北京图书馆藏中国历代石刻拓本汇编》第49卷，中州出版社，1999年，第98页。

[4] 元大德八年《医隐贾君阡表》，载北京辽金城垣博物馆编：《北京辽金元拓片集》，北京燕山出版社，2012年，第129页。

金，尽数在齐化门外、房山县北购置沃壤农圃千余亩，子孙亦徙居此处。① 与曲阳联络往来的同时也海纳各地石匠，从而汲取各方工艺之长，这至今仍是房山大石窝石作技艺的突出特点。在大石窝石作技艺申报北京市级非物质文化遗产代表作时，专家们还提及大石窝作为移民村，吸收四面八方石匠及石刻工艺的特点。如今在大石窝镇上各个不同的石材加工厂，我们仍然能看到各地来源、各色风格的石雕艺术品。

到了明清时期，宫殿陵墓的营建规模远超前代。《万历野获编》中说："本朝陵寝用石最多，及正德、嘉靖两朝，再建三殿两宫。其取石更繁，倘凿之他方，即倾国家物力亦不能办。乃近京数十里，名三山大石窝者，专产白石。莹彻无瑕，俗谓之白御石，顷年三殿灾后，曾见辇石入都，供柱础用者，俱高广数丈，似天生异种，以供圣朝之需。又如嘉靖初，改营兴献王显陵，正苦乏石，而襄阳之枣阳县，忽得白石如京师之大石窝，斧凿相寻，用之不尽。不惟陵寝早竣，楚之民力亦赖以少苏，真非偶然。"② 沈德符深知，以正德、嘉靖两朝兴建三殿两宫的规模，若不是大石窝距离京城既近，又盛产汉白玉，即使倾尽举国

---

① 《赠宏农伯判大都留守司兼少府监杨琼神道碑铭》，见《光绪曲阳县志》卷一十三"金石录·下"。
② [明]沈德符：《万历野获编》卷二十四"白石"，清道光七年姚氏刻同治八年补修本。

物力也难以从他处办石。这一说法毫不夸张。万历朝北京国子监从大石窝运一块进士题名碑石料，就需要价一百两白银、夫价十二两五钱，更何况"高广数丈、天生异种"的白御石。据吴梦麟等人的研究，明代大石窝属内府内官监管辖，派遣太监提督，供给宫殿、山陵、妃嫔坟墓等处。太庙、三大殿，以及裕陵、昭陵、定陵等陵寝都从大石窝专项采石。①当时的采石官厅设在石窝村，独树村等处亦有石厂。②大石窝是营建工程采石和运输的集中地，动辄会聚一两万人，多时可达数万人，以白石为中心形成了一个完整的地方小社会。明代《工部厂库须知》载："三山大石窝，营缮注司差郎中，有敕书，有关防，有公署，专掌烧造开运各工灰石之事。动工则本差往事焉，钱粮出本司工价，本差出给实收见行事宜。"③工部营缮司与内官监太监在大石窝督造生产，在这里留下了无数历史痕迹。今天，石窝村村落正中心仍被称为官厅，虽然此处仅剩5间北房，且早已成为民居，甚至老住户也不知"官厅"之名的由来，但这个名字却仍然一代又一代口传下来。官厅门前水井，乃明正德十三年（1518）钦差总管内官监太监闫

---

① 吴梦麟、刘精义：《房山大石窝与北京明代宫殿陵寝采石——兼谈北京历朝营建用石》，载《中国紫禁城学会论文集》第1辑，紫禁城出版社，1997年，第253—262页。
② 明正统六年《内官监倪太监寿藏记》，其中提及"正统元年丙辰，今上皇帝命公于独树石厂督采天寿山碑、象、驼、马等石"。
③ 《工部厂库须知》卷四"三山大石窝"，明万历林如楚刻本。

清所凿[1]，直到20世纪50年代还是全村公用的水碾磨坊所在地。以官厅为中心，运输石料的驼马在东西两侧装货歇脚，逐渐形成"东店""西店"之称，康熙《房山县志》称其为"石窝店市"，到今天大石窝村里的这两条街道还称为"东店大街"与"西店大街"。大石窝村内巷陌井然、神庙林立，至今老人们尚能回忆起其中10余座庙宇的位置与情形。被称为"南大庙"的关帝显圣寺，村西北的娘娘庙山门，以及西北角残存的石井与石碑，仍在提醒我们石窝村对于北京城市建设的独特意义，以及这一村落不可磨灭的历史功绩。

进入21世纪后，出于保护环境的目的，京郊采石已经全面停止，房山大石窝的石作生产也就此画上句号。此时，高庄一脉的汉白玉已基本开采殆尽，千年采石场留下的深坑为泉水注满，仿佛大地上的翡翠般镶嵌于莹润白石之间。站在现代科学的环保角度来看，这道既深且长的伤痕的确对环境造成了伤害，但其实古人也并不是没有意识到这一点，尤其是那些日复一日与石头打交道的石匠，他们相信石头有其灵性，所以采石前必先告祭山神，且有极严的规矩不许浪费任何石料。大石窝石作技艺的市级传承人宋永田指出，大石窝石匠历来讲究物尽其用，凡是天生

---

[1] 明正德十三年的大石厂新井碑，载《北京图书馆藏中国历代石刻拓本汇编》第54卷，中州出版社，1999年，第47页。

石材，必有其用。相伴汉白玉而生的所有石材都不会被随意开采或丢弃，而是一定会用于各种不同情境。房山人熟知的谚语"大青不动二青摇，三青落在卢沟桥"，讲的就是石窝之石皆有灵性的故事。传说，大青、二青和三青都是大石窝里的石头，天长日久得了灵性，就变作了三只石龟。刘伯温要修北京城，需要让这三只石龟来当镇物，但它们全都不愿出山。刘伯温于是带领人马来硬搬。大青法力最强，刘伯温搬不动它，把它留在了大石窝。二青蹿出了五十里地，落在了石楼。只有三青法力最弱，被刘伯温用法术拘上了车。可是到了卢沟桥，什么车都拉不动了，于是"三青落在了卢沟桥"。

故事中的二青落到了石楼，这很显然指向了被明代巨富米万钟搬到良乡的青芝岫。青芝岫不是汉白玉，而是极佳的房山产北太湖石。房山境内产石多种，不仅仅是汉白玉。《房山县志》中说："石料，石之种类有三，一汉白玉，最细腻，而刻字与花卉鸟兽器皿等；二花冈石，最坚固，可作屋基能耐久；三青板石，质松易坏。其产地，石窝等村产汗白玉，山口、沙峪等处产花冈石，河套、娄子河等村产青板石。其销路远至京津，近销东南各县。"[1]事实上，汉白玉矿层仅一米多高，常深埋于地下几十米处，周围必伴生多种石层。仅高庄村西北玉皇塔下的山石，就

---

[1] 马庆澜：《房山县志》卷二"物产"，民国十七年铅印本。

能有大青石、小青石、青白石、花铁子、艾叶青、芝麻花、螺丝转等多种石材。历史上，石窝村不仅出产汉白玉供宫殿陵寝之用，也出产青石美玉，引来文人骚客流连把玩。最有名的例子当然就是这块米万钟为之倾家荡产，后来又由乾隆帝移入清漪园内乐寿堂前的青芝岫。《日下旧闻考》引《艮斋笔记》中说："房山之阴，有石立于岩麓，其长三丈，其广七尺，首昂而俯，足跂而敛，濯之则色青而润，叩之则声清而越。米先生仲诏思致之海淀勺园中，车重轮，马十驷，既凿，百夫曳之，登车七日始出山。又五日仅达良乡道上。工力竭，因卧之田间，缭垣卫之，覆以葭屋。于是先生作大石出山记，薛冈千仞戏代石报书，先生复答石见报书，一时传为佳话。吴中葛一龙震甫次良乡，见石为作长歌，纪其事焉。"这首《次良乡观米仲诏宪长所移奇石歌》也为《日下旧闻考》所收录，文曰："塔洼村北野草荒，草间突兀孤云苍。欲行不行气若郁，将雨未雨天无光。云是米家凿山出，百步千人移数日。到此踟蹰不肯前，秦鞭无技楚力诎。……岹岈空洞宿阴霆，鲸脊鳌簪立奇鬼。主人好礼尊石公，神物亦岂甘牢笼。不如就此树高阁，居处日对飞来峰。"[①]在诗中，葛震甫将奇石视为有独立意志的灵物，当它踟蹰不肯离开家乡时，无论鞭子如何凶狠，也无法撼动它半分。虽然"主人好礼尊

---

① ［清］于敏中等：《日下旧闻考》卷一百三十三"京畿·良乡县"。

石公",对石之神礼遇有加,但奈何"神物亦岂甘牢笼",得天地之灵气的它岂愿困守勺园,而只愿留在房山,畅怀山中。

山石皆有灵,不仅是奇石青芝岫如此,对大石窝的石匠们来说,这里的每一块石头都是如此。帝王将相为了鸿业千秋而搬空了大石窝,但对于普通石匠而言,石头与他们声息相通、命运相连,他们更愿意守护这片燕石山水,而不是赶走大青三兄弟、掏空汉白玉。或许,不再开采石料的大石窝,也可以是创造人与石之间新关系的摇篮?

以煤为生

"北地苦凛冽,西山富孕育。程材火发石,争功燧钻木。炊爨饫城市,劙剔厄冈麓。纲运鸦尾衔,囊压驰背瘝。谈斤块轮囷,碾屑杵敲朴。杂以土盈畚,调之水满斛……运掌箕舌劳,累卵檐头簇。价高利倍三,春回律吹六。筐染昆仑肤,灶填洛姬服。茶枪火乃文,酒座衣且燠。弃灰苛法除,怀核贫儿黢。解冻嬉印烘,御冬侈我蓄。尚元扬子经,守黑老氏縠。畴惩近墨败,纷矜就燥速。中热讵抱贞,外员益滋恧。即兹感物理,一炉暖宵读。"[1]

吴养原的这首《咏煤球》诗,道出了北京西山挖煤

---

[1] 李家瑞编:《北平风俗类征》下,北京出版社,2010年,第388页。

窑、运煤车、摇煤球、烧煤炉等一系列过程。在吴养原生活的清代后期，煤炭已不仅是西山百姓生计的主要支柱，也是北京城市居民的唯一燃料，所以诗中有"炊爨饫城市，刳剔厄冈麓"之语。如果说莹白夺玉的燕石很早就是西山物产的骄傲，是官办矿业的代表，那么"色如昆仑奴"的煤炭则是西山物产中"沉默的大多数"，是人们活下去的支柱。

永定河流域是中国主要的产煤区之一，在《水经注》"灅水"条中记载，"《魏土地记》曰：平城西三十里，武州塞口者也。自山口枝渠东出入苑，溉诸园池。苑有洛阳殿，殿北有宫馆。一水自枝渠南流，东南出，火山水注之。水发火山东溪，东北流出山，山有石炭，火之，热同樵炭也"[1]。这里讲到，山西大同（平城）的石炭，燃烧后与木炭一样都能发热。与大同一山之隔、一水相连的京西山区，当然很有可能在同时期也有了对煤炭的初步认识。

一般认为，北京地区系统的采煤活动开始于辽金时期。在门头沟区龙泉务村辽代瓷窑遗址中，曾发现有用于烧瓷的煤渣。到元代时，西山煤业已经相当兴盛。《析津志·风俗》中记载："城中内外经纪之人，每至九月间买牛装车，往西山窑头载取煤炭，往来于此。新安及城下货卖，咸以驴马负荆筐入市，盖趁其时。冬月，则冰

---

[1] 《水经注》卷十二"灅水"。

坚水涸，车牛直抵窑前；及春则冰解，浑河水泛则难行矣。往年官设抽税，日发煤数百，往来如织。二、三月后，以牛载草货卖。北山又有煤，不佳。都中人不取，故价廉。"①此时，北京城内不仅已有专门的煤市、煤行经纪，而且形成了多样化的商品体系，例如西山窑头之煤较优而价高，北山之煤则质低而价廉。熊梦祥所提及的煤税，《元史》中记其并非常年开征，并无定额："元有额外课……岁课皆有额，而此课不在其额中也，然国之经用，亦有赖焉。……十二曰煤炭……其岁入之数，唯天历元年可考云。"天历元年（1328），这一年的煤炭课总计钞二千六百一十五锭二十六两四钱，其中内大同路一百二十九锭一两九钱，煤木所二千四百九十六锭二十四两五钱。②熊梦祥所说的"往年官设抽税"，意即时已不征，此在《元史》中亦有印证。元代中期，王约"迁礼部尚书，请定丁忧之制，申旌表之恩，免都城煤炭之征，皆从之"③。有元一代，煤窑逐渐成为乡村财富的标志。元代邓文原的《巴西集》中收录了他所撰的皇太子赐大庆寿寺田碑，文中提及，庆寿寺的寺产中"园有树栗，陇有来牟。环布近郊。石煤以薪，水轮以磨。市区子钱之入，皆有赢

---

① ［元］熊梦祥：《析津志辑佚》，北京古籍出版社，1983年，第209页。
② 《元史》卷九十四志第四十三"食货二·额外课"。
③ 《元史》卷一百七十八"王约传"。

储"①。土地、牲畜、煤炭、磨坊,在这里被用于证明寺僧经营之有效、寺产之丰厚。大都煤产之丰、煤用之广的情形令马可·波罗赞叹,他说:"契丹全境之中,有一种黑石,采自山中,如同脉络,燃烧与薪无异。其火候且较薪为优,盖若夜间燃火,次晨不熄。其质优良,致使全境不燃他物。所产木材固多,然不燃烧。盖石之火力足,而其价亦贱于木也。"②京西人常说,京西的煤炭养活了北京城。这不仅是京西人的共识,事实上早在元代,就已是马可·波罗这类外来者都公认的事实。

明清时期,西山中东起万寿山、西至百花山、南起周口店、北至斋堂的这一片区域内,已是煤窑密布,极大地促进了山区开发与经济发展。京西煤田的含煤层主要是石炭二叠纪煤系与侏罗纪门头沟煤系,特别是门头沟煤矿,是北京历史上开采时间最长、职工人数最多的矿井。③据《北京西山地质志》中的保守估算,仅九龙山北坡的煤储量,保守估计也在3000万吨以上。④到2002年底,北京矿区煤炭"查明资源储量"在23亿吨以上。其中,经济可采储量超过2亿吨,基础储量在5亿吨以上,保有储量在2.7

---

① [元]邓文原:《巴西集》卷上,清文渊阁四库全书本。
② [法]沙海昂注,冯承钧译:《马可波罗行纪》,商务印书馆,2012年,第231页。
③ 潘惠楼:《北京煤炭史苑》,煤炭工业出版社,1997年,第2页。
④ 叶良辅:《北京西山地质志》,农商部地质调查所,1920年,第70页。

亿吨以上。①然而，即使有如此丰富的煤炭储量，煤窑区内的民生仍然艰难。清乾隆四十二年（1777）的永远免夫交界碑中说："西山一带，村墟廖落，旗人一半联居，石厚田薄，里下走窑度日，一应夫差，家中每叹糊口之艰。"由此可见，依靠采煤度日的京西平民极度依赖家中的青壮年劳力"下苦力"维生，无法应付征夫赋税的生计窘境。到乾隆后期，雍正年间曾一度豁免的征夫差税又"闻催派之声"，于是申九成、刘廷玉等向朝廷申诉，获宛平县丞黄瑞鼎批准，允许王平口、齐家、石港三司豁免夫役，这基本上就相当于今日门头沟区内王平镇、大台街道、斋堂镇和清水镇的范围，也是门头沟煤矿的集中采矿区。清乾隆二十七年（1762），工部大学士史贻直巡查京西煤业后上奏："宛平县属门头沟、天桥浮、风口庵、王平口、千军台等处，旧有煤窑四百五十余座，现开一百一十七座。由大岭以东门头沟等村仅有二十九座，其余八十余座俱在岭头风口庵西北一带。"②据此呈报，"风口庵（即峰口庵）西北一带"，也就是前述王平口、齐家、石港三司区域，在乾隆年间已经是京西产煤最集中的地方，其煤窑数量占整

---

① 王海江：《京西无烟煤煤质特征》，《煤质技术》2006年第3期，第30—31页。
② 《清代钞档》记载乾隆年间勘察煤窑，乾隆二十七年正月十一日，收入潘惠楼编：《门头沟文化遗产精粹·京煤史志资料辑考》，北京燕山出版社，2007年，第197—198页。

个宛平县境内窑数的80%左右。

峰口庵西北一带的煤窑数量为何远高于岭内呢？据史贻直的调查，这并非完全因为岭外煤炭藏量更高，而恰恰是因为这里的环境条件更艰难——更缺水，生活也更贫困。史贻直发现，明代以来西山地区的煤窑共有450余座，至乾隆二十七年（1762）有330余座没有开窑，全都位于岭内，距离北京不过四五十里。不开窑的原因是地下水位较高，开窑过深后，积水涌入，窑顶塌陷。而峰口庵以西的岭外地区，所有已经开凿的窑眼无一浪费。这一方面是因为岭外山高，地下水更少，但也许更重要的是，岭外的贫困生活使得人们愿意甚至是不得不花费巨大力气去清理和维护窑眼。20世纪20年代，农商部地质调查所的《北京西山地质志》中也提及岭外煤窑生产停工原因。当时叶良辅等人采访了清末民初琉璃渠村的窑工，据他们的口头报告说："明煤大线最佳，居全线之下部；黑煤大线居中部；青煤大线居上部。……二十年前九龙山之北，矿业甚发达，采矿多用斜坑，曲折而进。有深至二五〇〇尺者（约五百套，每套五尺），在此深度之下，吸水通风均不易，且工人送煤往返不便，其地小窑之停工，率亦为此。"[1]也就是说，对于峰口庵以东的岭内煤窑而言，浅表层青煤采

---

[1] 《清代钞档》记载乾隆年间勘察煤窑，乾隆二十七年正月十一日，收入潘惠楼编：《门头沟文化遗产精粹·京煤史志资料辑考》，北京燕山出版社，2007年，第197—198页。

完之后，因吸水、通风、运输等困难，煤矿开采就停止了。只有岭外煤窑，才更有动力继续开采至最底层的明煤大线。

值得注意的是，与燕石开采主要由官办集约生产不同，明清时期的西山煤窑绝大部分是私人小窑，这与京西煤田的资源性质有关。京西煤炭的碳含量很高，主要都是无烟煤，很适宜作为民用煤球和蜂窝煤使用。[1]1920年的《京西地质报告》称之为"明煤"。当地人说，这种煤炭是"老年期"，无烟无灰，爆发力不足，但是耐久性好，而山西煤炭是"青年期"，爆发力强，燃烧温度高，但是耐久性差，燃烧时间不长。所以京西出产的煤炭大都供应日常做饭取暖之用，大宗采购少，消费市场分散，小煤窑开采更能适应这种市场特点。道光十五年（1835）的禁开封闭煤窑碑中记载了很多当时的煤窑名称，仅大台的西板桥村一村中就有10余座，当然规模都不会太大。《光绪顺天府志》记载，咸丰三年（1853）登记宛平煤窑99座、房山煤窑16座。从《京西地质报告》来看，其中能延续到民国时期的煤窑大多数都是"小窑"。到北平和平解放前夕，仅门头沟、城子两个煤矿周围注册的私营小煤窑就有409座，

---

[1] 王海江：《京西无烟煤煤质特征》，《煤质技术》2006年第3期，第30—31页。

日产煤3000吨左右，从业人员5300多人。[1]根据1958年北京矿业学院对京西历史上传下来的土法小煤窑的调查，每口煤窑的劳动力在几十人到百余人[2]，加上相关的运输驮夫，每座煤窑投入的劳动力在百人左右。这些密布西山之内、规模不过百人上下的私营土法小窑，构成了传统社会中西山煤业的主体。

西山深处民生多艰，与以小煤窑为主的生计方式不无关系，人们时时要面对渗水、倒塌、水旱、恶疾等灾难，但小煤窑的生命力也绝非不堪一击。清道光年间的大寒岭毘卢寺添建文昌阁碑中记载了道光元年（1821）捐资新建文昌阁的众位善士，千军台天德窑赫然名列其中，这所村里的小煤窑一直到1961年仍然存在。[3]一座私人煤窑存在了将近150年时间，也从侧面反映出煤业在当地社会中是如何根深叶茂。事实上，20世纪50年代北京煤矿设计院在大台沟内进行勘探和建矿设计时，发现这一地区的浅部煤层几乎被开采殆尽，这正是几百年来无数小煤窑在此遍地开花的证据。

大量私人煤窑的存在，进一步造成了当地生存环境的

---

[1] 刘少昆：《当代北京煤炭工业》，北京日报出版社，1990年，第15—16页。

[2] 北京矿业学院采煤教研组编著：《京西小煤窑调查报告及对土法开采的探讨》，煤炭工业出版社，1958年，第45页。

[3] 北京门头沟村落文化志编委会编：《北京门头沟村落文化志（三）》，北京燕山出版社，2008年，第1131页。

恶化。至清代中期，水位降低、地面塌陷等危险，已经严重影响了村落公共安全。当地居民很早就意识到泉眼干涸、地面塌陷与滥开煤窑之间的关系。清嘉庆十二年（1807），王平口村村民刘九等人滥开大有煤窑，"掣塌民房仓舍七十余间"，为军粮厅郭总爷严禁，事见于严禁大有煤窑碑[1]。同治三年（1864）的木城涧禅房村窑泉争地碑中也明确指出，村中水泉断绝的原因是"窑多槽众，挖取年深"。为了保护村落安全，清代中期以后，禁止开窑采煤的碑刻不断出现。然而为生计所迫，即使有军粮厅、地方乡绅与村民的联合禁令，也总有人铤而走险。严禁大有煤窑碑中提到，在王平口大有煤窑第一次被封禁，明令"界内永远不许开采"之后，道光十二年（1832）又再次"严禁在案"，显然是有人再次私开。即使有两道禁令，到了光绪年间，李旺、董永汰等人仍"肆意横行，目无法纪"，在大有煤窑一脉相连之界内开窑挖煤，造成全村不安，是以清河路平罗营王平口的负责官员再次立碑，封闭窑口、严申禁令。无独有偶，板桥村的禁开封闭煤窑碑也记录了同样的情形。西板桥村东三官庙下原有封禁旧窑，到了道光十五年（1835）时，刘继兴串通石德友、田生等人私开封禁煤窑，导致庙宇房舍墙垣开裂、地基塌陷，于

---

[1] 清嘉庆十二年的严禁大有煤窑碑原在大台王平口村，光绪年间曾经移至他处，据国家图书馆藏原拓片录文，北图编号京7395。

是村民韩宏良、梁宰等人诉至军粮厅，最终由宛平县正堂出示晓谕，明确要求："嗣后该处永不准再行开做煤窑，并将此示勒石存记，如有无知棍徒，胆敢故违偷开者，一经访闻，或被告发，定行从重惩处，决不姑宽。"①除了东三官庙下旧窑不准开采之外，板桥村凉水泉地内东、西坯儿窑两座煤窑也不许开采，其中东坯儿窑的产权合同存在禅房村张福元处。在石得印的领导下，板桥村民一起到张福元家中说明利害关系，张福元乃将4份合同送给板桥村，以绝后患。顺天府宛平县左堂、世袭云骑尉兼管窑务的林姓官员立碑晓谕，开示众人。②

因恶劣的生存环境而"别无他法"，因"别无他法"而依赖煤窑，因煤业生产的特殊性而形成"铤而走险"的气质，又因这种气质使得滥挖屡禁不止，从而进一步恶化了生态环境。这一链条首尾相接，如何才可能走出恶性循环？借助军粮厅及宛平县统治者的权威，加大对底层社会的控制是一条途径。到了民国后期，借助西方科学知识，试图以科普的形式启发民智也是曾经采用过的方法。例如，京西的门头口村同样以采煤为生，历来有"燃料固多而饮料不足"之患。村中的岩子井是全村唯一的水源

---

① 清道光十五年的禁开封闭煤窑碑。
② 清道光十八年板桥村的宛平县晓谕碑，此碑原为门头沟区板桥村凉水泉公路基石，载潘惠楼编：《门头沟文化遗产精粹·京煤史志资料辑考》，北京燕山出版社，2007年，第92页。

地，数万人命系于此。1931年，井口塌陷，水源干涸，村中乡绅之首请来地质专家董永年下井调查。董永年经过调查后指出，如果过度开采，很可能导致"井水立涸，全村民生亦立将绝境也"。有了此等现代知识加持，全村村民于是开会讨论，勒碑为记，公认"凡妨害此井水源之一切行动，不啻破坏全村民众生活之保障，即全村民众之公敌"[①]。

以煤为生的生计方式，还带来了西山地方社会的流动性。元代在永定河上开金口河的初衷之一就是运煤。至正二年（1342），右丞相益都呼、左丞相脱脱奏曰："京师人烟百万，薪刍负担十分不便。今西山有煤炭，若都城开池河上，受金口灌注，通舟楫往来，西山之煤，可坐致于城中矣。"[②]此后金口河虽复塞，但以水路运煤的尝试却从未终止。一条重要的运煤水路就是从斋堂至黑龙关，再沿大石河南下至琉璃河，从琉璃河经水路运往东南各地。民国《良乡县志》记载，当时琉璃河水可行船，其村南有粮栈、灰栈、煤油栈，皆借此水之利。从琉璃河行船，可通保定、天津的商舶，这里成为煤炭与其他货物交易的重要

---

① 1932年的门头口村维护岩子井碑，此碑原在门头口村岩子井旁，载潘惠楼编：《门头沟文化遗产精粹·京煤史志资料辑考》，北京燕山出版社，2007年，第128—129页。

② 权衡：《庚申外史》卷上，转引自祁守华、钟晓钟编：《中国地方志煤炭史料选辑》，煤炭工业出版社，1990年，第3页。

码头。

当然，水路运煤只占煤炭运输中很小的一部分，更大规模的运输是通过陆路进行的，这就是所谓"西山大路"。西山深处煤窑众多，"小民越岭贩易，路既遥远，驮运维艰"[1]，运输条件非常困难。本章一开始引用的重修西山大路碑，就是西山地区十几处村落与上百座煤窑集资修桥铺路、维持煤炭运输生命线的记录。

三家店白衣庵和牛角岭各有一块清同治十一年（1872）的重修西山大路碑，碑文大致相同，都记载了同治十年（1871）涧水涨发，冲断丑儿岭以西诸多路段之事。碑文中首先重申中国古代常见的，以造桥修路为众善之首的"行善"观，强调："造桥梁以济人渡，修道路以便人行，务民之义，此善举之第一也。"紧接着就强调煤炭生产的重要性。煤窑不仅是当地的支柱性产业，同时也关系到首都北京的民生日用，"西山一带仰赖乌金以资生理，而京师炊爨之用，犹不可缺，道路忽尔梗塞，各行生计攸关"。要保证煤炭供应，西山大路就必须维持畅通，但连日天雨连绵，稠儿岭（即丑儿岭）西水峪嘴村的泊岸大道被冲断20余丈，石古岩西的小岩子道被冲断，吕家坡、口子西、大岭各处的要道被冲塌，沿途栏墙倒坏。煤炭运输受阻，

---

[1] 《清代钞档》记载乾隆年间勘察煤窑，乾隆二十七年正月十一日，收入潘惠楼编：《门头沟文化遗产精粹·京煤史志资料辑考》，北京燕山出版社，2007年，第198页。

京师用度告急。在这种情况下，西山一带的民间社会自发动员起来，组织各个村落集中公议，短短时间内就募集到万数余吊的资金，不足两月就修通了全路，且"办理秉公，众村遂意"[①]。

这通碑里最引人注目的事实是，在造桥修路这种公益性极强的基础设施建设工程中，煤业被置于首要地位。同时正是以煤业为号召和领导，其他产业和村落精英才被充分动员起来。修筑西山大路是事关所有村落的大事，如果只有煤业关心当然独木难支。以琉璃渠村为例，在重修西山大路碑的碑阴中，我们看到了22个琉璃渠商家的题名，其中除了店址在琉璃渠村的泰山厂、杨煤厂之外，绝大部分是其他行业的商铺，如杂货店、布店、油店、鞍铺、酒店等。但无论地位是高是低，资本额是大是小，这些商铺都以煤业马首是瞻，都以保证煤炭运输为捐资修路的口号。可以说，西山大路在根本上是一条"乌金之路"，煤炭才是这一带地方社会的核心纽带。

在煤炭运输的大旗下，西山大路上的车辆来往不绝，这条经济大动脉为群山深处注入了生命力。从京西往北京运煤通常用骆驼拉大车，但骆驼不惯行走山路，西山大路上常见的运力牲畜乃是骡子。赶骡子的人称"掌鞭儿的"，以与"拉骆驼的"相区别。琉璃渠、三家店、五里坨等交

---

① 门头沟区三家店村白衣庵的重修西山大路碑。

通枢纽常有人以"掌鞭儿"为生。琉璃渠村中曾发现一张清乾隆四十八年（1783）的纳税执照，上面文字称："户部（外四百六十八号）右翼，为稽查牲畜事，照得该铺户所有马、骡、驴等畜应赴县衙门照例纳税，给此执照为凭。稽查如无票照，即系隐瞒，一经查出，定行治罪。为此给发执照者，铺户赵大，住琉璃局（今琉璃渠村）南厂地方，计有黑、红、花、青骡共六头。乾隆四十八年九月二十六日。"[1]从其文字来看，以运输为生的铺户赵大，住在琉璃渠村南厂，家中有各色骡子六头，按例在户部右翼税局纳税，获得经营执照为凭。除了"掌鞭儿"外，鞍铺也是骡子运输的相关行业。山路崎岖，骡子背上的鞍子非常重要。一名合格的鞍子匠要将鞍桥、枕木、膛板、屉、袢胸等部件牢固地插制在一起，非得有长期磨炼的手艺不可。民国时期，琉璃渠村里有宋鞍铺、李鞍铺等，宋鞍铺也出现在重修西山大路碑的捐资题名名单中，算是与西山大路息息相关的周边行业。

在更为高峻的群山深处，运煤的西山大路也串联起繁忙不息的各处村落。大寒岭到王平口一段"乃诸分路之总关"，是西山大路的必经之处，扼守京西古道的咽喉重地。清道光十四年（1834），为了重修从大寒岭到门头沟一段的

---

[1] 转引自齐鸿浩编著：《京西琉璃烧造艺术》，北京燕山出版社，2006年，第14—15页。

古道，涿州知州郭宝勋和宛平县丞李涟都出资捐银五两，王平口副司厅刘占元亦捐银五两，足见此段道路在地方上的重要性。为了修路，沿路村民纷纷出钱出力，其中庄窠村（今庄户村）张文奎施舍土地一段，用作道路，长十丈、宽三尺。此路修好后，"固岭上之通衢，实山中之捷径"，行李之往来、马牛之奔走，都因此获益。[1]路上往来商旅货运之繁忙，正如峰口庵的王平口关城重修碑所说"王平口为西山一带入京咽喉，牲畜驮运煤炭昼夜不断"[2]，随之催生出三村众多供骡马商旅住宿的大车店。《北京门头沟村落文化志》记载，千军台村中街道两旁有大西店、小西店、南铺、北铺、郭铺、炉房、李家店、大北店等商家，大多数为大车店。[3]庄户村老村旧址内，有万源店、云立成、银子房、东碑店等商号。[4]许多老人回忆，过去从门头沟往西，最重要的两个关卡就是王平口峰口庵和大寒岭，无论是从峰口庵往西，还是从大寒岭往东，都是半天的路程到千军台村或庄户村，因此来往商旅常在大台三村歇脚

---

[1] 该碑位于京西中路古道重要的峰口庵关城。载刘义全《京西修路碑》，收入《门头沟文史》第13辑，2004年，第377—378页。

[2] 该碑位于王平口关城东侧古道旁。载潘惠楼编：《门头沟文化遗产精粹·京煤史志资料辑考》，北京燕山出版社，2007年，第100页。

[3] 北京门头沟村落文化志编委会编：《北京门头沟村落文化志（三）》，北京燕山出版社，2008年，第1119页。

[4] 北京门头沟村落文化志编委会编：《北京门头沟村落文化志（三）》，北京燕山出版社，2008年，第1134页。

吃饭,将这里作为京西驿站。①老人们还说,千军台村的千年大槐树内有大洞,当年古道上来来往往的骆驼队就从这大洞中穿过。大寒岭上也有一株同样的大槐树,从千军台村经过的骆驼队,晚上歇息在大寒岭,就把骆驼都拴在这株槐树上。②

京西大路如此重要,我们当然也就能理解,为何近代交通基础设施的兴起会直接导致西山腹地村落的衰落。仍然以西山大路的关键枢纽三家店村与琉璃渠村为例。早在清光绪三十四年(1908),西直门至城子段的京门铁路就已通车。1919年,京兆尹公署修通了阜成门至三家店、城子至圈门的公路,随后又修通了京门公路三家店大桥。表面看来,从三家店村和琉璃渠村出行的交通似乎更加便利了,但交通便利的同时也意味着旅人不用再在这两处停留,而是可以直接到距离京城更近的集镇去休息。于是,先是设在龙王庙内的驿站在光绪末年被取消,随后琉璃渠村完全失去了它西山大路驿站集镇的功能。更大的打击来自门斋铁路。1924年5月1日,门斋铁路正式动工,次年从琉璃渠村东口经过至板桥的路段通车。此后,从门头沟运煤出西山,再也不需要经过西山大路,更不用在琉璃渠村停留。如此一来,不仅骡马背上的运输行业遭到了致命

---

① 千军台村幡会的多位会首都提到这一情况。据2017年2月到4月鞠熙访谈记录。
② 2017年4月17日鞠熙在庄户村的访谈记录。

打击，琉璃渠村中为往来客商服务的各种店铺也失去了客源，面临关闭或转换门庭的困境。1936年，村里最大的天盛店油铺改弦更张，邓家油铺的总店及分店逐步分开独立经营，最后总店及部分分店由山西人王忠恕接管。基层社会的资本化、跨国大资本的蜂拥而至、现代化交通路线所造成的高度集中，这一切都从根本上慢慢改变了京西地方社会的格局，而接下来的日本侵华战争，更是以极其惨烈的方式将京西煤矿长期以来的生计方式直接碾压得支离破碎。1948年12月门头沟解放后，京西矿区很快建立了国营经济体制，并对私营煤窑采取扶持生产和加强管理并行的方式。1956年公私合营基本完成后，私营小煤窑的历史彻底宣告结束。

2000年，根据国务院和北京市关于煤矿安全生产专项整治的指示精神，北京市关闭国有煤矿矿办小井和乡镇煤矿停产整顿工作协调小组成立，当年要求所有矿办小井立即停止生产，所有乡镇煤矿立即停产整顿。京煤集团当年关闭了所有矿办小井，并对煤矿内的个人承包采煤队、地方采煤队进行了清理。在这样的政策形势下，各村的村办煤窑被全部关停，依托于集体经济的一系列制度——住房、养老、医疗、教育随之也受到极大影响。近千年来以煤为生的京西地方社会也开始了新的转型。

千年琉璃

在京西门头沟的群山中流传着一个"天下第一会"的故事。故事中说，有一年，京西幡会的英雄们赴涿州娘娘庙走会，被当地的武术会把幡旗给扣下了。走会的英雄们一看不好，打发人回京西报信。可巧琉璃渠的六鬼子饷银刚发下来，于是这位侠肝义胆的皇商打点好一队马队牛车，每辆车上不仅驮满粮食，还在粮食口袋外面挂了两个金元宝。这些金元宝都是御库批发的，二十六两一个，沉甸甸地挂在车上。一路走到涿州，堵住了娘娘庙的门口，堵得庙会一连七八天水泄不通、炷香未进。事情闹到了官府，涿州本地官员一看是六鬼子家的金元宝，吓得连忙给京西的英雄们赔礼道歉。京西幡会从此也被称为"天下第一会"。

故事虽然有捕风捉影的成分，可这位琉璃渠的"六鬼子"却确有其人——它是清末工部琉璃厂商赵家传人赵春宜的外号。赵春宜是"琉璃赵家"的第30代传人，官居五品的工部员外郎。慈禧兴建颐和园、西苑三海扩建、天坛与太和门大修等工程所需的琉璃构件，都由他主持烧造。1932年9月，《中国营造学社汇刊》第3卷第3期发表了刘敦桢的《琉璃窑轶闻》一文，文中写道："现存琉璃窑最古者，当推北平赵氏为最，即俗呼官窑或西窑，元时自山西迁来，初建窑宣武门外海王村，嗣扩增于西山门头沟琉璃渠村，充厂商，承造元、明、清三代宫殿、陵寝、坛庙各色琉璃作，垂七百年于兹。"此时北平赵氏的掌门人，就是赵春宜的后人赵雪舫。这个中国大地上最古老的琉璃家族，几百年来专为皇家烧窑的赵家，的确够格让涿州地方官胆战心惊，让京西门头沟的幡会拔得"天下第一会"的头衔。

刘敦桢说北平赵氏在琉璃渠村烧制琉璃，"垂七百年于兹"，这是从元代开始算起的。《元史·百官志》中载："大都凡四窑场，秩从六品。提领、大使、副使各一员，领匠夫三百余户，营造素白琉璃，隶少府监，至元十三年置；南窑场，大使、副使各一员，中统四年置；西窑场，大使、副使各一员，至元四年置；琉璃局，大使、副使用权各一员，中统四年置。"这或许是官办琉璃窑最早的文献记录，但琉璃渠所在的九龙山下开始烧造琉璃的时间肯定早于此。1983年7月，在琉璃渠村北约1.5公里的龙泉务村辽代瓷窑遗址中出土了4件琉璃制品，其中包括辽三彩琉璃坐式菩萨像二尊、跏趺坐式佛像一尊和高托莲花瓣佛座，无论是塑制水平还是艺术水准都堪称上乘。与这些琉璃制品同时出土的一块"寿昌五年"（1099）戳记琉璃残片证实，远在900多年前的辽代，京西龙泉务、琉璃渠一带就已经开始生产极为精美的琉璃制品。元朝初年，琉璃局领匠夫300余户，这么大规模的窑场一定是在辽金时期旧有基础上发展起来的。那么，在辽金时期的九龙山下，何以能出现如此宏大的琉璃窑场、如此高超的烧制技艺？

一般认为，九龙山下作为琉璃窑场有着得天独厚的条件。坩子土是煤层的伴生土，而九龙山是京西重要的产煤区，这里出产的坩子土含铁量少，成坯后色泽月白，不会影响釉色呈现，其他地区难以与之媲美。同时，琉璃渠村又紧邻永定河，水源充沛、上风上水、交通便利，既不会远离京城增加运输成本，又避免了离京城太近而污染环境。但从辽金到明清，琉璃烧制始终集中在太行山一线，尤其以京西和山西的工匠为冠，这不得不说与琉璃西来的历史有关。

琉璃工艺原本出自西域。一般认为，汉代时期已经明确出现了建筑琉璃的生产与运用。西汉刘歆的《西京杂记》中说："赵飞燕女弟居昭阳殿。中庭彤朱，而殿上丹漆，砌皆铜沓，黄金涂，白玉阶……窗扉多是绿琉璃，亦皆达照，毛发不得藏焉。"按照这种说法，此时多以透明琉璃料件为主，是作为室内装饰而非建筑构件使用。随着中原与西域交往的加强，大月氏商人带来了西域先进的琉璃瓦烧制技术。大约到了北魏时期，琉璃瓦已经开始用于皇家建筑。据说北魏太武帝拓跋焘故都的铜雀台，就大量使用了西域运来的琉璃瓦构件。与普通的砖瓦材料相比，琉璃瓦历经日晒雨淋仍能保持艳丽光泽，经久不变。据《北史·西域列传》记载，始光元年（424），太武帝听从大月氏商人的建议，在京师附近建立"天工坊"开始烧造琉璃，其光泽甚至比西方运来的还要精美。随后，这些琉璃瓦被安在皇宫屋顶上，"光色映彻，观者见之，莫不惊骇，以为神明所作"。

自隋唐到辽金，长城脚下活跃的民族互动与文明交流，是西域琉璃技术扎根中国大地的重要原因。唐代时，北京西山一带各族杂居、文化互动频繁，不仅有原居东北、北亚的契丹、奚人、新罗等族"归义"，也有不少来自西域和中亚的人民居住。吐蕃松赞干布的大相禄东赞，其六世孙论博言娶防御军使、检校太府卿兼御史中丞刘骘的长女为妻。咸通六年（865），论博言病故，其子从礼为幽州节度牙门将，将论博言夫妇二人合葬于西山脚下（今石景山区古城村）。这种文明高度交流融合的态势，一直保持到了辽金元时期。

与以往将宋视为"文明"、辽金视为"野蛮"的刻板印象不同，辽代的北京横跨"华夷"两种文明，沟通农耕与草原两片土地。日本学者杉山正明称其为"能为不同人群的不同文化提供多样性发展空间的'多民族之巨大中国'"，来自西域的琉璃就在此时此地大放异彩。尤其是辽代统治者崇信佛教，此时的北京在整个东亚佛教文化圈中居于中心地位（竺沙雅章语），"邻邦父老、绝域羌浑并越境冒刑，捐躯归命"[1]。龙泉务中的辽三彩佛像也应放在这

---

[1] 辽大安七年的马鞍山故崇禄大夫守司空传菩萨戒坛主大师遗行碑。

样的大背景下去理解。随着元朝的建立，大都城的兴建为琉璃烧制提供了更广阔的用武之地。马可·波罗描述他在大都看到的宫殿中"大殿和房间的各方都饰以雕刻和鎏金的龙、各种飞禽走兽图、武士雕像以及战争的艺术作品，屋顶和梁上雕梁画栋，金碧辉煌，琳琅满目……屋顶的外边饰以各种颜色，如红、绿、蓝、紫，十分坚固，足以经受漫长岁月的考验。窗上玻璃的装置，也极为精致，犹如透风的水晶"[1]。可以合理推测，这些令马可·波罗目眩神迷的琉璃瓦饰，很多都是在琉璃渠的窑场中烧制的。

在百川归海般的文化融入过程中，来自山西的赵氏家族也从山西榆次来到京城，但同时仍然保留着与山西工匠的稳定联系。清乾隆二十一年（1756），"琉璃赵家"的掌门人赵邦庆牵头在琉璃渠村设"山西义坟"，埋葬山西客人的遗骸。门头沟三家店的"山西公议局"，在清末时仍然由"六鬼子"赵春宜担任经理。同样来自山西的侯氏，明万历三十五年（1607）从介休县（今山西省介休市）贾村迁移至辽宁沈阳，入清后为沈阳故宫烧制琉璃，亦有"皇商"的地位。根据刘敦桢的调查，侯氏和赵氏互通声气，有大型工程则互相帮衬，这种关系至少维持到了民国时期。透过"琉璃赵家"这扇窗口，我们事实上看到的是从

---

[1] 马可·波罗口述，鲁思梯谦笔录，陈开俊等译：《马可·波罗游记》，福建科学技术出版社，1981年，第94页。

北京到华北，再到中国乃至整个世界的宏大文化网络。

有趣的是，本来是文化交流产物的琉璃，在近代东西方文明的剧烈碰撞中，却几乎成为东方建筑的"唯一"标志。梁思成很早就注意到，清末民初的建筑复古浪潮中，一大批西方建筑师希望结合中国建筑的固有样式与西方现代建筑的结构，但真正被使用的中国符号却只有琉璃瓦，典型代表就是协和医院、燕京大学、齐鲁大学、金陵大学、华西大学等。"这多处的中国式新建筑物，虽然对于中国建筑趣味精神浓淡不同，设计的优劣不等，但他们的通病则全在对于中国建筑权衡结构缺乏基本的认识一点上。他们均注意外形的摹仿，而不顾中外结构之异同处，所采用的四角翘起的中国式屋顶，勉强生硬地加在一座洋楼上，其上下结构划然不同旨趣，除却琉璃瓦本身显然代表中国艺术的特征外，其他可以说是仍为西洋建筑。"[1]琉璃瓦，成了最先被西方人挑选出来以代表东方建筑的视觉符号。

也正是在这一时期，中国本土建筑学开始兴起。西方建筑师对琉璃瓦的东方主义式看法当然也影响了中国现代第一批建筑研究者。但与西人不同的是，本土学者更倾向于从建筑史的角度去发掘琉璃制造的技术与历史。1928年，中央大学建筑系调查明代报恩寺琉璃塔，专门调查了

---

[1] 梁思成：《〈建筑设计参考图集〉序》，《中国营造学社特刊》，1935年。

当地的琉璃瓦兽残件与明代琉璃窑故址——聚宝山官窑。1932年，刘敦桢在《中国营造学社汇刊》上发表了《琉璃窑轶闻》一文，这也是第一篇系统研究中国琉璃烧造历史的文章。尤为可贵的是，刘敦桢先生实地调查了当时北平的官窑赵家、私窑"西通和"和辽宁海城县（今海城市）的侯姓窑场，为今天的研究留下了宝贵记录。1935年，梁思成的《建筑设计参考图集》一书正式出版，其中收录了琉璃赵家设计制作的图案，琉璃被正式确定为"中国建筑"的标志之一。正是通过书写传统，琉璃才不再作为东方主义式的视觉符号出现在建筑学中。而有了深刻的历史感、民族性与文化深度，琉璃最终成为中华民族悠久历史、浩瀚背景、宏大知识与精微技术的建筑证明。

2004年，琉璃渠村获得"中国琉璃文化村"的称号。2007年，琉璃渠村入选第三批中国历史文化名村。2008年6月，以琉璃渠村为主要传承地的琉璃烧制技艺，进入第二批国家级非物质文化遗产名录。2018年3月，琉璃渠村入选北京首批市级传统村落名录。2022年10月，琉璃渠村千年不绝的窑火被再次点燃。我们迫切地想要看到，西山脚下、永定河畔，天下文明又将激荡出怎样的脉搏……

燕石、煤炭、琉璃，这些严重依赖于矿产开发的生计方式，在采矿业被全面禁止后，终于走向了其历史的终结，不过这并不意味着西山大地从此淡出了人类视野。从第四纪冰川遗迹到房山世界地质博物馆公园,"五世同堂"的北京地质层如此瑰奇琳琅,简直就是一座巨大的天然地质博物馆,历来被誉为20世纪中国现代地质学的摇篮。不过,人类对西山地质的认识并不仅仅从20世纪才开始。"阴云袅袅黑龙湾,瑶草丹崖不可攀。越客漫夸天姥胜,渔阳还有大房山。"[1]早在现代地质学兴起的很多年前,寻仙访道的中国古人已经开始有意识地寻访、探索、利用这些地质奇迹,并将其中的很多地方冠之以神仙居所、洞天福地,系之以香火崇祀、神圣禁忌。站在今天的角度来看,这些过去被斥责为"迷信"或"宗教"的行为,其实与西方概念中的"迷信"或"宗教"有着根本性的差别,那些被称为"洞天福地"的山川圣地也绝不只有求神拜佛或神灵崇拜的意义。将西山命名为"洞天福地",这意味着对山川整体环境的观察、对生态环境的自觉保护,以及以"天人合一"原则为指导的自然资源利用,是中国古代生态智慧的精华结晶。回顾西山作为"洞天福地"的历史,不仅是总结它在历史上曾经迸发出的绚烂光华,更是面对"无矿可采"的未来,思考人与自然关系的新起点。

---

[1] 李濂:《房山诗》。

洞天福地

大房山投龙璧记

（碑高一尺二寸，广二尺一寸，二十四行，行十三字，正书。）

维开元廿七年，岁在己卯，春三月，府城西南有大房山，孔水其水也。地僻幽闲，石堂华丽，云峰攒岭，宛度千龄，清泉引流，势将万古。耿介拔俗之士，度白云以方临，萧（潇）洒出尘之贤，干青天而直上，信知山水之灵矣。伏惟开元圣文神武皇帝，纂承洪业，肇自开元，率土晏清，廿七年矣。去开□廿三年，内供奉□□吕慎盈奉敕于此水投龙璧；暨廿四载，□□□□□又奉敕于此投龙璧；今又奉敕于此投龙璧焉。于时有御史大夫南阳张公讳守珪为府主矣，监官功曹参军段晖、法师观主□及公使上坐李义远、平步风、高味虚、张若水、庞味道、杜崇□、李西升、□崇□，童子李延忠等，三日三夜，登坛投告。□夫陵谷推移，百龄讵几，仆遂斐然书美，封山刊焉。词曰：丹岭嵯峨，双峰迤逦，禄水涓涓，清泉泚泚。兰蕙萋萋，松风靡靡，百草开葩，众花吐蕊，刊龙璧之有功，庶千龄兮无毁。

□□观威仪张湛词。

①超案：碑似漏一"元"字。

——《道家金石略》①

玄靖达观大师刘公墓志铭

（碑高三尺八寸，广三尺八寸，三十四行，行四十五字，正书。在房山。）

濮州文道广撰

通玄致道大师张志履书丹

搢绅庙堂，进退百官，非达也；勒铭钟鼎，抡扬英誉，非达也。超幻化之境，穷性命之源，而方寸洞然者，其达人之大观者乎？练师刘公，尝从事于斯矣。公讳志厚，字泊淳，道号广阳子，世业应州，富而且仁。公少时记识聪敏，及长，志量豪逸，为时辈所钦，辟充省掾。会朔方有警，朝议以公有筹边之略，畀之虎符及兵师千众，委镇上

---

① 陈垣编纂，陈智超、曾庆瑛校补：《道家金石略》，文物出版社，1988年，第123页。

党。在仕涂中，立论谠正，举措异常。一日，脱然有悟，遂弃职隐遁，避地辽沁间，因谋归道。岁甲申，从铜川赵观主为师，赵辞之，令往拜长春师门下。公从其议，尝游食鲁赵间，昼则一食，夜则忘寐，每专气入精，淡然与神明伍，向所谓湖海之气，荣观之宠，一洒而俱泯也。公于儒书每见涉猎，而于老庄之学，尤得其旨，时人以庄子刘先生称之。又精草隶书，自作一家楷式。已丑来燕，会葬长春师，未几复隐缙山秋阳观，主者韩君长卿待之甚厚。丁酉，掌教清和宗师以杜侯恩，诣沁原行醮，归途抵洺州，公适有事于磁，闻师之来，敬谒行馆，愿执拨以备洒扫。师素得人于眉睫间，以公为玄门重器，常置诸左右，使与宾客言及代书翰。庚子侍师造陕西祖庭，往返数千里，凡应对出纳之事，必尽精谨，未尝以倦弛形于辞色，前后余二十年，其尊师重道之心，愈久愈敬。每谈及性命事，师必就其灵府发见之端而开导之，其后大有所得，与燕城士大夫酬唱，词翰俱美，无半点尘气，方外诸人皆以清和座下为得人矣。有顷，保充五华宫清和宫提点之副，由是道价崇重，门徒辐辏，立观凡四，魏县之重阳、临漳之迎仙、磁州之长春、怀州之清和，皆公主之。戊申春，诏长春宫设普天醮，公预高道之选，恩例赐金襕紫服及今之师号。辛亥,先师委蜕,心丧不怠。迨真常宗师之嗣教也,因观寰宇记,知燕之西山有神仙洞府,而迳路崄巇,人迹罕到,命公往相视之。公不惮劳苦,径往奉先,询诸耆老,果于神宁乡西北得黄山玉室洞天,俗云汉留侯栖隐之所,又得仙都山仙君洞、大房山潜真洞,皆非人世所有。公复命,真常师甚喜,即命葺居之。时五华提点阙任,有难其行者,言之宗师,师责曰:"五华因缘,大概已就,但得一长者主之足矣。今三洞福地,大费经理,微刘公,谁可托者?"言者悚退。公既受命,罄己资以为营构之具,先于仙君洞下创观以居,仍率众凿开洞门,始终计工千百。再年,师推公为三山洞主,大缘未竟,公忽处顺,盖丁巳三月初十日也,春秋五十有九,所度弟子百余众。方公未疾之前,曾书颂遗其徒焦志润,有"神游八极,位列仙班"之语,由是观之,可谓达生死之机而了了于胸次者矣!门人卜地洞山之南隙而安厝之,礼也。四月晦,涿郡翠华坛郭子元、李子玉等陈祭方盟之始,有群鹤翔集,人皆异之。葬毕,志润等丐志其墓。余寓长春,辱与公邻,且数得请益,用是不克牢让,姑为编次其实而系之铭曰:

维此畸人,玄门梁栋,即道是身,识世大梦。左右清和,笔头拈弄,来无所将,去无所送。玄鹤一归，三山空洞，勒铭翠琰，千载取重。

至元戊子四月十九日

门众题名　张志明　李道恕　张寿童　王喜童　迁道一　邢德童　张庆童　马阑童　杨兴童　杜志淳　王道忠　杜志冲　王道宁　王道兴　马志进　郑志玄　张志元　吴志超　马志元　张道和　金志固　焦志润　霍志辉　霉志希

功德主治明居士李革、弟李鼎、侄男李自明、吕长寿

前知五华宫事悟真大师贾志希立石

——《道家金石略》①

唐代帝王自诩李耳后人，将道教抬到国教的位置。从唐高宗时期起，在金箓普天大醮、金箓罗天大醮、河图大醮等斋会后，常举行告谢天地的投龙仪式。《大房山投龙璧记》就是唐玄宗敕使臣于大石河孔水洞投龙璧后留下的碑文。

所谓投龙，与道教天、地、水三官观念有关，是早期道教一种重要的山川仪式。刘宋时期的上清派宗师陆修静在《太上洞玄灵宝授度仪》中说："用金龙、金钮各三枚，

---

① 陈垣编纂，陈智超、曾庆瑛校补：《道家金石略》，文物出版社，1988年，第661页。

投山、水、土，为学仙之信。不投此三官，拘人命籍，求乞不达。"敦煌文书P.2452号《灵宝威仪经诀上》说："弟子受书后，投金环十口，告于十方，为不泄之誓，并十山奉师，放金龙并于清冷之渊，求登仙之信矣。"简单说来，投金龙、金简、玉璧于"清冷之渊"，就是上告天、地、水三官弟子的修仙之信。这一仪式在唐代得到了很大发展。唐代著名道士杜光庭在《太上黄箓斋仪》卷五十五"投龙璧仪"中称："大道以一炁生化三才，陶钧万有，故分三元之曹，以主张罪福，即天、地、水三官，实司于三元也。人之生死寿夭，罪善吉凶，莫不系焉。三箓简文，亦三元之典格也。"①投龙，就是以三箓简文与天、地、水沟通，使龙为信使函致三元，是天人感应的重要手段，因此常用于求雨祈年。《大房山投龙璧记》虽然没有明言祈雨，但重建龙泉大历禅寺碑中说"唐玄宗时天雨不节，民祷，于是莫不征应耳"②。孙承泽的《春明梦余录》记载："孔水洞，在大房山东北，悬崖千尺，石窦如门，深不可测……唐开元岁，每旱，必遣使投金龙玉璧，祷之立应。"③由此可见，这里的投龙主要是因天旱而求雨。

投龙常在洞天福地中。从神话时代起，山岳和洞穴就

---

① 转引自张泽洪：《唐代道教的投龙仪式》，《陕西师范大学学报》（哲学社会科学版）2007年第3期。
② 该碑现立于孔水洞万佛堂关帝庙配殿前。
③ ［明］孙承泽：《春明梦余录》卷六十九"水渠"，第1346页。

被认为是神圣能力的源头之一。魏晋时期,衣冠南渡,道教为了维护天下一统的观念,将全国最重要的山川挑选出来,发展出各种神圣地域通过地下网络相连的系统性地理构想,形成了"洞天福地"系统的雏形。其核心理念是:华夏地脉相通,灵气流动,洞天即其门户,福地为其渊薮,各地虽然语言风俗不同,但受地脉灵气影响,是一个气运贯通的整体。与此同时,每一个洞天都是一座独立的微缩宇宙,拥有自己的太阳、月亮和环境,置身其中,凡俗的时空界限均被超越。[1]这一系统观念大约于魏晋时期开始在道教茅山派系统内兴起。《茅君内传》中宣称,地中有三十六洞天,包括王屋、委羽、西城、西玄、青城、赤城、罗浮、句曲、林屋、括苍、昆仑、蓬莱、瀛洲、方丈等。五岳与诸名山都有洞室,从十里到三十里不等。至唐代,司马承祯和杜光庭将洞天福地系统化,使之成为囊括十大洞天、三十六小洞天、七十二福地,遍及大唐疆域各处的神圣之所。杜光庭在《洞天福地岳渎名山记》中说:"乾坤既辟,清浊肇分,融为江河,结为五岳,或上配星宿,或下藏洞天,皆大圣上真主宰其事,则有灵宫秘府,玉宇金台。"也就是说,山中之洞与山上之天相似,甚至

---

[1] Gil Raz, "Daoist sacred geography", In: John Lagerwey and Lü Pengzhi eds., *Early Chinese Religion Part Two: Period of Division (220—589 AD)*, Volume Two. Brill, 2010. 译文参见白照杰译:《道教神圣地理》,首发于澎湃新闻《思想市场·洞天寻隐》专栏,2021年8月18日。

可以说,"洞"就是"天"的投影,因此"在山界内部,日月星辰使洞天自成一时空世界。它们都依照自己的规模和节奏运行"[①]。洞天之中,仙人高士往来自得,在误入仙境者的眼中看来,就是黄发垂髫怡然自乐的桃花源。它是自成一体的宇宙,是水生万物的源泉,当然也是投龙求雨祈福、与上天沟通的必经之路。杜光庭在《天坛王屋山圣迹序》中说:"国家保安宗社,金箓籍文,设罗天之醮,投金龙玉简于天下名山洞府。"[②]今各处洞天福地中常有投龙金简出土。1982年房山孔水洞水枯,出土了唐代投下的7条金龙,不仅印证了玄宗敕命投龙祈雨之事,也从侧面证明了大房山孔水洞在唐代也属于国家认定的洞天福地系统。

除了孔水洞之外,大石河沿岸的多处洞穴也曾被认为是洞天所在,可作投龙之用。元代初年,全真教扎根北京后,掌教宗师李志常欲于京畿投龙,见《太平寰宇记》中记载房山有神仙洞府,便派道士刘志厚前去寻找。刘志厚不负重托,寻得黄山玉室洞天、仙都山仙君洞与大房山潜真洞三处洞天,为教内众人公推为"三山洞主",而大石

[①] [法]傅飞岚(Franciscus Verellen)著,程薇译:《超越的内在性:道教仪式与宇宙论中的洞天》,《法国汉学》第7辑,中华书局,1997年,第51页。

[②] [清]董诰辑:《全唐文》卷九百三十一"杜光庭三",《天坛王屋山圣迹序》,清嘉庆十九年武英殿刻本。

河畔的房山三洞也成为元代全真教内重要的"三山洞天"。其中，黄山玉室洞天亦称张良洞，仙君洞今名朝阳洞，潜真洞就是举世闻名的石花洞，也是房山世界地质公园内的无双奇观。

从孔水洞到"三山洞天"，西山内大石河一线串联起若干灵气汇聚的小洞天。自百花山之源到琉璃河渡口，古称"圣水"的大石河的确可因此称为"洞天福地"。其灵气从何而来？其山水怎样超越凡俗？其大道何以贯通天地？西山乃古燕之地，先秦时期便有方士活动的道炁氤氲，它的矿产、草木、溶洞，无一不为神仙信仰提供了物质基础与观念素材。险峻崎岖的山中环境，又成为无数隐居者得以避难乱世的"桃花源"。从今天的眼光来看，以孔水洞、张良洞为代表的各处"洞天"，本质上是有泉水的隐秘之处，是相对与世隔绝但能长期生活的空间，是人类以神圣名义为自己留下的避难所。从燕齐方士、唐代帝王到全真道士，历代进山寻仙访道的人们，不仅为这片充满地质奇观与生物多样性的土地注入了超越性的文化品格，同时也借神仙之名，为今天留下了自然与文化的宝贵遗产。

仙境：燕齐方士的神仙洞府

燕齐地区是道教信仰的发源地，北京西山一带也位于早期神仙信仰的核心流传区域内。20世纪30年代，陈寅恪先生发表《天师道与滨海地域之关系》一文，指出秦始皇、汉武帝时方士迂怪之论，皆出于燕、齐之域，盖滨海之地应早有海上交通，受外来影响而多神仙之说。尤其是靠海的山东琅琊等地，是早期天师道创教与传道的核心。①

先秦时期，燕地受齐国影响很大。二者同属东方滨海地区，齐国不仅多次发兵助燕国击退犬戎，而且双方的文化交流非常密切，如齐国的晏子在燕国养蚕缫丝，齐人邹衍在燕地吹律生谷，都从侧面反映出齐国文化对燕地的影响。海上仙山与神仙观念以琅琊为中心，直接影响到燕国一带，也是顺理成章的事情。《史记·封禅书》中说："而宋毋忌、正伯侨、充尚、羡门高最后皆燕人，为方仙道，形解销化，依于鬼神之事。驺衍以阴阳主运显于诸侯，而燕齐海上之方士传其术不能通，然则怪迂阿谀苟合之徒自此兴，不可胜数也。"②这里提到的宋毋忌、正伯侨、充尚、羡门高，都是燕地神仙。根据《史记索隐》引乐彦转引老子《道德经》的说法，宋毋忌乃月中仙人，《白泽图》中的云火之精名叫宋毋忌，则宋毋忌即火仙。后世祭祀宋毋忌的很多，常称宋大宪庙，俗名火星堂。正伯侨，据《史记索隐》亦为古仙人。司马相如《大人赋》中说正伯侨为大人在天上遨游时的差役，说的可能正是这位仙人。充尚

---

① 陈寅恪：《金明馆丛稿初编》，译林出版社，2020年，第18—58页。
② ［汉］司马迁撰，［刘宋］裴骃集解，［唐］司马贞索隐、张守节正义《史记》卷二十八"封禅书"，清乾隆四年武英殿校刻本。

无所考。羡门高便是秦始皇使卢生入海求仙的仙人羡门子高。此外,春秋战国时期燕地著名的仙人还有琴高。《列仙传》中说,琴高善鼓琴,曾为宋康王舍人,为涓子、彭祖之术的传人,二百余年间一直游于冀州、涿郡之间。一日,他入涿水中取龙子,与弟子约好了出水之日。到了约定之日,弟子们都沐浴斋戒,在河边设祠屋。果然琴高乘赤鲤跃水而出,来祠中端坐,上万人都目睹了这一幕。琴高受众人参拜一月有余,再跃入水中而去。《神仙传》中说他虽然仙去,然祠祀流传,仙人经常乘坐赤鲤来享。这座琴高祠在廊坊霸州胜芳镇石沟村,位于永定河南支流流域内。乾隆帝曾亲题《琴高池》诗一首:"古迹是谁徵,菁池乍泮冰。浮波见赤鲤,想像个人乘。涓彭术已就,汗漫游燕赵。至今风浪声,犹作水仙操。"①琴高的神仙风姿一直在永定河上影绰荡漾。

在燕昭王的宫廷中,仙人信徒有很大的影响力。《资治通鉴》中记载:"燕人宋毋忌、羡门子高之徒称有仙道、形解销化之术,燕、齐迂怪之事皆争传习之。自齐威王、宣王、燕昭王皆信其言,使人入海求蓬莱、方丈、瀛洲。"②这应该确有其事,因为在《韩非子》中已经提及

---

① 转引自[清]于敏中等:《日下旧闻考》卷一百二十八"京畿·涿州二",第2067页。
② 《资治通鉴》卷七"秦始皇下",民国八年上海商务印书馆四部丛刊景宋刻本。

"客有教燕王为不死之道者，王使人学之"①，即燕王受神仙之说影响很大，在当时是尽人皆知的事实。除了派人入海求仙外，在世人的想象中，燕昭王的宫殿就是一座地上的神仙洞府。《仙传拾遗》中记载，仙人甘需以臣卜之道侍奉燕昭王，给他讲述昆仑台登真之事，让他去嗜欲、撤声色，无思无为，如此方能成仙。燕昭王如此修行了一段时间后，果然西王母降临燕国，与燕昭王同游于燧林之下，四周点燃绿桂膏以照夜。这天晚上，成群的飞蛾口衔火焰，聚集在燕王宫殿之中。从此之后，西王母三次降临燕宫，设宴饮馔，非人世所有。后因燕昭王不能遵守澄静大道，西王母不再复至，甘需亦升天而去。33年后，燕昭王无疾而殂，形骨柔软，香气盈庭。②由于西王母的降临，燕昭王的宫殿也成为人间仙境。《拾遗记》中说："（燕昭）王坐通云之台，亦曰通霞台，以龙膏为灯，光耀百里。烟色丹紫，国人望之，咸言瑞光。"燕昭王以照石为泥，遍施通霞台上，使之璀璨如镜光。西王母常与燕昭王游此台上，故此处常有鸾凤鼓舞，鸣声如琴瑟和鸣，神光照耀如日月之出。通霞台左右种恒春之树，叶如莲花，芬芳如桂

---

① 《韩非子》卷十一"外储说左上第三十二"，清嘉庆二十三年影宋干道元年黄三八郎刻本。
② ［五代］杜光庭：《仙传拾遗》，载《旧小说（三）·唐五代》八·乙集六·唐，商务印书馆，1914年，第15页。

花，随四时而改变颜色。①现代考古学认为，战国时期，燕国三都并存，北有燕上都蓟城，其址很可能在白云观以西的高地；中有燕中都，即今良乡窦店古城遗址所在地；南有燕下都武阳城，位于今易县南3公里处的高陌乡。②无论迎来西王母的燕昭王宫殿是三都中的哪一座，其位置都在西山永定河文化带范围内或距其不远。

秦统一六国后，曾经活跃于燕地的那些神仙方士继续在始皇帝身边发挥影响，其中最有名的就是方士卢生。始皇三十二年（前215），燕人卢生奉命访仙人羡门、高誓。卢生从海上回来后，并没有找到长生不死之药，但奏称在海上仙山中发现了图书，上书"亡秦者胡也"。因为此言，秦始皇派大将蒙恬发兵三十万北击匈奴。始皇三十五年（前212），卢生游说秦始皇说："臣等求芝奇药仙者常弗遇，类物有害之者。方中，人主时为微行以辟恶鬼，恶鬼辟，真人至。人主所居而人臣知之，则害于神。真人者，入水不濡，入火不爇，陵云气，与天地久长。今上治天下，未能恬惔。愿上所居宫毋令人知，然后不死之药殆可得也。"秦始皇听信了他的话，从此自称"真人"而不称"朕"。为了遇到真人，得到长生不死之药，他下令将

---

① [晋]王嘉：《拾遗记》卷十"方丈山"条，明万历二十年新安程氏刻汉魏丛书本。
② 王继红：《北京考古史·东周卷》，上海古籍出版社，2012年，第18—29页。

咸阳附近二百里以内的二百七十座宫殿都用复道和甬道连接起来，用帷帐、钟鼓、美人充实其中，各自按照登记的位置居处，不得擅自移动。皇帝所到之处，如果有人向外说出地点，就会论罪处死。然而深得秦始皇信任的卢生认为秦始皇生性残暴，于是与侯生等人商量一同逃离咸阳。秦始皇大怒，迁怒于儒生，是为焚书坑儒之始。①据《封禅书》中说，秦始皇东游海上，行礼祠名山大川及八神，就是为了寻找羡门子高等仙人的踪迹。②

同样追求长生的汉武帝，极大地促进了燕齐方士势力的扩大，最终导致了东汉末年太平道与天师道的兴起。汉武帝曾先后11次巡游燕齐海滨地带，李少君、公孙卿等燕齐方士先后见重于君王，风头无人能及。《史记·封禅书》中说汉武帝"求蓬莱安期生莫能得，而海上燕齐怪迂之方士多更来言神事矣"。这些方士不仅在朝廷中得到重用，也负责管理燕齐之地的大量祠庙。以这些祠庙为中心，符水治病、长生不死、与神仙沟通等观念与实践吸引了无数地方民众，早期道教就从中产生发展起来。《汉书》中记载，"元鼎、元封之际，燕齐之间方士瞋目扼腕，言有神仙祭祀致福之术者以万数。其后，平等皆以术穷诈得，诛夷伏辜。至初元中，有天渊玉女、巨鹿神人、辕阳侯师张

---

① 《史记》卷六"秦始皇本纪"。
② 《史记》卷二十八"封禅书"。

宗之奸，纷纷复起"①。汉成帝继位后，曾一度按阴阳五行说审查郊祀之制，将原来祠宇内侍神的70多名方士免职。可以设想，这些方士大多回到了他们的故乡，燕齐之地的方术活动不会就此禁绝，反而会更加蓬勃发展。到了西汉末年，哀帝寝疾，于是广征方术之士，从京师到诸县皆有侍祠使者，更"尽复前世所常兴诸神祠官，凡七百余所，一岁三万七千祠云"。王莽掌权末年，"自天地六宗以下至诸小鬼神，凡千七百所，用三牲鸟兽三千余种。后不能备，乃以鸡当鹜雁，犬当麋鹿"，王莽甚至还多次下诏自称神仙。②正是在这样普遍崇祀鬼神的风气下，以西山为中心的北京一带出现了以太平道为号召的黑山军骁骑，甚至包括范阳卢氏、上谷寇氏在内的高门大族也都是天师道的信徒乃至教主。

东汉末年，曾出现过"巨鹿仙人"的山东巨鹿郡，以张角、张宝、张梁三兄弟创建的"太平道"为组织基础，爆发了黄巾军起义。随后，在中平二年（185），真定人褚飞燕聚众万人起兵，与博陵张牛角合兵一处，反抗汉朝统治。张牛角战死后，褚飞燕改名张燕，联合中山、赵郡、上党、河内等处起义军，号称黑山军。张燕领导下的黑山军，先向南推进到河内地区，随后向北发展至幽州西

---

① 《汉书》卷二十五"郊祀志"，清乾隆四年武英殿校刻本。
② 《汉书》卷二十五"郊祀志"，清乾隆四年武英殿校刻本。

南的西山一带。据守幽州的公孙瓒在受到袁绍攻击时,曾向西山中的黑山军求救。张燕于是率领黑山军北上,但未至蓟北而公孙瓒已亡。无论如何,幽州西南、太行山东麓的西山一带是黑山军主要活动的范围。建安九年(204)曹操向冀州推进时,拜张燕为平北将军,封安国亭侯,就是看重黑山军对幽蓟西山地区的控制能力。黑山军与黄巾军同气连枝、东西呼应,都是"太平道"号召下兴起的地方武装。[①]据陈寅恪先生考证,张燕的曾孙张林,曾助赵王伦为乱。赵王伦之谋主为孙秀、大将为张林,二人都是天师道的信徒。也就是说,曾在西山一带活动的黑山军领袖家族,很可能一直保持和延续了其家族信仰,甚至影响了改变西晋历史命运的八王之乱。

魏晋时期天师道兴起,北京地区许多重要家族都成为其信徒。在《天师道与滨海地域之关系》一文中,陈寅恪着重论证了汉晋时期的高门贵族范阳卢氏的信仰。《晋书·卢循传》记载,卢循是司空从事中郎卢谌的曾孙,娶了孙恩的妹妹。孙恩作乱时,与卢循同谋。孙恩在《晋书》内同样有传,他是赵王伦之谋主孙秀的后裔,家族世代信奉五斗米道。孙恩的叔父孙泰传秘术,"诳诱百姓,愚者敬之如神,皆竭财产,进子女,以求福庆"。天下兵

---

① 高敏:《汉末黑山军的活动地区和名称由来》,载《秦汉史论集》,中州书画社出版,1982年,第330—343页。

起后,孙泰以为晋祚将尽,于是聚集徒众,"三吴士庶多从之",是非常有影响力的民间宗教领袖。孙泰死后,其徒众仍然相信他只是蝉蜕登仙,于是孙恩聚集其残余党羽百多人,以海滨和海岛为基地,以"长生人"为组织名称起兵。陈寅恪认为:"疑卢氏亦五斗米世家。否则南朝士族婚嫁最重门第,以范阳卢氏之奕世高华,而连姻于妖寒之孙氏,其理殊不可解也。"①

魏晋时期更有名的道士是北方道教领袖寇谦之,他自称是寇恂之的后裔,籍贯上谷郡昌平县,即今北京昌平人。陈寅恪先生"颇疑寇氏一族原从汉中徙至冯翊,以其为豪宗大族,故有被徙之资格,以其为米贼余党,故其家世守天师道之信仰"②,即认为寇氏原本是汉中五斗米道之信徒,在曹魏时被迁徙于关中。无论如何,经寇谦之改革之后的天师道成为北魏国教,魏都平城(今山西大同)大量修建法坛道场、行天师道法,"给道士百二十人衣食,齐肃祈请,六时礼拜,月设厨会数千人"③,规模巨大。与大同相邻的西山地区当然也会受到影响。从卢氏与寇氏二族世代信奉五斗米道的情形推断,魏晋时期西山地区仍有非常浓厚的神仙氛围,世家大族为其翘楚扛鼎,普通民众

---

① 陈寅恪:《金明馆丛稿初编》,译林出版社,2020年,第28—29页。
② 陈寅恪:《崔浩与寇谦之》,载《金明馆丛稿初编》,译林出版社,2020年,第133页。
③ 《魏书》卷一百一十四志第二十"释老十",清乾隆四年武英殿刻本。

的信仰实践亦是可想而知。

还必须要指出的是，当代知识分子囿于西方的"宗教"概念，习惯于在佛教与道教之间做出明确区分，似乎二者之间泾渭分明、水火不容，一旦认定山中修道与洞天福地属于所谓"道教"系统，则总是要勉力将"佛教"排除在外。但事实上，用这套观念去理解中国古代的观念行为，即使不能说全错，至少也是离题甚远。正如汤用彤先生在《汉魏两晋南北朝佛教史》中明确指出的："《庄子·天下篇》举儒墨阴阳名法诸学，总名之为道术。汉初司马谈《论六家要旨》，以黄老之清净无为曰道家。《汉书·艺文志》从之。然《史记·封禅书》已称方士为方仙道。汉末乃有太平道。而东汉王充《论衡·道虚篇》，以辟谷养气神仙不死之术为道家。此皆后世天师道教之始基。而当时渐行流布之佛教，亦附于此种道术。《牟子》称释教曰'佛道'。《四十二章》自称佛教为释道，为道法。而学佛则曰为道，行道，学道。盖汉代佛教道家本可相通，而时人则亦往往并为一谈也。"[1] 佛教与道家并为一谈的习惯直至隋唐时期仍是如此，《新唐书·李德裕传》中说："帝方惑佛老，祷福祈年，浮屠方士，出入禁中。"[2] 佛老并称，并不确切区分谁是僧人、何为道士。太平道与

---

[1] 汤用彤：《汉魏两晋南北朝佛教史》，武汉大学出版社，2008年，第59页。
[2] 《新唐书》卷一百八十列传"李德裕传"，清乾隆四年武英殿刻本。

五斗米道固然是燕齐之地的本土信仰，但确如陈寅恪早就敏锐指出的，此种信仰发源于滨海地区，很可能是受到海上外来思想的影响。一般认为佛教自汉代传入中国，但僧人踏访洞天名山、入山修行、顶礼神圣的宗教行为与方士亦无根本差别。我们随后将会看到，为山川赋予神圣意味、通过进山以与天地沟通的行为，并非道教方士独有，山中行道的佛教僧人同样是不断寻找、辨认并祝圣于洞天福地的重要力量。

避乱：轻舠不可入，岂有避秦人

"石窦水拖练，灵源地绝尘。浪传飞白鼠，无处隐赪鳞。入夏桃花尽，经春荇叶新。轻舠不可入，岂有避秦人。"这是明代诗人顿锐《鸥汀集》中一首吟咏房山孔水洞的诗。和前文李濂的《房山诗》一样，诗人们都把房山视为神仙居处、避世仙境。从某种意义上说，这并非只是文学想象。在战火灾祸延绵纷扰的时代中，顺大石河、清水河逆流而上，直至传说中有神仙居住的群山深处，的确是一代又一代隐居避世者的首选。

西山永定河文化带内很早就有仙人隐居山中的传说，最有名的大约是秦时仙人王次仲。《水经注》中记载，上谷郡人王次仲，少时已有异志。年及弱冠时，改变仓颉旧文，创造了今文隶书。及至秦始皇时，政务繁多，于是以王次仲创造的隶书变异文字，因其更简便而便于书写。秦始皇听说此事后，三次征召王次仲入京，然而王次仲潜心修行，履真怀道，只愿穷数术之美，并不愿意出山。秦始皇大怒，命令军队以槛车押送他入京。车驾刚刚起步，王次仲便化为大鸟，冲出车外，翻飞而去。飞走时，大鸟落下三根翎毛于山间，故此山峰峦叠翠，有大翮、小翮之名。《水经注》还引《魏土地记》中说，大翮、小翮山上有神，名大翮神，其东有温泉。大翮峰上有庙，祭祀王次仲，左右均有温泉，可疗万病。①关于王次仲的神仙事迹在魏晋时期广为流传。《述异记》中说，王次仲小时候上学，家离学校最远却总是第一个到学校。老师非常奇怪，以为他晚上没有回家，于是让人晚上在他家守着，结果发现他晚上的确从学校回家了。同门经常看见王次仲捉住一根长三尺余的小木棍，到家后就放在屋里。同学们想一起把这根小木棍偷走，却怎么也找不到。②他居住并成仙的大翮山、小翮山今称大海陀、小海陀，位于延庆区西北，是北京周边自然生态保护最完整的区域，也是大海陀国家级自然保护区和松山国家级自然保护区所在地。这里山高林密，自然生态完整，不愧是两千年来灵气呵护保育的地方。

东汉末年，中原地区连年战乱，峰峦叠嶂中的西山地

---

① 《水经注》卷十三"瀑水"，明嘉靖十三年黄省曾刻本。
② [梁]任昉：《述异记》卷下，明万历二十年新安程氏刻汉魏丛书本。

区反而成了乱世中可以避祸的桃花源。《后汉书·刘虞传》载，东汉末年董卓作乱时，幽州牧刘虞务存宽政，劝督农桑，开上谷胡市之利，通渔阳盐铁之饶，一时之间大量河北、山东难民拥入幽州，"青、徐士庶避黄巾之难，归虞者百余万口"[1]。再如西晋八王之乱时，晋冠军参军河南阳翟人褚翜"知内难方作，乃弃官避地幽州"[2]。永嘉之乱后，晋室南渡，中原地区士庶除避地东南、举族南迁外，还有一部分北投幽州。东莱掖县人刘胤，"会天下大乱，携母欲避地辽东，路经幽州，刺史王浚留胤，表为渤海太守。浚败，转依冀州刺史邵续"[3]。曾任西晋昌黎太守的游邃、逄羡、宋夷和名士黄泓等，都曾避居蓟城。渤海人高瞻率族避乱幽州的事迹最具代表性。高瞻，字子前，渤海蓨（今河北景县东）人。光熙年间，调补尚书郎。永嘉之乱时返回乡里，与父老商议曰："如今皇纲不振，兵革云扰。渤海郡千里沃壤，只有河海作为屏固倚仗。一旦兵火四起，必为寇贼所侵扰占据，非良民图安之地。只有幽蓟之地，雄踞燕、代之险，兵强马壮，是乱世之中可以安身立命之处。"众人都同意他的意见，于是高瞻"与叔父（高）

---

[1] 《后汉书》卷一百零三"刘虞公孙瓒陶谦传"，清乾隆四年武英殿校刻本。
[2] 《晋书》卷七十七列传第四十七"褚翜传"，清乾隆四年武英殿校刻本。
[3] 《晋书》卷八十一列传第五十一"刘胤传"，清乾隆四年武英殿校刻本。

隐率数千家北徙幽州"①。

举族迁徙幽州，凭山险以避兵祸，类似的场景在中国历史上一再出现。辽代以后的西山寺庙石碑中很多记载了流民依止寺庙形成村落的历史，下一章中还将详细说明。一次次的避祸深山，不仅促进了山区开发，也在西山中留下无数印记。仰山下桃源村，《帝京景物略》记载："崖壁无有断处，是名仰山岭。绕岭数十，入桃源村，山多岩洞，昔人避兵岩洞中。"②史家营村山上有古庵基，《宛署杂记》记载："庵后石塘，阔约数丈，水深不测，中有一石，形空如臼，相传古仙栖隐之所。臼尝产米，视僧多少，日取不竭。"③百花山旁泥窝村瑞云寺，据传是避世佛修道之处。避世之人无粮，便用小耳锅煮石代替。④燕家台有张仙避世的张仙洞，王平口有张良隐居的张良洞。我们有理由相信，如此多仙人避世隐居的故事流传在京西山水中，正是这一地区长期以来浓厚的神仙信仰与上千年间人们不断避难山间的现实相互融合的结果。

"山中何所有，岭上多白云。只可自怡悦，不堪持赠君。"南朝时著名的"山中宰相"、著名道士陶弘景在回答

---

① 《晋书》卷一百零八载记第八"慕容虺裴凝高瞻"，清乾隆四年武英殿校刻本。
② ［明］刘侗、于奕正：《帝京景物略》，上海古籍出版社，2001年，第463页。
③ ［明］沈榜：《宛署杂记》，北京出版社，1961年，第32页。
④ ［明］沈榜：《宛署杂记》，北京出版社，1961年，第32页。

齐高帝萧道成诏书时，以此诗来回答"山中何所有"之问。在葛洪、陶弘景这些上清派道士在江南山中畅享世外仙境的同时，北方的山中生活也同样伴随着入山者的增多而日趋丰富。探洞采药、思索天道、探索天地，南北隐居者入山后大多秉持同样的目的，也有相当类似的行为。但也许与北方气候寒冷、生存不易有关，京西山水中的隐居者更少"自怡悦"的痕迹，而更多聚族而居、聚众成邑的情形。最重要的区别是，西山的隐者常常有更强烈的末世感和更急切的使命感，他们似乎很难像江南文人般悠游畅意于山水间，而总希望在世界将尽之前，在这尘世难及的边缘，将文明的火种保存下来。白驹过隙，沧海桑田，山水不是尘世之外不可与人分享的诗意心境，而是超越时空遗赠后世的永恒见证。我们看到，京西的"洞天福地"中似乎更少道士为自己营建的世外仙宫，反而有更多人类共享文明的层垒印记。它们以石头的形态长存山间，岿然不动如泰山。

修道之人入山修仙，首先当然是寻药炼丹。渔阳仙人凤纲大概是采药炼丹最为成功的一位。葛洪《神仙传》中载："凤纲者，渔阳人也。常采百草花以水渍泥封之，自正月始，尽九月末止，埋之百日，煎丸之。卒死者以此药纳口中，皆立生。纲长服此药，得寿数百岁不老。后入地肺山中仙去。"[1]这一"百草花方"对后世道医的影响很大。

---

[1] ［晋］葛洪：《神仙传》卷一，清文渊阁四库全书本。

南北朝或隋唐时期成书的《神仙九丹经》中所说的"真人神水法",即需要用仙人凤纲之法合药。《本草纲目》中也收录了凤纲的"百草花方",称其"主治百病,长生神仙"。甚至清代冯兆张在医书《冯氏锦囊秘录》中还专门解释了"百草花方"的药理:"百草花,当取群草中之芳烈者,大都百花都在春时,春者,天地发生万物之气也。花者,华也,因得天地发生之和气,抽其精华而为花,故主百病长生,神仙亦煮花汁酿酒服。昔者采百花水渍泥封埋之,百日煎为丸,卒死者纳口中即活,其功可验矣。"①可以说,自魏晋至清末的上千年时间中,文人医士始终相信,曾经生活于北京山区中的仙人凤纲,以百花入药,选择从正月到九月次第开放的各种鲜花,经百日炮制而成的百草花丹药,有活死人、得长生的奇效。

北京山区中之所以能出现这样一位炼药仙人,首先是因为这里的确出产各种各样的上等药材。葛洪《抱朴子·内篇》中说,最上乘的成仙服食之物是人工炼制的"金丹大药"。在"仙药"篇中,他记录了上、中、下各种仙药。上药令人身安命延,升天神,遨游上下,使役万灵,体生毛羽,行厨立至。这些上药包括五芝及饵丹砂、玉札、曾青、雄黄、雌黄、云母、太乙禹余粮,各可单服

---

① 转引自谢青云:《渔阳仙人凤纲的百草花》,《北京宗教研究(第三辑)》,宗教文化出版社,2019年,第185—188页。

之，皆令人飞行长生。他又说："仙药之上者丹砂，次则黄金，次则白银，次则诸芝，次则五玉，次则云母，次则明珠，次则雄黄，次则太乙禹余粮，次则石中黄子，次则石桂，次则石英，次则石脑，次则石硫黄，……"①总的来说，珍贵的矿物等级尚在草木之上。而无论是矿物还是草木，西山中大多都有出产。尤其是凤纲善于采摘的合药百花，更是历来为人所称道。如果把眼光投向整片西山，我们会发现山中几乎处处产药草，峰峰出仙花。仅以《宛署杂记》中所记山川物产为例："香峪山，在县西北九十里玉河香峪村。相传先年所产草木多异香。""裂缝坨，在县西九十里王平口。环绕八十里，所产野蔬、山花、药材，多不可名。""百花山，在县西二百六十余里。上多花卉，如笔管、黄花之类。""桃花峪，在县西四十里界翠峰岭间，因多花卉故名。""百草坡，在县西五十里吕村，多产异草。"②

既盛产仙药，则必有采药人。既然仙药乃神仙所服食，那么采药人自然也就沾了神仙的灵气。在以道教为国教的唐代，幽州采药人被世人视为神仙化身。唐人陆长源的《辨疑志》中就记载了这样一个假称成仙掩盖罪行的事件。

---

① ［晋］葛洪：《抱朴子·内篇》卷十一"仙药"，四部丛刊景明本。
② ［明］沈榜：《宛署杂记》卷四"山川"，北京古籍出版社，1980年，第27—29页。

唐幽州有石姓老者，以卖药为生，年至八十岁时，忽然腹部变大，十余日不能吃饭，只能勉强喝水。一日其子号泣，叫来四邻，称其父化作白鹤成仙而去。幽州节度使李怀仙及兵马使朱希采①验，邑人四邻都说卖药的石老化为白鹤，翔薨云间。于是节度使李怀仙赏赐石老家人米一百石、绢一百匹，远近传颂，甚至太清宫道士著《续仙传》，也记录了石老成仙的故事。但后来事情败露，人们才知道原来是石老之子将其父沉于桑乾河中，串通邻人妄指云中白鹤是父。李怀仙大怒，杖杀其子，果然于桑乾河中捞出石老尸体。②

可以想象，这位卖药人石老一定住在永定河畔，因此才有尸沉于河的一幕。而一定是因为乡里邑中素有卖药人遇仙的观念，石老之子的谎言才能如此迅速地瞒天过海。虽然此事最终被证明是一场惨剧，但唐代幽州对于山中仙药的信仰由此亦可见一斑。

隐居：残杯冷炙有德色，不如著书黄叶村

严耕望先生的名作《唐人读书山林寺院之风》指出，盛唐时期，士子读书山林寺院，论学会友，蔚为风尚，诸多宰相大臣和朝野名士都出其中。严耕望发现，唐代山林

---

① 原文为朱希来，按《旧唐书》有"朱希彩传"，今据改朱希采。
② ［唐］陆长源：《辨疑志》"十三　石老"，转引自《说郛》第六册卷三十四，中国书店，1986年，第20页。

寺院中聚集了大量苦读寒士，山中不仅有书籍、有名师，甚至还有优良的读书条件，方才可以出现这种盛极一时的现象。山林寺院何以能积累起如此可观的书籍与书院基础呢？汉末以后永定河西山间出现的几处隐居书院也许能给我们以更多启示。

房山五侯村，在夹括河西、上方山脚下，据说是北平侯王谭的儿子王兴避世之处。王谭不从王莽之政，其儿子王兴于是避居山中。王兴生五子，他们所居住的旧居就被称为五大夫城。刘秀即位后，将王兴五子封为五侯，即所谓"中山五王"。《水经注》中说："此处二城，并广一里许，俱在冈阜之上，上斜而下方。"[①]到北魏时期，五大夫城毁弃，有一位僧人据其基建五侯寺，以诵法华为常业。《法苑珠林》中记载，这位僧人去世后曾经葬于堤下，后来改葬时，发现"骸骨并枯，惟舌不坏"[②]。这当然是故作神奇之语，以宣扬佛法之妙，然而亦可见东汉之高门大户与名僧佛寺之间的继承关系。毫无疑问，正是世家大族避世山中、营城而居的行为，极大地促进了当地文化传播与发展，这才为山林佛寺成为文化中心奠定了基础。

同样在上方山脚下，天开村畔的小山丘，名六聘山，世传即西晋教育家霍原的隐居处。霍原，西晋时广阳（今

---

① 《水经注》卷十一"易水"。
② ［唐］道世：《法苑珠林》卷二十六"敬法篇第七之余"，民国八年上海商务印书馆四部丛刊景明万历刻本。

北京房山）人，少时便有志力。其叔父坐法当死，霍原代其入狱，备受鞭笞荼毒，最终使叔父得以免罪。十八岁时，霍原观大学行礼，于是留下学习，在贵族子弟和同郡名流中获得盛名。后来霍原回乡隐居，就在上方山下收徒教习，常居山中，门徒数百人，人称"冀北夫子"。燕王每月以羊酒相赠。到元康年间，同郡刘沈为燕国大中正，推荐霍原为二品，范阳张氏的中书监张华亦同样力荐他为上品。到元康末年，霍原与王褒等人都以贤良而被征召。诏书数次下到州郡，霍原都不应诏。建兴元年（313），幽州都督王浚妄图称帝，以尊号事问之。霍原不答，王浚于是怀恨在心。不久后，辽东因徒300余人在西山中依山为贼，意欲强迫霍原加入为主事。王浚趁此诬说霍原与群盗串通谋反，杀而枭首示众。霍原的学生悲恸不已，趁夜窃尸埋葬，同郡人乃大悲。[1]北魏时期，范阳卢氏的卢道江任燕郡太守，甫上任便修葺乐毅、霍原之墓，并为之立祠。[2]《魏书》《舆地名胜志》等书记载，霍原的祠、墓到元代尚有遗迹可寻。到金元时期，六聘山已成天开寺，与孤山、上方山兜率寺同气连枝。

走到上方山下，站在夹括河边，我们会很快明白这片土地吸引魏晋隐士的原因。汉代燕地广阳城位于今房山区

---

[1] 《晋书》卷九十四"隐逸·霍原传"，清乾隆四年武英殿校刻本。
[2] 《魏书》卷四十列传第二十八"陆俟传"，清乾隆四年武英殿校刻本。

长阳镇，东傍永定河，南有琉璃河，向西便是众水出西山后汇聚而成的湿地平原。平原固然多水而易达，但对古人而言同时也意味着洪灾泛滥而无有依凭。而如果沿着夹括河逆流而上，在上方山脚下的浅山丘陵地带中，既有河流提供水源，又有丘陵作为相对高爽的居住环境，小盆地式的地形还提供了相对与世隔绝的环境与可供耕作的谷底平原。王兴与霍原都选择在这一地区隐居、讲学、避世，并非没有道理。天下纷乱之际，避居山林的僧人们同样选择从这里开始营寺构庙，也与这些丘陵谷地得天独厚的环境有关。可以说，无论是静琬选择胡良河上游的云居寺刻经藏石，还是大石河上游沿岸成为道士投龙的理想洞天，都与这种宜居宜隐的山谷环境有关。

唐宋以后，随着山林读书之风的兴起，隐居山间著书立说成为中国传统文人的出尘梦。北京既是人文渊薮，又是万丈红尘，每当俗世纷扰令人不堪重负时，读惯了五柳先生的文人学子便总是向往西山中的林泉高致。隐居斋堂村的熊自得如此，著书黄叶村的曹雪芹也是如此。

熊自得，元人，曾担任大都路儒学提举、翰林国史院崇文监丞。晚年，他随道士张仲举到斋堂川隐居，自号松云道人，在那里完成了《析津志》与《燕京志》。《渌水亭杂识》[1]中辑录了欧阳元功与张仲举为熊自得写的诗。从这

---

[1] ［清］纳兰容若：《渌水亭杂识》卷一，进步书局，出版年不详，第3页。

些诗文中可以看出，当时的斋堂仅有羊肠小道通向山外，顺永定河支流清水河穿过层峦叠嶂，越过高耸入云的扼塞关隘，突然在山间谷底出现一片"衍沃同川原"，这就是斋堂川。这里土产虽少，但人烟并不稀疏，有良田、美池、桑竹之属，阡陌交通，鸡犬相闻，尤其是"园蔬地美夏不燥，煤炭价贱冬常温"。丰富的煤炭资源使得桃源深处也并不那么苦寒寂寞。熊自得在斋堂的生活大约是清苦的，他以卖药为生，但即使如此也常为穷人问诊施药。到晚年后，熊自得"吟诗作画百不理，一家笑语常春温"，子孙绕膝，誊书抄写。正是在这里，熊自得完成了北京历史上第一部地方志《析津志》，其中对北京的沿革、四至、属县以及城垣街市、朝堂公廨、河闸桥梁、名胜古迹、人物名宦、山川风物、物产矿藏、岁时风尚、百官学校等都有翔实的记载，至今仍是研究金元北京不可或缺的宝贵资料。

斋堂川盛产画眉石，《燕山丛录》说："宛平西斋堂村产石，黑色而性不坚，磨之如墨。金时宫人多以画眉，名曰眉石，亦曰黛石。"[1]熊自得在《析津志》中亦有记载。数百年之后，另一位隐居西山的文士曹雪芹将这一物产写进了自己的《红楼梦》中。那日宝黛初见，宝玉问黛玉可有字，黛玉回答并无。宝玉于是笑着说："《古今人物通

---

[1] 转引自［清］于敏中等：《日下旧闻考》卷一百五十"物产"。

考》上说，西方有石名黛，可代画眉之墨。况这妹妹眉尖若蹙，取这个字岂不美？""黛玉"二字即由这斋堂村中的画眉石幻化而来。曹雪芹对西山名物如此信手拈来，想来亦是对这片山水寄情甚深。在辞去官学教职后，他隐居西山之中，贫困日甚，乃至"满径蓬蒿老不华，举家食粥酒常赊"①。然而即使如此，他的隐居之志仍然笃深，正如好友敦诚《寄怀曹雪芹》中所说："劝君莫弹食客铗，劝君莫叩富儿门。残杯冷炙有德色，不如著书黄叶村。"据说，在西山隐居期间，曹雪芹"悯废疾无告之穷民，不忍坐视转乎沟壑之中，谋之以技艺自养之道"，于是编写《南鹞北鸢考工志》一书，帮助穷人谋求生计。②

从霍原到曹雪芹，西山中的隐士柔软、敏感又深沉。即使红尘繁华万紫千红，在他们眼中都无异于"千红一哭、万艳同悲"，更何况这人世间无尽的悲苦，即使躲入林泉山水之中，却怎能视而不见、充耳不闻？这山川间白云苍狗，如众生性命般幻灭无定，又怎可"坐观自怡悦，不愿持赠君？"

见天地，见众生

东汉至南北朝时期，经过长时间的温暖期后，北京地

---

① 敦诚：《赠曹雪芹》。
② ［清］曹雪芹：《南鹞北鸢考工志》董邦达序。

区进入了气候急剧变化的时期，即近5000年来气候变迁中的第二寒冷期。其间，天旱与雨雹频繁来临，冰冻与干旱轮番侵袭。晋成帝咸康二年（336）冬，渤海湾至此连续三年冰冻，前燕军队得以自昌黎践冰而行，直袭浦口（今辽宁营口）。冬季冰冻，而夏季则是大旱。东汉末年，公孙瓒据幽州，旱蝗谷贵，人皆相食。晋武帝泰康六年（285）二月，幽州大旱，6年后又再次大旱，赤地千里、饿殍遍野。长期干燥而寒冷的气候形成了每年春秋两季的沙尘暴。北魏宣武帝景明元年（500）二月癸巳，幽州暴风，死161人。后年九月丙辰又大风，暴风昏雾，树倒屋塌。[1]植被难以生长，北方铁蹄南下，人间惨状可以想象。

千里白地人相食，何处可安身？在这段寒冷残酷的时期内，佛教僧人更遇末法劫难。北魏太武帝太平真君六年（445），"诏诛长安沙门，焚破佛像，敕留台下四方，令一依长安行事"，史称"魏武之厄"。灭佛过程中，四方沙门多亡匿，佛寺庙宇毁坏殆尽。到北周时期，"法难"又起，武帝建德年间下令灭佛，毁佛像、焚经卷，勒令佛寺充作王公宅邸，百万僧徒全部还俗。僧人们如果不听从命令，便只能四处流亡避难。在幽州西南圣水（大石河）与涿水（胡良河）上游，进山的僧人们四处寻找避难所，为千年间西山内的各处洞天福地埋下了伏笔。孔水洞内刻经雕像、

---

[1] 于德源：《北京农业经济史》，京华出版社，1998年，第15—16页。

白带山上石室藏经,都是僧人们寻找避难所以保存佛法经卷所留下的遗迹。他们在石穴内刻经传法,不仅将山中洞穴变成可纳宇宙法音的"别有天地",最终也的确通过不懈的努力,让山洞石室成为文明遗产的"洞天福地"。

北魏时,郦道元听房山当地耆老传言,最早发现孔水洞的人是沙门释惠弥。释惠弥"好精物隐",持籥火入孔水洞中探寻,发现傍水入穴后三里有余,穴分为二,其中一洞较小,向西北方向而去,不知通向何方。另一洞朝向西南方向,释惠弥入洞后走了五六日才出来,还没走到洞的尽头。[①]《水经注》成书于北魏年间,释惠弥至少是此前的人。此时孔水洞还没有刻经、求雨或建造佛堂之事,郦道元只记载了孔水洞中所出泉水"夏冷冬暖,春秋有白鱼出穴,数日而返。人有采捕食者,美珍常味,盖亦丙穴嘉鱼之类也"。它大概还只是房山若干泉眼洞穴中的一处,虽已有关于"洞深不知处"的神秘说法,但尚未染上与天地沟通、做仙人玉堂的神圣色彩。

相距不远的胡良河上游,白带山上亦有智泉寺。和孔水洞一样,智泉寺也是一处有泉水溢出的地方,"智泉"之名就说明了这一点。智泉寺的确切建寺时期难以判定,很多学者相信,北齐高僧、天台宗二祖南岳慧思生前已在庙内驻锡。《大辽燕京涿州范阳县白带山云居寺释迦

---

① 《水经注》卷十二"圣水"。

舍利塔记》中说"原此寺,始自北齐"。《白带山志》中称:"北齐沙门慧思净住莎题,誓宣鸿愿,普镌见籍,镜幽穹岩。"莎题山就是白带山,《白带山志》的作者溥儒相信,生活于北齐到隋之间的高僧慧思,生前已经立下宏愿要刊刻佛经,这一心愿由他的弟子静琬开始实现。这一说法在当代备受质疑,学者们经过细致考证发现,刻经之僧人静琬为慧思之徒的说法,首见于《帝京景物略》,然而实则为误传。① 不过无论如何,慧思大师的确有立誓护法之文,又有造《金字般若波罗蜜经》藏于琉璃宝函之举,因此,将他与静琬在涿州石经山大举护法刻经之举联系在一起,亦属正常。慧思与静琬发心造经的直接起因是"以备法灭"。从北周到隋初,"周武之厄"的亲身经历一定给僧人们留下了深刻印象。《帝京景物略》里想象慧思"(心)虑东土藏教有毁灭时,发愿刻石藏,密封岩壑中"②,随后隋初文帝提倡佛教,度僧民达23万人,写佛经四十六藏十三万卷。在这一大修佛法的潮流中,静琬"承师咐嘱,自隋大业迄唐贞观,大涅槃经成"③。这一关于传承与决心

---

① 徐自强、吴梦麟:《慧思与静琬关系初探》,载吴梦麟、张永强编著:《房山石经题记整理与研究·研究卷》,文物出版社,2021年,第452—457页。

② [明]刘侗、于奕正:《帝京景物略》卷八"畿辅名迹",上海古籍出版社,2001年,第348页。

③ [明]刘侗、于奕正:《帝京景物略》卷八"畿辅名迹",上海古籍出版社,2001年,第348页。

的传说故事虽无史实可证，但确实深刻反映了当时的历史背景与僧人心态，不失为美好的文学创作。为刻经需要而在白带山下所创建的庙宇，是为今云居寺。

事实上，在白带山刻经的同时，像静琬这样的僧人已经开始在孔水洞内刊刻石经。在静琬生活的隋代，孔水洞已是当地知名的"仙人玉堂"[①]。洞中现存隋大业十年（614）刻经和隋代石雕像。据文物部门在1977年的调查记录，孔水洞口有大约2米长的低矮洞口，穿过之后便是一个高大开阔的岩洞石窟。洞内水面平静，寒气逼人，入口处石壁上有两龛一佛二菩萨雕像，下面凹进的岩壁上有隋大业十年（614）所刻的《大般涅槃经卷二寿命品》，文字有1/3浸没在水中。此石室曾作为佛教活动场所，但后来由于水位上升而被放弃。与有水淹隐忧的孔水洞相比，在更高爽的白带山上开凿石室刊刻石经，当然是更安全的选择。《冥报记》中记静琬刊经的经过："幽州沙门知苑，精炼有学识，隋大业中发心造石经藏之，以备法灭。即而于幽州北山凿岩为室，即磨四壁，而以写经，又取方石，别更磨写，藏诸室内。每一室满，即以石塞门，用铁固之。"就这样，经过隋开皇、仁寿年间的酝酿准备，静琬终于于大业年间正式开始于白带山顶凿岩刻经。大业七年（611），

---

① ［清］于敏中等：《日下旧闻考》引《隋图经》。马庆澜《房山县志》卷三"古迹"条内认为仙人玉堂石穴即今孔水洞。

隋炀帝临幸涿郡，皇后萧氏施绢千匹以助静琬，皇后弟内史郎萧瑀施绢五百匹，朝野上下的支持最终促成了这一千年壮举。

在隋大业至唐贞观的这段时间内，静琬本打算刊刻十二部佛经。他在白带山下的独树村采石磨碑，刻好经文后再上山藏于石室。独树村"磨碑寺"至今尚存，与白带山云居寺交相辉映。也就是在这一时期，孔水洞与白带山声名鹊起，得到来自唐皇室的巨大关注。开元十八年（730），唐玄宗的妹妹金仙长公主赐大唐新旧译经4000余卷，充幽州府范阳县为石经本。[1]金仙公主是唐代著名女道士，她并无佛道门户之见，慨然为云居寺赐新旧译经，这在当时并非孤例。大历年间，幽州卢龙节度使朱希彩在孔水洞上建龙泉寺，今万佛堂内的汉白玉浮雕《文殊普贤万菩萨法会图》上还有"大历五年"的阴刻题记。这表明从隋至唐，孔水洞的佛教传统一直未曾断绝。与此同时，正如本章开头所引《大房山投龙璧记》所说，开元年间，唐玄宗敕人多次于孔水洞投龙祈雨，设道教法坛，与天、地、水沟通。这些道教仪式也并未与此处佛教抵牾龃龉。在有容乃大、兼收并蓄的大唐气象中，白带山和孔水洞同时成为不同宗教共同认可并崇奉的"洞天福地"。

不断加诸自然的祝圣仪式，当然也深刻影响了当地普

---

[1] ［唐］王守泰：《山顶石浮图后记》金仙公主塔铭。

通居民对于山水的感受。在唐代，孔水洞已经被普遍认为是神龙居所、灵气渊薮。《日下旧闻考》引《图书编》中说，唐代胡詹作《孔水洞记》提及："有人篝火探之，行五六日，莫究其源，但见仙鼠昼飞，赪鳞时现。"此后关于孔水洞的神秘传说，和云居寺的石刻佛经一样，不断层垒堆积。辽金时期，佛教大兴。在皇室的大力支持下，云居寺最终成为令世界震惊的皇皇巨藏。与之相比，此时孔水洞已隐入自然之中，如同一位真正的隐士，宁愿与天地交往，不愿再涉足人间。《燕山丛录》中记载，"金泰和中，（孔水洞）有桃花流出，其瓣径二寸"。此事为历代文献辗转传颂，与洞中"赪鳞"的说法互相发明，到了《帝京景物略》中已是惹人无限遐想的传说："孔水洞时有白龙出，辄化为鱼⋯⋯金泰和中，忽桃花流出，瓣如当五钱。"洞天的另一端，也许连着白龙为鱼的神仙世界，也许通达桃花十里的武陵仙境。人们心照不宣地守着这些秘密，轻轻地来，悄悄地走，人世间的热闹都放在了白带山，无言的清雅就留给了孔水洞。

同时兴起于北朝隋初的这两处泉踪圣地，在日后的历史中，一处走向人间传法，一处隐入自然大道。"深由地穴藏，高从岩洞积。初疑神鬼工，乃著造化迹。延洪胜汲冢，防虞犹孔壁。不畏野火燎，讵愁薛苔蚀。兹山既无尽，是法宁有极。"姚广孝的这首《题石经山诗》，既是赞颂静琬刻经的万代伟业，也同样可以用于理解孔水洞的千古灵气。云居寺石经为传法而见众生,孔水洞为沟通自然而见天地,无论是哪种形式,它们都是人类为文明营建的避难所,是藏世界于洞中的"洞天福地"。

碧天皓月,绿水青山

元代以后,随着山区开发日益深入,西山内人烟逐渐稠密。一方面,是煤炭矿石资源大量以国家名义开发;另一方面,相信山中自有神仙在的人们仍然在努力寻找、营建和保护洞天福地。此时北方新兴的全真教,就扮演了这样的角色。他们对纯粹自然与天然山水的爱与信仰,在某种程度上阻止了对山林的过度索取与开发,山林中聚集的天生万物,就是他们信仰的证明。

元宪宗三年(1253),丘处机的弟子、全真教第七代掌教李志常受命作"太上金箓罗天大醮"。次年春望日,醮仪毕,李志常当往大茂山金龙洞投龙简。由于"地理修远,往复殆烦",于是李志常想在近处求名山洞天。因《太平寰宇记》中记载奉先神宁乡中黄山上有玉室洞天,于是他就在大石河檀木沟内遍访耆老。有人告诉他,神宁乡之西北,山行一舍,有黄山仙人洞,气象不凡。穹隆高广,圆转宽博,如大幕丛生,可容千人。山洞顶上悬一石钟,长数尺许,叩击有声。仙人洞北另有穴,复通一洞,如此共有七洞。当地传说,这里是汉代张良隐居之处,洞形如玉京兰台,上有玉人琪树之状,为仙圣之所居。虽然最终因为山高无路、石乱林深，李志常放弃了在黄山玉室洞天投龙，但仍然嘱托清和宫刘志厚开路治洞。是年五月十二日，刘志厚修路完毕。于是，李志常与70多名同行者一起出发访洞，3天后到达玉室洞天。即日肃陈香火、致拜谒之文，并在洞上门额刻"玉室洞天"四字。在李志常为此事撰写的碑文中，他回想当日"洞口云生，冷浸衣袂，夏天无暑，日夕忘归。各以绿叶籍地，宿于树下。但觉身栖广漠，神清气爽，梦想不生，恍然若在华胥氏之国矣"[①]。

开道治洞的刘志厚，道号广阳子，是全真教第六任掌教尹志平的弟子。此时任五华宫、清和宫副提点，同时兼任魏县重阳宫、临漳迎仙宫、磁州长春宫、怀州清和宫住持。在找到黄山玉室洞天之后，他又找到仙都山仙君洞、大房山潜真洞，同样大费周折，营为福地。为了开路行道，营构洞宇，他尽出己资，被道中众人公推为"三山洞主"。他先在今河北镇三福村的仙君洞下创观以居，后又凿开仙君洞门，以供修行道场。元宪宗七年（1257）三月初十，刘志厚工程未竟而归于道天，其门人在仙君洞下、大石河南侧寻地安葬了他。四月，涿郡翠华坛郭子元、李子云等人陈祭墓上时，有群鹤翔集，众人目见皆赞叹异

---

① ［元］李志常：《黄山玉室洞天记》，元世祖至元二十五年补刻。该碑在檀木沟张良洞口，载杨亦武：《房山碑刻通志》第7卷，学苑出版社，2022年，第110—111页。

之。编修官赵著为之挽章曰:"碧天皓月,绿水青山。翠微深处,独乐优闲。神游八极,气透三关。功圆行备,位列仙班。"魂如皓月在天,志在绿水青山,这或许的确是对刘志厚一生最中肯的评价。

全真教探访营构三处洞天的事业并未持续下去,这与元宪宗五年(1255)开始的佛道之争有关。是年,少林长老福裕见《老子八十一化图》,认为这是"谤讪佛门",于是宪宗诏少林长老和李志常当面对质。全真教落败,被勒令焚毁经版,退还佛寺37处。李志常亦于不久后身殁。元宪宗八年(1258),第二次佛道论辩再次以全真教落败告终,全真教辩手削发为僧,焚经45部,200多所寺院由道改佛。至元十八年(1281),忽必烈命佛道之间再就"伪经版"之事辩论,结果道家诸经典仅留"道德二篇",其余文字及图画一切焚毁。[①]风雨飘摇中,全真教道观要么改换门庭,要么倾圮衰落。刘志厚当年致力营构的三处洞天从此归隐大道、藏于尘埃。

到明清时期,黄山玉室洞天的所在已经扑朔迷离。光绪《畿辅通志》中按:《明一统志》称黄山在房山县西南三十里,《日下旧闻考》载黄山在县西北七十里,二书所在方位里数迥异。盖黄山与张良洞实系二山,张良洞过去

---

① 卿希泰:《中国道教史》第3卷,四川人民出版社,1996年,第220—222页。

亦名黄山,《明一统志》误将两座黄山混同。[1]咸丰年间,房山知县高骧云撰《房山志料》,其中提及:"房志古籍载玉室洞天县西北七十里,张子房辟谷处,予久访不可得。比见涿州志云白带山在县西七十里,有玉室洞天,张良微时隐此。乃知县志误也。"高骧云不仅没有找到张良洞,而且甚至认为县志中关于玉室洞天的记载有误。民国《房山县志》中引《北游纪方》,提及黄山玉室洞天及其七洞的大致方位名称:"六山河自黑龙关来,东南入琉璃河。上有半壁山,壁立千仞,石罅古柏蒙茸,然长不满二尺。其西山半一小窦曰避谷洞,峭绝不可上。北有背阴洞,对山望其东有正觉洞。"然而纂修者仍然认为此说不可信,对张良洞是否存在仍然存疑。直至20世纪80年代,张良洞内重新发现元代的"黄山玉室洞天碑",此处洞天的身份才被最终确认。不过,即使世人不知,道人们却从未放弃过张良洞。据附近村民回忆,民国时期尚有一老两少三位道人修行于此,洞中供具、水井至今尚存。[2]

至于刘志厚曾居住并最终下厝的仙君洞,现称朝阳洞。刘志厚的墓碑就立于山下的三福村北。《日下旧闻考》引清初《北游纪方》称:"朝阳洞有二,形如连珠,相隔约十寻,俱叠石作坡,缭以短垣。山势甚峻,从山腹转而

---

[1] [清]李鸿章修,黄彭年纂:《畿辅通志》卷五十七"舆地略十二",清光绪十年刻本。
[2] 王春年主编:《大房洞天》,中国言实出版社,2019年,第181—185页。

上，洞西有岩曰朝阳岩，石壁百仞，横亘里许。岩麓溪水色绿如鸭头，产鱼极美。"①朝阳洞今亦存，其位置实在谷积山西侧，洞外尚有断壁残垣和人工痕迹，也许与张良洞一样，它亦从未真正被人忘记。

至于潜真洞，就是举世闻名的石花洞，明代法师圆广曾于正统十一年（1446）刻"潜真洞"三字于洞口，并在洞外石崖上雕刻了十三地藏。景泰七年（1456）洞内雕刻大理石地藏王菩萨像三尊，改名石佛洞。1978年北京水文地质工程公司对该洞进行勘探，定名石花洞。这里可能是房山诸多洞天中唯一被清查彻访的一处，其溶洞洞体分为上下七层，一至六层为溶洞景观，七层为地下暗河。溶洞层次分布明显，洞穴沉积物分布密集、类型齐全、数量繁多，自然形成了十六个厅堂、十八个景区、一百二十余处景观和十大奇观。当年"三山洞主"刘志厚恐怕怎么也想不到，他经营探路的三处洞天中，居然最终是这处最不起眼的潜真洞成为中国奇观之最。又或者，潜藏地中、真隐于山，方才是他的本意？

当然，不可否认的是，在北京周边地区，除了在极短的时间段内，道教从未能够匹敌佛教。"西山五百寺，多傍北邙岑。"②在"西山五百寺"中，绝大多数都由佛教僧人

---

① ［清］于敏中等：《日下旧闻考》卷一百三十"京畿"。
② ［明］郑善夫：《西山杂诗三首》其三。

经营，甚至可以说，他们是山林开发的动力与社群核心。明嘉靖年间吏部尚书说，"僧皆传玉食，地更垒黄金"，绝非虚言。当以全真教为代表的道教仙人在天地自然中寻找大道时，佛教僧人更愿意投身芸芸众生之中。因为他们的存在，京西山区于都城民众而言，真正成了一片"西天乐土"。

西天乐土

西山五百寺，多傍北邙岑。土木春岩尽，楼台海雾深。僧皆传玉食，地更至黄金。纵目翻愁极，长安岁岁阴。

——［明］郑善夫《西山杂诗三首》其三

独上湖亭望，霜空万里明。槛疑天上立，槎是斗边行。云雾开山殿，芙蓉暗水城。先朝四百寺，秋日遍题名。

——［明］何景明《望湖亭》

西山三百七十寺，正德年中内臣作。华缘海会走都人，碧构珠林照城郭。忆昔武皇倦机务，金马门前有权竖。卖官何止金为堂，通贿能令鬼上树。六边将帅多奴贱，未挂兵符先见面。文官细琐不值钱，镇守监枪动千万。熏天气焰侔天子，嘘之者生啐即死。眼前变故如掌翻，有贿方能保无事。南海明珠不足尚，西域珊瑚斗寻丈。九州珍宝集京都，遂使私门敌内帑。人间富贵尔所有，不虑生前虑生后。高坟大井拟王侯，假借佛宫垂不朽。凿山九仞平如席，殿阁翚飞照云日。已请至尊亲赐额，更为诸僧求护敕。东林画壁千步廊，西林莲台七宝妆。南庵日月低浮图，北寺虹霓垂石梁。金银何算委沟壑，夜夜中天生宝光。释迦释迦尔亨会，慈悲反受豪华累。土木横起西山妖，忍见苍生日憔悴。

——［明］王廷相《西山行》

西山岩麓无处非寺，游人登览，类不过十之二三尔。王子衡诗：西山三百七十寺，正德年中内臣作。何仲默诗：先朝四百寺，秋日遍题名。郑继之诗：西山五百寺，多傍北邙岑。其后增建益多，难以更仆数矣。

——《日下旧闻考》转引《辛斋诗话》

西山多寺，历来为文人所称道，前述列举的几首诗中，就有三百七十、四百、五百等多种说法。明末清初，士人多将西山多庙归咎于内监侵占兴修。站在当时的历史环境来看的确如此，但如若将时间长度放大至佛教传入中国后的两千年间，便会对此事有不同看法。从明代往前看，内监在西山建寺实则延续了辽金元以来皇家对佛寺的大量投资。这些投资既出于宗教信仰的驱动,也出于控制地方社会与公共资源的需要。佛寺成为地方社会和皇权之间的中介,这在唐代幽州已见端倪,唐末以后的战乱动荡使这种角色进一步定型。明代皇帝或多或少继承了这种经由佛寺控制地方的传统,这为内监西山建寺创造了基本条件。从明代往后看,清初内务府改革虽然将内监势力连根拔起,但这非但没有斩断寺庙与皇权之间的联系,反而为旗人在西郊经营寺庙留下了空间。从这样长时段的历史来看,西郊山水比肩西天佛国,不仅仅是宗教文化自身的发展,也蕴含了西山永定河地方社会的隐藏逻辑。

如何理解佛寺与地方社会的隐藏逻辑?我们仍然需要回到山水之中去。西山林深泉密,上一章中我们已经看到这一区域作为避难所的意义。从地方志的记载来看,至少从汉末起,举族隐居房山南麓的浅山地区就已非个例,这当然极大地促进了山区的开发。在魏晋时期民间社会中僧道神佛不分的语境下,僧人开始进入山区,有的接管了汉末世家大族留下的基业,有的则开始在山中勉力经营。到了隋唐时期,佛寺僧人已经在西山永定河地区拥有相当的势力,尤其是对地方社会拥有强大的号召力和组织力。当辽金的草原征服者进入这一区域时,面对的就是这样一个僧人扮演重要角色的山区社会,统治者与佛寺僧人的联盟乃至辽金举国崇佛的风气就此埋下伏笔。从某种意义上说,明清诗人惊叹西山佛寺如恒河沙数般的诗句,其实是隋唐西山之佛教盛景在千年间的延续。

千人之社，千人之心；春不妨耕，秋不废获

佛教自传入中国后，主要以大乘佛法为号召。大乘佛教主张修菩萨行，上求佛道，下化众生，自利与利他并重，涅槃与救度并行。与避世求仙的道教相比，佛教徒在许诺超脱现实的同时，行走万方、利济俗众、斋会造经，自然更容易形成社会号召力。从北魏初年起，北地就开始盛行"义邑""法社"等佛教组织。前者通常以一族一村为范围，由僧尼和在家信徒构成，除了共同造像之外，也兼及修建窟院、举行斋会、写经诵经等活动。后者也同样进行这些佛教活动，但主要由贵族知识分子和僧尼组成。在300余年间北方政权的更迭中，这些基层社会组织非但没有消失，反而愈发声势壮大，甚至在隋末时获得了与国家抗衡的力量。

《旧唐书》中记载了隋末占据北京的高开道势力。高开道本为沧州盐商，在隋末乱世中拥兵自重，占据了从辽西临榆到怀远的大片土地。隋将李景守北平郡，高开道以兵围困数年，迫使李景弃城而去。高开道占领北平郡后，再拔渔阳郡，占据了今日北京的大部分土地，手下有战马数千匹、兵士上万人，因此自立为燕王，建都渔阳。然而，就是这样一位屡次击败国家正式武装的将领，却甘于向一山之隔的僧人武装俯首称臣。驱逐隋朝兵力后，高开

道最大的敌人是占据太行山以西至西山以北一带的高昙晟势力。高昙晟乃沙门僧人。因为隋末怀来县令设斋饭僧，当地士女一时云集，高昙晟趁机带着僧人徒众50人，鼓动聚集城内的佛教信众起兵造反。信徒们冲进官署，杀死县令与镇将，拥立高昙晟为大乘皇帝，立尼僧静宣为耶输皇后，改元法轮。显而易见，此时的高昙晟除了佛教信徒的追随外，既无军队，亦无政令，但是在谋反当日他便派人东去招降高开道，而手握重兵的后者居然也真的投诚了。他放弃自己的"燕王"之号后，被高昙晟封为齐王。当然，高开道并非真心归降。几个月后，他就袭击手无兵力的僧人，占据怀来，复称燕王。

在上述历史事件中，令我们惊讶的不仅是僧人对信众居然有如此大的号召力，乃至可以聚众造反、自立为王，还有长期经营北方的武将在面对僧人时的隐忍退让。高昙晟的大乘政权虽然只是昙花一现，却反映出隋代佛教僧人在西山一带的地位与号召力。这种对基层的号召力常常在历史中若隐若现。事实上，在北京历史中，"和尚"一词在很长时期内是指师长与领袖，并不一定专指僧人。称人为"老和尚"，就是承认对方对地方社会的领导权力。正隆五年（1160），金帝完颜亮遣使征西北路招讨司全部契丹丁壮从军攻宋，这激起了契丹人的怨恨。以移剌窝斡为首的契丹人造反，杀了统帅，"众推都监老和尚为招讨史，山后四群牧、山前诸牧皆应之"。五院司部人老和尚闻知后，也杀了节度使术甲兀者起兵响应。[①]这些深孚众望的"和尚"领袖，即使国家政权或军事力量亦有无法抗衡之处。

唐代，幽州得到了大发展，民间佛教组织亦遍布州县乡村。此时刊刻的房山云居寺石经中，有大量题记记载了从高宗显庆年间到昭宗钱宁年间周边信众造经的情况，其中许多都是由僧人领导的佛教邑社。根据学者们的研究[②]，这些佛教邑社并不是为造经而施舍的临时性组织，其成员与一般的"施主"有明显区别，而是较为固定的佛教团体，有稳定的组织机构和定期的佛事活动，例如每年二月初八、四月初八举行上经仪式。由于活动频繁且相对稳定，唐代的邑社组织通常设有邑主、邑官、平正和录事等职位。位于最高位置的"邑主"通常由僧人担任，其下的邑官、平正与录事则由地方官吏和乡绅富室充任，最普通也是最基本的成员——邑人，则是遍及城乡的百姓。这类邑社与前代相比，有三个突出特点。第一，其组织范围不再局限于一族一村，而是连州跨县，人数从数人到两百人

---

① 《金史》卷一百三十三"叛臣传·移剌窝斡"，清乾隆四年武英殿校刻本。
② 关于这一问题，本书主要参考了以下研究。梁丰：《从房山石经题记看唐代的邑社组织》，《中国历史博物馆馆刊》1987年第10期；唐耕耦：《房山石经题记中的唐代社邑》，《文献》1989年第1期；刘琴丽：《唐代幽州军人与佛教——以〈房山石经题记汇编〉为中心》，《世界宗教研究》2011年第6期；贾艳红：《房山石经题记中唐代社邑首领的几个问题》，《中南大学学报》（社会科学版）2019年第2期。

不等。这与过去依托于家族或村社的组织结构已然不同，而显然是以佛教信仰为核心纽带形成的自愿性组织。第二，石经题记中常见邑人举家加入，乃至父亲去世后儿子继续记名的情况。联想到敦煌有社条中规定父母死亡后，子女相承入社，直至绝户为止，恐怕房山石经中的唐代社邑也有类似对成员资格的严格规定。这表明，刻经只是社邑的主要目标，但并不是其全部任务。社邑对其基层成员有强大的控制力，很可能在当时扮演了家庭之上的次级社会组织的角色。第三，唐代石经题记中还有大量行业性社邑，除潞河油邑外，均集中于幽州范阳郡大历四年（769）从幽州分出去的涿州治所中。仅以天宝年间为例，范阳郡就有纺织、大米、肉行、屠行、生铁等多达28个行社在云居寺造经题记87则。这一方面固然反映出唐代幽州地区工商业的繁荣，另一方面也反映出行会普遍借造经增强组织凝聚力。参照其他时代或地区的方志资料，这几乎必然会带来行业控制力的提高和经济活动的规范秩序。

唐代房山石经题记中的佛教邑社，脱离了家族或村落的原有社会架构，但仍然以家庭为基本结构单元。这些邑社遍布城乡基层，不仅有广泛的控制力，甚至有能力规定经济秩序。这种种特征都表明唐代佛教已经成为地方社会的重要组织机制，且与明清以后西山地区大量出现的行香走会活动非常相似。从某种意义上来说，后者即使不是唐代佛教邑社的直接继承者，也必定产生于类似的风土环境与社会背景。关于这些行香走会的明清邑社，我们将在下一章集中说明。

从唐末至辽兴，西山永定河的连年战火非但没有将佛教邑社连根拔起，反而加强了这类组织与山区社会的整合程度。辽穆宗耶律璟应历十五年（965）王正撰写、辽统和二十三年（1005）重刻的重修云居寺一千人邑会碑中说："风俗以四月八日共庆佛生，凡水之滨、山之下，不远百里，仅有万家，予馈供粮，号为义仓。是时也，香车宝马，藻野绣川；灵木神草，虣赫芊绵。从平地至于绝巅，杂沓驾肩；自天子达于庶人，归依福田……釀施者，不以食会而由法会。巡礼者，不为食来而由法来。"① 西山之下、永定之滨，百里之内的万家信众，不仅于四月初八朝山浴佛，还设立义仓，专为寺中馈赠捐粮。利用这些捐赠，邑社在庙会期间于寺中舍饭施食，其热闹场景可以想见。据碑文所述，唐末战火之后，云居寺损毁甚多。当时的住持僧人谦讽为重建庙宇，组织了千人社。众人"同德经营，协力唱和，结一千人之社，一千人之心"。千人社的主体为在家信众，尤其以附近农民为主，故而"春不妨耕，秋不废获"。社人除了集资建庙外，还有严格的社内规则，"立其信，导其教"，内部奉行平等主义，即所谓"无贫富后先，无贵贱老少"，是基于共同道德与行为秩序形成的

---

① 金申：《房山县云居寺〈千人邑会碑〉初探》，《文物》1986年第12期。

组织严密的群体。但信仰和道德并非千人社的唯一功能，它同时还是一个经济组织，社人"施有定例，纳有常期，贮于库司，补兹寺缺"。从这些情况来看，辽初云居寺的佛教社团不仅继承了唐代刻经邑社的功能结构，而且规模更加扩大，规则更加明确。

在此时的西山群山中，云居寺不是唯一能组织千人之社、吸引万家进香的寺庙。辽统和十年（992）的《玉河县清水院经幢》，《全辽文》《辽代石刻文编》记名为《齐讽等建陀罗尼经幢记》。文中所说的经幢原址位于门头沟区清水乡上清水村西部山坡间的双林寺内。经幢通高4米多，由14层石雕构件叠筑而成，其铭文记录了辽代玉河县邑众合力捐资的史事。据铭文所记，此次建造经幢由幽都府玉河县令、赐紫金鱼袋齐讽领衔，署中本典、状子、衙典承力，清水院（即后之双林寺）山门僧功德主、院主、门人等僧人主持，数百上千邑众合力而成。许多村落，如清水村、斋堂村、胡家林村、青白口村等，都有各类杂职、里正、贴乡的题名。这表明从玉河县到今门头沟清水河两岸的许多村落都全面参与到此次捐资之中。题名者的排列方式也相当有趣：一方面，捐资者几乎完全按同村或同僚方式排列；另一方面，在村落的名义之下，捐资者又以家庭的形式共同记名。这清楚表明，虽然原有社会组织结构在此时仍然发挥作用，但寺庙显然在村落与官僚体系之外，以个体和家庭为单位形成了新的区域性联盟机制。这与

《云居寺石经题记》或重修云居寺一千人邑会碑中记载的情况是一致的。此后，这种为修庙、法会、施舍而专门组织起来的长期性、区域性、联盟型佛教社团，便一直存在于京城西郊。

为何佛教社团在京西社会中有如此强大的生命力？除了前文提及的佛教本身的特点外，自唐以后统治者对佛教的推崇当然也是重要原因，前辈学者对此已有许多说明。但除此之外，僧人（也包括部分道士）是社会沟通与文化交流的主要纽带，佛寺是常年战乱中重新形成村落的原点，佛教则为处理死后世界提供了不可或缺的技术。正是这种种因素的叠加，才使得佛教作为组织京西地方社会的重要（甚至是核心）力量，并具有举足轻重的地位。

山寺不离红尘，寺旁炊烟远村

辽代佛寺之盛，人所共知。《契丹国志》中说燕京"僧居佛寺，冠于北方"[①]。历代皇帝都亲自敬佛，许多公主、后妃施舍寺院之数量惊人。仅《辽史》所载，就有很多次。圣宗统和六年（988），亲幸燕京延寿寺、延洪寺；统和十二年（994），以景宗像造成，圣宗幸延寿寺并饭僧；统和十五年（997），再幸延寿寺。兴宗重熙十一年（1042）十二月，以宣献皇后忌日，兴宗与皇太后素服饭僧于三

[①] 《契丹国志》卷二十二"南京 太宗建"，元刊本。

学寺、悯忠寺、延寿寺。咸雍三年(1067),道宗来南京,十一月接受了西夏使者所赠的僧侣、金佛及梵觉经。咸雍六年(1070),辽军在北方与乌古部作战,因杀人太多,斋僧于南京、中京。大康四年(1078),秋七月,诸路奏饭僧尼三十六万。[1]随后的金元两代,崇佛修庙的狂热虽然较辽代略有降低,但整体气氛从未根本改变。这种官方氛围当然会直接影响佛教在民间的地位。例如,由于皇室将大量田产赏赐于佛寺,土地上的佃农耕者便随之成为寺院的依附者。元至大元年(1308)的敕赐大庆寿寺栗园碑中就提及,作为金元明三代北京最负盛名的大庆寿寺,其塔院就位于敕赐栗园之隅。栗园之田数目巨大,"赐田而恒河沙众咸赖焉,其为利益宁有纪哉"[2]。农耕者直接依附于佛寺、纳税完粮于佛寺,寺庙当然成为地方社会的中心。除了这种情况外,佛寺还可以通过济贫救助与流民栖止两种方式成为周围村落社会的中心。

慈善施舍是佛教僧人介入社会活动的重要方式,但在辽金乃至元明清的北京西郊社会中,从上层统治者那里获得大量财富赏赐的寺院,在救济贫民方面,已经突破了一般的慈善救助的意义,而成为社会财富再分配的手段。统治阶层通过残酷的手段,将社会财富集中到自己手里,随

---

[1] 转引自《北京通史3·辽代卷》,北京燕山出版社,1990年,第264页。
[2] 录文转引自包世轩:《抱瓮灌园集》,北京燕山出版社,2011年,第389页。

后将其中一部分通过饭僧、捐赠、施舍等形式流入寺院。寺僧在佛教教义的指引下举行盛大法会、施药舍粥，大量贫民赖此得以存活。这样一来，自然加强了普通民众对佛寺的依赖。关于这一过程的记载，在京西碑石中历经千年而不绝。例如，辽咸雍五年（1069），本均大师在京西马鞍山创建戒坛，这是戒台寺之初。本均大师深得皇恩，特授崇禄大夫，守司空，加赐为传菩萨戒坛主大师，皇室与各地施舍赏赐甚多。而他"间或有暇，力救无告，孳孳焉常若弗逮，惟恐人之知也。议者谓无相好度生之缘，给孤独侪物之力，兼而备者"[①]。这些社会活动显然对周围村民有极大的吸引力，戒坛一时间"来者如云，官莫可御"，形成了政府可控范围之外的群体中心。围绕在寺院周围的平民，"凡喑聋跛伛，贪愎骄顽，苟或求哀，无不蒙利"，极大地依赖于寺僧的庇护，这反过来又提高了寺僧的声誉。本均大师圆寂前，"前后受忏称弟子者五百万余，所饭僧尼称于是"，"所到之处，士女塞途，皆罢市辍耕，忘馁与渴"，这就为戒台寺在以后千年间的地位打下了坚实基础。应该说明的是，通过济贫救助从而形成"官莫可御"的佛教团体，绝非本均大师的独创。今房山区张坊镇内的《忏悔正慧大师遗行塔记》记载，燕京永泰寺的正慧大师，生前"普设义坛，所度之众，数过以百万余；遍济贫人，约

---

① 孙猛编著：《北京佛教石刻》，宗教文化出版社，2012年，第52页。

二十余亿"[1]。数字虽然夸张，但其行为逻辑却与本均大师一致。

必须强调的是，佛寺的济贫救助并不能提升社会平等或缩小贫富差距，因为其前提恰恰是社会财富与公共资源的高度集中，如仰山栖隐寺在金代与周围村落的关系就是明证。寺内碑文等文献记载反映出寺庙如何倚仗皇家支持集中社会财富，又如何以济贫之名在小范围内进行社会财富再分配。

仰山栖隐寺位于门头沟区妙峰山乡南樱桃沟北，建于辽，盛于金。金天会六年（1128），青州希辨为住持。金世宗大定二年（1162）赐名仰山栖隐寺，二十年（1180）赐田设会度僧万人。明昌五年（1194）八月，金章宗亲临栖隐寺，赐钱兴建殿宇佛像储经藏。金元之际的名僧、耶律楚材之师万松老人亦倡法仰山，名播朝野。作为金代开山名僧，来自青州的禅师希辨曾在寺内开设药局，广利众生。元好问《遗山集·少林药局记》记载：少林英禅师曾对元好问说，青州希辨禅师开堂于仰山时，勉力护持众生，曾自山下十五里负米上山，以给大众。后来，他得知有医者新公剃度为僧，于是便让新公来主管药局。此药局虽非免费，但确为慈善性质。青州希辨不允许通过舍药盈利，以致妨碍道业。新公去世后，其子继续经管药局。根据元好

---

[1] 孙猛编著：《北京佛教石刻》，宗教文化出版社，2012年，第84页。

间的转述，20余年间，不仅仰山僧人的斋厨费用皆仰赖药局，而且病人也能安心在此得到救济，这套完善的制度随后也成为少林寺设药局的先例。[①]然而，栖隐寺僧人真的是一心施度众人、不与民争利吗？明代《宛署杂记》中记录的另一通碑文为我们呈现了不尽相同的画面。根据此碑所记，从金天会、正隆直至大定年间，栖隐寺与三家村村民等围绕山林产权展开了长达半个世纪的纠纷。这片土地"东至芋头口，南至逗平口，西至铁岭道，北至搭地鞍"，在天会九年（1131）施与青州希辨，并立有施状碑文。然而三家村村民却无法认同栖隐寺对这片山林的产权。也许正是在这些村民的压力下，栖隐寺才不断为庙产立碑，甚至还为此得到了金初权臣完颜宗磐的"书示"以及玉河县留守司的"文解"。一直到了大定十八年（1178）左右，三家村村民还将栖隐寺诉于大理寺。也许是因为这片山林的确靠近三家村，也许是因为村民在这里世代耕种，大理寺在最初判决中倾向于三家村村民的诉求，认为栖隐寺"不合占固"。然而大兴府官吏却不承认这一判决，他们申诉至尚书省，并最终使栖隐寺获得胜利。[②]我们看到，由于以

---

① ［金］元好问：《遗山集》卷三十五"少林药局记"，民国八年上海商务印书馆四部丛刊景明弘治刻本。
② 杜洪涛：《金代公共资源问题的一个侧面——以中都大兴府仰山栖隐寺与三家村的"山林"之争为例》，《史学集刊》2014年第2期，第115—121页。

青州希辨为代表的栖隐寺僧人得到皇家的看重与支持，村民最终败诉，三家村附近的山林土地尽数归栖隐寺所有。在这种情况下，僧人负米上山以给大众或者开设药局平价问诊，无非只是细枝末节的乔装伪饰罢了。

当然，这种济贫救助不会改变社会严重不平等的本质，但却毫无疑问加剧了三家村村民对栖隐寺的依附。他们不仅需要寺庙施舍的粥、赈济的药，更是在人身关系上成为租种寺庙山场的佃农。以寺庙为中心的地方社会权力关系就这样从两个方面同时被加强。然而这还不是寺庙控制村落的最高形式。金元之际西山中的几通碑刻表明，战乱流离中的难民常常栖止于寺院，僧众人数不断增加，随之也就必须向外扩张置产，最终形成以寺庙为中心的聚落。在这类山区村落中，寺庙不仅是地方社会的中心，事实上也是其起点。仅就元代而言，灵岳寺之于斋堂、瑞云寺之于百花山、柏山寺之于沿河城附近村落，都有类似的意义。

灵岳寺，位于今门头沟区斋堂镇北部，据称为唐贞观时创建，辽代时称白贴山院，金代时改称此名。寺内有元世祖至元三十年（1293）和元惠宗至元三年（1337）的云庵禅师幢塔的《重修灵岳寺碑记》，记录了元初缘恩禅师（号云庵）重建寺庙、再兴香火的过程。缘恩本为邓州（今河南邓县）双店人，俗姓张，家里世代务农。蒙古太宗三年（1231），蒙古军队南下。战乱之中，缘恩及其家人被掠至燕京。其间，因父母双亡，缘恩流离失所，成为难民。随后，因百花山瑞云寺作水陆大会，缘恩亦参与其中，荐献祖先考妣，为此心有所悟，乃愤然发心，于瑞云寺中出家为僧。在元初的佛道之争中，道教大败，忽必烈下旨将几百座庙宇断付僧人，斋堂灵岳寺亦在其中。此时东、西斋堂村的耆老各10人，都站在佛教一边，将道士甘蔡等逐出寺外，随后邀缘恩禅师任灵岳寺住持。数十年间，缘恩"日修日葺，建殿堂、厨库、方丈、禅堂之属，造八十四龛佛像、山门、法器之具"。与此同时，他还购置田产，除在本寺四周开辟圃园、栗园外，还多方购置山林果园，并于水口建水碾一所，碾房大小7间。一时间，寺产大备，"所收之物以供清众，使居者不苦营求"[1]。灵岳寺还置斋堂北的宝峰寺为下院，一应佛殿、钟鼓楼、僧舍等，也全部革故鼎新。因此，灵岳寺寺产在斋堂一带有举足轻重的经济地位。据《析津志辑佚》记载，各村碾房多以牛、马、驴拽之，每碾必须用两三匹马拉磨，每日仅可出粮20余石，唯有斋堂村水口的水磨，不费畜力，每日可碾30余石。[2]其寺产之富可见一斑。

缘恩重兴灵岳寺的经过，也是典型的京西佛寺兴起的

---

[1] 元至元三十年《重修灵岳寺碑记》，载孙猛编著：《北京佛教石刻》，宗教文化出版社，2012年，第160—162页。另参见门头沟区地方志办公室：《门头沟史志文汇》，1998年，第171—173页。

[2] ［元］熊梦祥：《析津志辑佚》，北京古籍出版社，1983年，第231页。

过程。战乱之际，流民上无片瓦存身，下无寸地立足，最好甚至唯一的去处就是佛寺。在国家支持佛教的大背景中，一方面，佛寺吸纳的流民越来越多，需要更多的寺产养活僧人；另一方面，佛寺与国家的关系密切，能更直接地获得来自国家的保护，如《重修灵岳寺碑记》就是缘恩委托宛平县都纲联公求人撰文而成。这样，聚集大量流民的佛寺自身成为小聚落，背靠国家支持又有财产权的保障，对周围村落而言，与其与之为敌（如前文所述栖隐寺与三家村之间旷日持久的矛盾），不如结成联盟而共享利益。如《重修灵岳寺碑记》中所说的东、西斋堂的耆老在佛道之争中坚决支持僧人收回寺庙，就是这种联盟的产物。

百花山瑞云寺通圆禅师行懿的一生，更能反映出寺庙如何收留流民、僧人怎样重建村落的具体过程。蒙古太宗五年（1233）的故大行禅师通圆懿公功德碑记载，通圆禅师本名刘行懿，出生于德兴府矾山县（今涿鹿县矾山镇）绿矾里。其祖上来自河北易县，世代务农。金大定十九年（1179），刘行懿出家为僧，先住在滏水大明寺，随后20年间侍奉道崇为业师，在河朔一带游历。回到北京后，他先后在大万寿寺、瑞云寺、盘山、香山、仰山等地禅居。道崇去世后，他回到瑞云寺，住寺10年间，禅僧多至200人，一时声名鹊起。此时恰逢金元之交，蒙古太祖八年（1213），铁木真会集大军入野狐岭，进至怀来、延庆，瑞云寺正好位于此地。铁木真敕赐行懿紫衣一袭,两年后复赐紫衣并"通圆大师"道号。在这场"两河山东数千里,人民杀戮几尽,金帛、子女、牛羊、马畜皆席卷而去,屋庐尽毁,城郭丘墟"①的战争浩劫中,瑞云寺周边也"郡邑相吞,人自相食。原野厌人之肉,川谷流人之血。耕桑久废,饥馑荐臻,民卒流亡。狼虎猖獗,莫之能救,此际遗黎,仅有存焉"②。乱世之中,瑞云寺僧众也四散逃亡,只有行懿隐居岩穴之中,茹松饮泉。间或有逃难者避难于此,行懿亦以松子为食活人。当兵寇劫人烹食,二男五女将赴鼎镬时,也是行懿出面以至诚相劝,救下7人性命。蒙古太祖十一年(1216),矾山安水寺僧德全,遵曹老使、王千户之命,令行懿前往矾山。随后,行懿在矾山清安寺、武川十方院、椵峪龙岩寺等处修葺寺庙,招引徒众,施舍斋供。灅阳保宁寺、武川摩诃院、开坛法会,行懿均为中主坛,所得施利甚多,坛场大兴。因此,行懿因其善治庙务而声名大振。此时,矾山县"宣传"李某见瑞云寺殿宇大坏、禅刹荒凉,意图再兴,于是与岭北刘、聂二元帅合谋,由聂公元帅领部下30名甲士,以及僧人德莹等3人,至椵峪龙岩寺将行懿劫持而返瑞云寺。行懿回寺后,

---

① [宋]李心传:《建炎以来朝野杂记·乙集》卷十九"边防二",清乾隆武英殿木活字印武英殿聚珍版书本。
② 《故大行禅师通圆懿公功德碑并序》,载包世轩:《西山问道集》,北京燕山出版社,2011年,第87—90页。

在矾山县宣差李公、绿矾里刘元帅,以及岭北刘、聂二元帅的支持下,将瑞云寺建造一新。

瑞云寺的重新修建,充分体现出地方势力的联盟以及佛寺僧人的作用。据碑文中所说,此时新建的瑞云寺,外库房就由李宣差创建,山门由塔河冯二郎、田四高监军捐修,首座堂由斋堂社、清水社等各处村庄负责修建。这些捐资者全都自备力役、工匠、口粮,僧人只是经管者和维护者。整座寺庙是地方社会中下级军人、官员、村落、农户合力营构的结晶。

通圆禅师行懿的一生,几乎就是西山之中众多僧人命运的缩影。行懿的始祖从易水北迁至与门头沟区接壤的矾山县(今河北省张家口市涿鹿县矾山镇),也就是百花山脚下的地方,相当于从平原地区迁移至山区,但仍然以农耕为业。其背后所反映的,正是唐末以后农耕人群不断北迁并开发山区的过程。金代末期的瑞云寺,虽然地处深山、山路险阻、人迹稀少,但仍有禅僧200余人。《齐家司志略》记载,这一带直至民国时期,最大的村庄也仅有二百户,小村十数家。[①]那么有僧人200余人的瑞云寺,显然已经是当地人口非常密集的小聚落。在金末元初的战乱中,僧人四散,行懿独守岩洞。从他救助饥民、鼎镬夺人等事迹来看,此时身负敕赐紫衣光环的他已经成为事实上的地

---

① 门头沟区地方志办公室编印:《门头沟史志文汇》,1998年,第160页。

方社会领袖。因此，在随后元初的地方重建过程中，他能成为中流砥柱也就是顺理成章的事情了。我们可以想象，李宣差、聂元帅这些在战争之中雄踞一方的地方武装领袖，不仅缺少管理公共资源的知识与经验，甚至也很难取得已成惊弓之鸟的村落民众的信任。他们要想重建地方社会，只能依赖行懿这样德高望重、不惹武事、谙习经营的僧人，以至于有派甲士骑兵将行懿从椴峪劫持回乡之事。

由此可见，瑞云寺的重修过程，就是元初以后百花山一带地方社会的重新组织过程。通过重建瑞云寺，不仅将武将、官吏、村落组织到一起，而且行懿的弟子数千人、俗家弟子数万人，也就自动成为这一新的社会组织的基本成员。《宛署杂记》和《帝京景物略》中常常提到瑞云寺的传说，都说这里为"避世佛修道，煮石修炼"之处。结合上述历史背景，可以合理推断，这些避世煮石的传说，并非全是无稽之谈。它们反映的是，山林佛寺在战乱年代接纳流民，在率兽食人的时期庇护难民，在农耕社会崩溃时使山民可以采集为生，而在安定之后又能迅速成为社会重建的基石。

故大行禅师通圆懿公功德碑为我们提供了不可多得的详细记录，但类似的故事在京西山区中并非偶然。元宪宗七年（1257）的《德兴府矾山县圣泉柏山寺故通悟大师玄公塔铭并序》中说："值兵革之际，天下大饥，人皆艰食，赖师恩育而得活者众。……朱窝、结石、大明复得修完者，皆师之德力也。"元延祐二年（1315）的大蒙古国燕京大庆寿寺西堂海云大禅师碑中说："时天下凶险，至人相食。师乃竭力以奉食饮，积所余以济困苦之众。"沿河城一带的村落珠窝村、碣石村等由圣泉柏山寺通悟大师重建，大庆寿寺塔院所在的瓦窑村附近佃农多赖海云禅师救济保存，都是如瑞云寺行懿与周边村落的共生关系。对这些村落与村民而言，寺庙既是避难所，也是救济处，还是社区重建的指挥部，理所当然也应该是地方社会的原点与中心。

社会与世界之中的佛寺

毫无疑问，佛教僧人之所以能在地方社会中获得社会资本与象征资本，离不开皇权与国家的支持。对于这种皇家支持，以往的研究已经不胜枚举，学者们大多从信仰出发，将其理解为皇室成员的宗教选择。但如果深入西山永定河地区的民间文献之中，我们也许会发现，在"宗教选择"之外，辽金元三代的帝王选择佛教可能还有别的原因。其中一个很重要但常被忽略的原因是：佛教僧人的云游传统与佛教宗派的内部网络，为社会提供了流动性，来自草原的政权借此可以将触手伸向更广阔的领域。

皇帝会敕赐怎样的僧人？佛法高深、德行兼备是唯一的标准吗？元延祐四年（1317）的《圣台护持天开中院碑阴记》可能会给我们以提醒。此碑刻于元至元二十八年

（1291）的涿州房山县重修天开寺碑，两面碑文俱为魏必复所作。结合碑文信息可知，元至元十年（1273）时，应公禅师应禅那、比丘众之请住持天开寺。此时的天开寺一片荒芜，应公禅师重建殿宇，夺回栗园，又垦田20余顷，在南张村造水碾，在寺东南治蔬圃，于皇后台村创建下院东西两寺，还在涿州设济寺的南面修中院。尤其是南张村的三口水碾，其产出足以供僧人饮馔之需。总之，应公禅师的主要功绩不是登法坛、讲法会，传道说法之事在魏必复的笔下只字未提，反而是不遗余力地历数他如何善理庙务、经营生息的事迹。而正是这一才能，使应公禅师引起了元朝皇帝的注意。至元二十七年（1290），元世祖忽必烈"闻而嘉之，特赐圣旨护持"[1]。应公去世后，他的弟子继续勉力经营庙务。延祐三年（1316），元仁宗还为此特授圣旨。魏必复的碑文即为此而作。这通碑文清晰地证明，寺院僧人在地方经济社会重建中发挥了中流砥柱的作用，而元朝皇帝显然是看重并褒奖这种作用的。通过颁授圣旨、"护持庙宇"，国家以寺僧为中介与地方社会建立了直接联系。正如魏必复在碑文结尾中所写："钦惟国家崇尚佛教，当昭示于永久，岂独山林一二衲子之荣光？"获得御赐并不是天开寺自己的事情，也不是应公禅师的个人能力所致，而是国家治理地方社会的手段。作为回报，寺

---

[1] 《上方山志》，广陵书社，1996年，第228页。

僧除了稳定地方社会秩序外，很可能还同时负担了收税、纳贡等任务。《日下旧闻考》中引《澹然居士集》记："仰峤丛林为燕京之最。泰和中，主事僧奏请万松老人住持，上许之。万松忻然奉诏。其后章庙秋猎于山，主事辈白师故事：'车驾巡幸，本寺必进珍玩，不尔则有司必有诘问。'师曰：'富有四海，贵为一人，岂需吾曹珍货哉。'手录偈一章，有'成汤狩野恢天网，吕尚渔矶浸月钩'之句。诣行宫进之，大蒙称赏。翼日，章庙入山行香，屡垂顾问，仍御书诗一章遗之。车驾还宫，遣使赐钱二百万。使者传，敕命师跪听，师曰：'出家儿安有此例。'竟焚香立听诏旨。"这段记载虽然主要在赞颂万松老人的高风亮节，但仰山栖隐寺主事对万松老人所说的一番话尤为有趣。主事说，历年皇帝巡幸，栖隐寺必进珍玩，如果不这样做，有司必有诘问。看来，栖隐寺在得到皇家护持的同时，也承担了进贡珍玩的义务。这种义务虽然被万松老人打破，但至少在很长一段时间内都是政府工作，即"有司的定例"。

佛教僧人能成为地方社会与中央皇权之间的纽带，不仅因为他们本来就是地方社会的领袖之一，也因为他们有自己的社会关系网络。他们惯于在各处寺庙间流动，频繁来往于山区和城市之间，是天然的社会中介人。以原在西长安街的大庆寿寺为例，这座金元明时期燕京最声名显赫的佛教寺院，历代住持都与皇帝过从甚密。其中，历成吉思汗、窝阔台、贵由、蒙哥四朝"为天下禅宗之首"的海云,主持设计修建大都城的刘秉忠,以及深受刘秉忠影响的姚广孝,都曾驻锡此寺。可以说,大庆寿寺在创建之初,就被设计为联络四方寺院的中心节点。

金朝移都北京后,于大定二年(1162)敕建大庆寿寺。寺成后,诏请玄冥禅师为开山第一代住持,敕皇子燕王降香,赐钱二万、沃田二十顷。①同年十月一日,再诏令玄冥禅师于东京(今辽宁辽阳)创建清安禅寺,度僧五百,作般遮于瑟会。大定二十年(1180)正月,敕建仰山栖隐禅寺,命玄冥禅师开山,赐田设会,度僧万人。②这样,以大庆寿寺为中心,以玄冥禅师的活动为纽带,一个紧紧围绕在皇家周围的临济宗寺庙网络就初步建立了起来。随着临济宗僧人活动的增多,大庆寿寺联络的寺庙延伸至京城每处毛细血管中,一个从山林到皇室的巨大网络建立起来。这一网络是纯粹宗教性的吗?答案绝非如此。我们甚至可以肯定,至少常伴皇帝左右的大庆寿寺僧人对自己的政治身份是了然于胸的。继玄冥禅师之后住持大庆寿寺的僧人玄悟玉,曾力荐虚明教亨禅师去潭柘寺弘法,并为其作诗一首《玄悟老人劝请亨公住潭柘》。诗曰:"最胜西山古道场,三年南贝棣华芳。钧怀不忍虚潭柘,省檄专驰

---

① [元]释念常:《佛祖历代通载》卷二十,钦定四库全书本。
② [元]释念常:《佛祖历代通载》卷二十,钦定四库全书本。

下法王。烟瞧晓波游鸭绿，雪痕春草乍鹅黄。后生力可持吾道，正好乘云入帝乡。"①尤其是最后一联，所谓"乘云入帝乡"之说，正透露出潭柘寺住持佛法和政治的双重身份。后来，这位虚明教亨禅师也成为大庆寿寺的住持。

身处佛法与政治之间的大庆寿寺及其寺庙网络，为随后明清两代的僧人参与政治提供了模板。与前代相比，明清时期的佛教僧人虽不能大规模参与政治，但亲近皇室并为之提供服务的高僧却大有人在。明万历年间的潭柘寺住持达观大师真可，为万历朝的李太后所信任，后深陷矿税之争。他曾有"三大负"之憾——"憨山不归，我出世一大负；矿税不止，我救世一大负；《传灯》未续，我慧命一大负"②，将抵制矿税视为自己平生第二大志向，甚至放在了为法脉续《传灯录》之前，亦是潭柘寺历经累朝数代而靠近中央政治核心的反映。其他西山寺庙也与皇家过从甚密，事例甚多。例如，康熙帝曾数次驾幸西山大悲寺，亦曾召其住持入见于畅春苑天馥斋，并赐额锡金。有了这层皇家背景，寺僧方能三载补葺万佛阁、护国寺大殿前石府、文殊院等，并修葺茶棚，款待朝山往来者，直接促成

---

① 张建伟：《金代教亨禅师墓塔见于嵩山法王寺考》，载《佛法王庭的光辉：嵩山大法王寺佛教文化艺术论坛文集》，社会科学文献出版社，2014年，第266—271页。
② ［明］陆符：《达观大师传略》，《明文海》卷四百二十一"仙释"。

了西山庙会的兴起。①这样一来，皇帝赐庙—僧人营建—平民朝山，三者构成了一条完整的互动链。国家（皇权）、佛寺与民众三种力量共同促进了京西地方社会的发展，而佛教僧人在其中发挥了关键性的中介作用。

除了沟通社会上下阶层外，佛教僧人也在东亚世界的文化交流中发挥了重要作用。北宋和南宋曾严厉禁止学术传入辽金，这无疑阻碍了文化的交流沟通。但同时期北地僧人们持续不断的译经、传法活动，却打通了不同族群的边界，以佛法为语言形成了一套共享性的知识，超大规模的文化交流、沟通和整合基于此而实现。辽代的契丹藏与刻经、元代时天主教与景教借佛教之路传入京西，乃至明代时潭柘寺成为真正的国际化寺院，京西社会以佛教为载体吸引了天下人的目光，在这里聚沙成塔，开出世界性的花。佛教所扮演的这种世界性的纽带，是北方政权与两宋抗衡的文化软实力所在。

辽朝对佛教的极力推崇，直接推动了刻经、印经与藏经事业的发展。1987年，在对河北省丰润县（今唐山市丰润区）的辽代天宫寺塔进行维修时，发现了10余种辽代佛经，有几种刊有千字文编号。其中，《上生经疏科文》带有"燕京仰山寺前杨家印造"字样，证明私人刻经作坊在

---

① 清雍正二年的大悲寺碑，其碑文为清礼部尚书王掞撰，现立于大悲寺殿前。

仰山栖隐寺附近兴起，这很可能是由于附近强大的"消费"市场所致。除了刻经之外，西山各寺也是印经、藏经活动的主要场所。阳台山大觉寺中的《阳台山清水院创造藏经记》记载："今优婆塞南阳邓公从贵，善根生得，幼龄早事于熏修；净行日严，施度恒治于靳惜。咸雍四年三月四日，舍钱三十万，葺诸僧舍宅……又五十万，及募同志助办印大藏经，凡五百七十九帙，创内外藏而龛措之。"[1]随着佛学的兴盛，辽代与周边国家及地区的佛学交往也日益活跃。虽然两宋与辽金之间存在书禁，但《开宝藏》很可能经由高丽传到辽，而后者的佛学著作也可能通过高丽传入北宋。辽与敦煌也有佛教交流，如经敦煌向西天取经的僧人道猷，曾把北京石壁沙门傅奥的《梵纲经记》带到敦煌。而辽代佛教对高丽的影响更为巨大。统和十八年（1000），燕京悯忠寺无碍大师诠晓，奉旨在云居寺主持刊刻契丹藏。他一生著述颇多，其审订的《开元释教录》《续开元释教录》是契丹藏雕版及云居寺石经的底本之一。高丽大觉国师义天撰的《新编诸宗教藏总录》（又称《义天录》）中收录了辽僧著作58部，其中诠晓著作6种75卷。正如日本学者竺沙雅章所指出的，中国佛学存在唐—辽—金—元的传承关系，辽在当时的东亚佛教文化圈

---

[1] 向南编：《辽代石刻文编》，河北教育出版社，1995年，第332页。

居于中心地位，高丽是佛典流动的枢纽。①

元代以后，中西文化交流更加频繁。门头沟斋堂后桑峪村中在元代时已有天主教活动。元统二年（1334），这里建教堂两间，堂内有石狮狗一对，雌雄各一，其中雌狮狗身上刻有"镇宅吉利、怀林得意"的字样。元世祖还曾亲观弥撒。②更为广受关注的例子是房山区车厂村北猫耳山脚下的十字寺。十字寺在元代一般专指也里可温寺，元代曾专设崇福司管理也里可温寺事宜。房山十字寺内曾有两方石刻，形制相同，两端都刻有十字架，其中一方的十字架两侧各刻一行古体叙利亚文，分别译为"仰望祂""寄希望于祂"，被视为景教教会的公式化用语。这两方石刻明确证明了当时此处曾有基督教活动。与此同时，十字寺遗址上有元碑一通，碑额上书"敕赐十字寺碑记"，正文中提到了元末修缮该寺，并由元顺帝敕赐"十字寺"的过程。从碑文来看，该寺重建后为佛教寺院，但仍以"十字寺"为名，且碑额上还刻有醒目的十字架标志，都反映出基督教与佛教融合的情况。直至民国时期，寺额牌匾仍题为"古刹十字禅林"，既是十字寺，又是佛教禅林，京西

---

① 尤李：《辽代佛教研究评述》，《中国史研究动态》2009年第2期，第12—18页。
② 包世轩：《西山问道集》，北京燕山出版社，2011年，第241页。

地区的佛教寺庙海纳世界的气度由此可见。①

到明代时，潭柘寺成为名副其实的国际性寺院。这里不仅接纳过多位外国僧人，甚至有两任住持就由异域高僧担任。日本的无初德始、东印度的底哇答思、西印度的道源禅师等著名僧人都终老于此。无初德始为日本信州人，青年时随日本商船来到杭州灵隐寺，东归后受国人景仰，尊为禅祖。洪武年间，无初德始再次来到中国，并由姚广孝推荐而受钦命担任潭柘寺住持。底哇答思为东印度人，八岁时师事中天竺国印度密教大师撒哈咱失里，随师于洪武初年来到南京朝觐。宣德中，底哇答思栖止大庆寿寺，后因"喜潭柘幽胜"，遂就龙泉寺之右建庵一所，从此终生再未踏入城市。底哇答思操履不凡，造诣广大，据说平生多有异迹，最终于正统三年（1438）圆寂于潭柘寺内。②西印度道源禅师在本土出家，精通戒律，来到中国后同样受到皇帝赏识。明英宗敕谕他为传戒宗师，住持潭柘寺，在寺内开坛传戒，成为潭柘寺广善戒坛的开山祖师。

因为超脱，反能入世。西山中的佛教世界，为人们提供了俗世之外的更大视野，也许正是因为这种身份，反而能在各种复杂关系中腾挪转移，并最终成为社会上下层、

---

① 唐晓峰：《北京房山十字寺的研究及存疑》，《世界宗教研究》2011年第6期，第118—125页。
② ［明］释明河：《补续高僧传》卷一"具生吉祥大师传附底哇答思传"，上海古籍出版社，1991年。

不同族群乃至不同文化之间的中介者与联系人。借助这种力量，来自草原的政权获得了对山区底层社会的控制力，也扩大了横跨整个东亚大陆与海岛的影响力。后世所看见的西山佛国，是政治与宗教合作与共谋的结果。

西山五百寺，多傍北邙岑

在明代士人看来，西山五百寺，大多出自太监之手，主要是为了解决死亡问题而建。在回顾了明代以前西山佛寺的种种生态后，我们可以在一个更长的历史时期和更大的文化视野中发现：太监们之所以对佛寺情有独钟，首先大概因为他们与僧人一样，都身处国家正式体制之外，但又与皇权和皇家保持私人联系。太监与僧人的天然同盟性，使得历代遗留下来的巨大佛寺遗产，在明代太监权炽之时，迅速成为他们可以善加利用的资本。其次也不能否认的是，太监对于"身后事"的高度焦虑与佛教对"死后地"的允诺及其技术一拍即合。西山，这个自金代以后便一直作为陵墓首选处的风水宝地，尤为适于这种"一拍即合"的表达。

与我们今天讳言死亡的情况不同，在漫长的历史时代中，死亡一直是古人的头等大事。甚至从某种意义上说，金代迁都北京，就与建陵西山有莫大关系。《大金国志》记载："国初，祖宗止葬于护国林之东，逮海陵徙燕，始令司天台卜地于燕山之四围，岁余，方得良乡县西五十里大洪谷曰龙城寺，峰峦秀出，林木隐映，真筑陵之处。遂迁祖宗于此。……国初无郊祀之礼，至海陵徙燕，太庙、元庙告成，始有尊祖之议。"[1]几乎就在海陵王迁都伊始，他就派司天台在燕山四周觅地迁葬。这是因为迁都一事曾多遭阻拦，右丞相、陈国公萧玉就曾强烈反对，理由是"上都之地，我国旺气，况是根本，何可弃之？"[2]为了断绝回迁之念想，移祖宗"根本"于新京，海陵王将兴建陵寝视为国家的头等大事。大房山金陵勘定之后，经海陵王、世宗、章宗、卫绍王、宣宗五世60年间的营建，形成了规模恢宏的皇家陵寝。有学者根据《大金集礼》判断，卫绍王大安二年（1210）时最终确定的金陵"四至"为：东至万安寺西小岭，即今房山街道羊头岗村北岭；南至黄山峪水心，即今黄山店沟；西至龙泉河（今大石河）、霞云岭、碾盘地、山川一线；北至万安寺西小岭、南郊涧口（南窖沟北口）、上治村（山川村）一线。磁家务孔水洞内有金代所刻"山陵北垂"的铭文，可知此地乃是金陵北限。[3]只可惜金末后的连年战乱，加之明天启年间捣毁金陵，如今通常所说的金陵，只剩下九龙山下的太祖陵。

金以后的元明清各代，京城贵胄多以归葬西山为上选。这些陵墓往往占据风水之最形胜处，如昆明湖东岸的

---

[1] 《大金国志》卷三十三"陵庙制度"，清文渊阁四库全书本。
[2] 《大金国志》卷三十三"陵庙制度"，清文渊阁四库全书本。
[3] 杨亦武：《房山历史文物研究》，奥林匹克出版社，1999年，第137页。

耶律楚材墓、玉泉山北麓金山口的景泰陵,本身就是游人临眺怀古的胜地。3世纪初,曹植登临邙山,写下"步登北邙阪,遥望洛阳山。洛阳何寂寞,宫室尽烧焚"的名句,被视为怀古诗的早期典范。后世文人继承此传统,亦将西山怀古视为雅事。元代翰林学士王恽,为敕建司徒巩公墓碑而来到西山后,进入觉山精舍观泉品茗,并题诗一首《觉山寺题示》,这也许是最早因访景而记西山墓地的诗句。此后,历代题咏无算。因此,大西山就如长安之骊山、洛阳之北邙,不知激荡了几多斗转星移之叹、怀古伤今之情,直接影响并建构了今日西山之临眺景观。

更值得关注的是,西山距京城不近,有能力在此营建坟墓并岁时致祭的,多为天潢贵胄。他们为自己或家族所修建的陵园往往占地辽阔,为供祭祀之用的香火地更是接天连陌。《宛署杂记》记载,万历时期,宛平县境内有寿定王香火地16顷98亩1厘,太监赖义创护坟延恩寺免差地7顷63亩,太监王堂创嘉祥观免差地4顷52亩,永年伯王纬护坟地25顷5亩5分,邠哀王与仙居公主护坟地25顷73亩,太监张诚护坟地3顷60亩,等等,不一而足。[1]大量土地以供奉香火为名没入私产,而寺观里的佛教僧人则通过提供仪式服务,依靠这些坟田为生。一方面是土地大量集中,另一方面是国库空虚、民生困苦,以致明代许多

---

[1] [明]沈榜:《宛署杂记》,北京出版社,1961年,第180—183页。

士人对此忧心忡忡乃至义愤填膺，而太监群体就成了他们发泄怒火的目标。前文所引之王廷相《西山行》以论入诗，讽刺太监们生前富贵已极，还要占用西山之地广营坟茔："人间富贵尔所有，不虑生前虑生后。高坟大井拟王侯，假借佛宫垂不朽。"坟地需要祭祀，而僧人恰恰是提供死亡技术的专家，有坟墓之地必有佛寺，有寺院之处端赖僧人维持，于是"凿山九仞平如席，殿阁翚飞照云日。已请至尊亲赐额，更为诸僧求护敕"。以此诗为代表，众多吟咏西山佛寺的诗人都纷纷暗讽太监营坟。太监仿佛成了一切罪孽的渊薮，而西山佛寺之盛就是他们权势遮天的罪证。

然而，正如现代研究者所指出的，宦官群体并非铁板一块，绝非全都罪恶滔天。在石景山区褒忠护国寺内为钢铁立庙建祠的司礼监太监们，就大多是忠心护国的正面人物。这些宦官组成黑山会，极力颂扬钢铁之"报忠"，不仅是塑造本群体的集体认同，也是在恶劣的舆论环境下借杯中之酒浇胸中垒块。还值得注意的是，宦官对寺庙情有独钟，并通过寺庙与民间社会发生密切联系。例如，《宛署杂记》记载，在宛平县的210座寺（不包括庵、宫、观、庙、堂等）中，为宦官所建或为其重修的就有63座。通过寺庙祭祀，宦官、贵族、士大夫和普通民众形成共享文化，而宦官恰恰是皇权与京师民间社会的特殊中介。甚至从某种意义上说，他们与普通民众的距离要比与士大夫的距离近许多，也许这才是士人们对其大张挞伐的隐秘原因。①

一溜边山府，七十二座坟。直到今天，京西还有大量以"坟"为名的村名，如坟庄村、佟家坟、坟上村等。这是西山坟茔从皇家逐渐发展至平民的历史印记。到了清代，旗人在城外建坟立庙之风更盛，这与清代制度亦不无关系。清代皇帝推崇孝道，鼓励民间祭祀祖先。根据清制，因罪籍没之家，坟园祭田不入官，这一规定至迟在雍正年间就已经存在。因此，社会各阶层都悉心经营茔地、开辟田园、涵养土地、修建度假别墅，以防家族后人万一获罪，还有安身立命之处。可以说，祖先长眠的坟地除了是精神归宿之外，它在现实意义上也确实成为市民"最后的家园"。许多旗人在生计拮据或仕途受挫时，都选择回归坟园，一方面在风水极佳之处静养，另一方面也就近管理坟园，重新以务农为生。②有理由认为，明清以后越来越多的北京市民到西山造坟，甚至直接促成了京西庙会的兴起与兴盛。其中，一个重要的证据来自天泰山慈善寺。

慈善寺坐落于石景山区西北部的天泰山（亦称天台山）西崖，是"小西山"的西部边界，清代时就以庙会而

---

① 赵世瑜、张宏艳：《黑山会的故事：明清宦官政治与民间社会》，《历史研究》2000年第4期，第127—139页。

② 刘小萌：《清代北京旗人社会》，中国社会科学出版社，2008年，第187—189页。

闻名。《燕京岁时记》载："天台山在京西磨石口，车马可通，即翠微山之后山也。每岁三月十八日开庙，香火甚繁。"[1]慈善寺现存的20多通碑刻中，有10通是会碑。据记载，至民国中期，慈善寺仍有香会30余档。[2]有学者研究了北京的旗人香会后发现，旗人香会最集中的寺庙以城隍庙、碧霞元君祠、慈善寺为首，可见此处香火之盛。[3]但事实上，慈善寺香火之初兴，就与旗人墓地有关。

寺中目前现存石碑数十通，其中最古老的一通刻于康熙六十一年（1722），记录了慈善寺的早期历史。据碑文中说，当时正蓝旗信郡王的姑姑赵氏，法名明行。她自幼皈依三宝，吃斋念佛。康熙六十年（1721），赵氏将近七旬，为死后事计，在西山黑石头村焦府前购置山地110余亩，立为坟茔。此处原有憨营和尚募建的佛殿一所，名为"自在兰若"。赵氏购山时一并买下此庙，仍令憨营和尚及其门人在内焚修住持。这110余亩山地分作两部分：西侧的60亩作为佛前香火，专供维持寺庙之需；东侧的50余亩附属坟地，栽培树木，斋僧供饭，料理坟前香火。此碑立在慈善寺内，憨营和尚的"自在兰若"即使不是慈善寺的前

---

[1] ［清］富察敦崇：《燕京岁时记》，北京古籍出版社，1981年，第60页。
[2] 常华：《天台松柏拥古刹》，《北京青年报》，2001年12月4日；马芷庠编：《北平旅行指南》，经济新闻社，1937年，第177—178页。
[3] 刘小萌：《清代北京旗人社会》，中国社会科学出版社，2008年，第187—189页。

身，也必定与之有莫大关联。由此来看，慈善寺的香火实因正蓝旗信郡王家族女性坟地而起。

清明时节，北京城内市民为墓祭而纷至西山，既为祭祖，也为郊游。对传统的北京市民来说，上坟本来就是一项与休闲游乐有关的活动。清明节俗以上坟为主，然而踏青赏春也是同时必做之事。《帝京景物略》记：三月清明日，"男女扫墓，……哭罢，不归也，趋芳树，择园圃，列坐尽醉。……是日簪柳，游高粱桥，曰'踏青'……"[①] 此俗到清代依然盛行。《康熙宛平县志》记："清明日，男女簪柳出扫墓……既而趋芳树，择园圃，列坐馂余而后归。"[②]《都门杂咏》中说："满怀幽恨锁乾坤，佳节凭谁记泪痕？只见驱车芳草路，纸钱烧去更销魂。"[③] 也就是说，祭祀祖先后，人们总会在树林与园林之中饮酒宴席，在祖先坟前哭泣之后，很快就转入轻松休息的愉悦。趁此大好春光，顺便至西山各处游览进香，对于久在城市中的市民而言，当然也就顺理成章了。

当然，朝山进香历来是北京市民所钟爱之事。从乾隆时期的《帝京岁时纪胜》《宸垣识略》到光绪时期的《燕

---

① ［明］刘侗、于奕正：《帝京景物略》，上海古籍出版社，2001年，第102页。
② ［清］王养濂等：《康熙宛平县志》，北京燕山出版社，2007年，第8页。
③ 转引自［民国］李家瑞编：《北平风俗类征》，北京出版社，2010年，第77页。

京岁时记》《朝市丛载》《天咫偶闻》等地方风土文献中,无不记载着大量京中游赏之地。民国时,陆费逵说"北人无论男女,无不外出嬉游"[1],主要就是逛庙。据光绪年间成书的《燕京岁时记》统计,19世纪末20世纪初,北京市民带有休闲性质的进香活动,从正月初一大钟寺赛马开始到十月一日江南城隍庙庙市结束,其间约有21次不同的进香节俗,而地点也遍布北京内外的大约20座寺庙,而西山寺庙自然是首选。正是受到这种全民性社会活动的启发,1925年,北京大学国学门研究所对妙峰山庙会进行了专门调查,随后出版了《妙峰山进香专号》。这次调查被视为中国现代民俗学的第一次实地田野调查,妙峰山从此被视为中国民俗学的圣地,朝山进香与庙会也就成为中国民俗学界经久不衰的话题。

---

[1] 陆费逵:《京津两月记》,《小说月报》1911年第8期,第3页。

社邑香会

香会,即是从前的"社会"(乡民祀神的会集)的变相。社祭是周代以来一向有的,而且甚普遍,自天子以至于庶人都有。现在我们无论到什么三家村里,总寻得到一所"土地堂",原来这是他们一社的社神呢!我们读《史记·陈平世家》,该记得"里中社,平为宰,分肉甚均"的故事。这就是那时的"社会"。

自从佛教流入,到处塑像立庙。中国人要把旧有的信仰和它对抗,就建设了道教,也是到处塑像立庙。他们把风景好的地方都占据了。游览是人生的乐事,春游更是一种适合人性的要求,这类的情兴结合了宗教的信仰,就成了春天的进香,所以南方有"借佛游春"一句谚语。因为有了借佛游春的人的提倡,所以实心拜佛的人就随着去,成了许多地方的香市。

到远处的神佛面前进香既成了风俗,于是固定的"社会"就演化为流动的"社会"。流动的社会有二种：一种是从庙中舁神出巡的赛会，一种是结合了许多同地同业的人齐到庙中进香的香会。赛会是南方好，因为他们的文化发达，搬得出许多花样，而且会得斗心思，一个地方有了几个赛会，就要争奇赌胜，竭尽他们的浮华的力量。可惜近年来生计困绌，加以官厅的禁止，已经不易看见了。香会是北方好，因为他们长于社交，有团结力。（北方人长于社交的例子，随处可以看见。譬如在沪宁车中，对面坐的人可以不攀谈，吃物可以不招呼；但坐津浦车到了山东时，社交的空气就浓厚了，使人觉得不与对坐旁坐的人招呼攀谈是一种不可恕的傲慢。）他们在进香中为谋自己的便利，故把同会的人分配了种种职务。同时他们也谋别人的利便，故在道中设立茶棚，招呼香客进内喝茶、喝粥、吃馒头、歇夜，尽一点"结缘"的诚意。（南庄茶棚的会启云，"诚献粥茶，接待来往香客，登山涉水，崎岖路途，以解酷热之劳渴；及风雨寒暑，以备早晚之歇宿：普结万善之良缘，宣扬诸善士之功德十五昼夜"。）

本来"社"是独尊的，自从有了佛教道教的庙宇以来，他的势力就一落千丈，到如今各处的社坛都是若存若亡的了。"社会"是从前的一件大事，但自从分出了赛会和香会之后，它也就无声无臭的消失了。(听说安徽还有几处地方举行这个典礼的,江南浙西一带则从未听见过;不知道他处怎样。)这是今古的一个大变革。

承受香火的佛道教庙宇是各地方都有的。例如我们苏州,有玄妙观、北寺、蛇王庙、七子山、穹隆山、上方山、观音山……许多地方。但这种地方的势力并不大,不过受到百里以内的香火。势力大的,如浙江的西湖和普陀,山东的泰山,安徽的九华,山西的五台,四川的峨嵋,广东的罗浮,江苏的栖霞和茅山,……它们可以吸致千里以内甚至于数千里以内的香火。所以然之故,只因它们的风景是特别好,因此能给与进香者以满足的美感,使在他们的意想中更加增神灵的美妙的仪态。

北京的妙峰,确是京兆直隶一带风景最好的地方,那里有高峻的山岭,有茂密的杏花和松树,有湍急的浑河和潺湲的泉水。所以它能够吸收京兆全部及直隶北部(直隶南部的香火给泰山吸收去了)以至于侨寓京兆直隶的人的香火。

……

——顾颉刚《妙峰山的香会》(节选)[1]

---

[1] 原载《京报副刊》第157—210号(《妙峰山进香专号》2—5),1925年5月23日至7月17日。

1925年，受北京大学风俗调查会的委托，顾颉刚等5人调查了妙峰山进香风俗。为何要调查妙峰山的庙会？顾颉刚在《妙峰山进香专号·引言》中指出了两条理由：第一，社会运动上，只有调查才能理解民众的生活状况；第二，研究学问上，妙峰山进香与《史记·封禅书》性质相同，应该作为系统研究的材料。妙峰山进香回家的人佩戴红花，这与欧美圣诞节的圣诞树性质相同，也可以作为文明比较的研究材料。正是在妙峰山上，顾颉刚提出了中国社会之"社"与"会"的问题。他相信，中国社会自古代社祭以来的结构密码就隐藏在进香走会之中。我们眼前所见到的民俗文化，既是长期历史演变造成的结果，又延续并继承了古老的传统，构成与西方文明比较并从根本上理解中国的重要材料。他一生致力于辨古史、究九州，都与这种对中国"社"与"会"的研究兴趣有关。

顾颉刚等人的妙峰山调查持续了3天，收集到的资料整理为5篇文章，在《京报副刊》上以专号形式出版，即中国现代学术史上著名的《妙峰山进香专号》。此次调查被认为是中国现代民俗学的第一次实地调查，正式拉开了中国学者行走大地以理解民众的序幕。2005年5月8日，在已经成为国家级非物质文化遗产项目的妙峰山庙会会址金顶上，妙峰山景区管理处与中国民间文艺家协会、中国民俗学会、北京大学、北京民间文艺家协

会和门头沟区文联联合竖立了"缘源"碑,在这通碑文中,近百年后的学者们如此评价妙峰山和80年前的那次调查:

> ……到妙峰山考察庙会民俗活动,开中国现代民俗学有组织的田野调查之先河,为震动学术界之大事件。此后北大、清华、燕京、中山数所大学联合组团来此调查,十多个国家、数十位学者,以妙峰山为研究中国民俗之首选地,有多名后学青年以妙峰山民俗研究为博士硕士论文选题,获得学位。妙峰山被誉为中国民俗学研究之田野大课堂、民俗知识宝库。……妙峰山与中国民俗学结下不解之缘,成为中国民族民俗文化的一方宝地。妙峰山民俗研究对弘扬中华民族文化,构建和谐社会大有裨益。值此妙峰山民俗学调查八十周年之际,立石于妙峰山金顶,以纪念前辈对中国民俗学所作出的不朽贡献。

妙峰山,经由中国民俗学者上百年的不断倾力添饰,终于成为民间文化及其研究当之无愧的"圣地",北京郊区其他进香之处均不能与之相比。

事实上,即使仅就京西而言,朝山进香的名山大庙就绝不仅妙峰山一处。不论是前章所提及之各处佛教名刹,还是历来知名的"三山五顶"①进香，在很长时间的历史中，妙峰山都绝不是一枝独秀的朝山"圣地"。顾颉刚等人将首次风俗调查放在这里，一方面当然因为同在西郊，距离近且耳闻多；另一方面也因为，自清末慈禧太后的大力提倡后，妙峰山的香火俨然跃居其他二山五顶之上，成为一时之最。顾颉刚这样概述他对妙峰山的整体印象：

> 妙峰山在北京城西北八十里，是仰山的主峰，原来唤做妙高峰的。它是北京一带的香主，山顶庙祀的神是"天仙圣母碧霞元君"，相传是东岳大帝的女儿。每年阴历四月中，从初一到十五，朝山进香的人非常踊跃，尤其是初六、七、八三天，每天去的有好几万人。这些人的地域，除了京兆之外，天津及保定方面也很多，旅京的南方女子亦不少。他们有各种的团体组织，给全体进香的人以各种的方便，所以虽是道路十分崎岖，而去的人却不至于感受怎样的困苦。在这个期间，北京城内外道路上常碰见戴了满头红花，支了树枝做成的手杖而行的男妇们，这即是从那里进完了

---

① 三山指妙峰山、丫髻山、天泰山。五顶之所是历代有些微变化，以《帝京景物略》中之说流传最广，即右安门外草桥北为中顶、东直门外东顶、蓝靛厂西顶、左安门外弘仁桥大南顶、永定门外大红门小南顶、安定门外大屯乡北顶。

香而回来的。红花是福气的象征,他们戴了归来,唤做"带福还家"。

在当时的北大教授们的认知中,妙峰山是"北京一带的香主",进香之圣无逾于此,当然是实地考察的首选。然而越来越多的研究表明,妙峰山并不是北京的唯一"圣山",甚至对于京西社会来说,"妙峰山的娘娘,照远不照近",山脚下的乡民反而不如京师九门旗人们那么热衷于"耗材买脸"。上百年来,妙峰山的研究史既创造出中国现代学术史上难以逾越的丰碑,但同时也在某种程度上遮蔽了京西大地丰富而多样的庙会现实。当我们稍稍将目光从妙峰山金顶上移开,就会发现西山之中、永定河畔存在着各种类型、不同特色的庙会。它们既与"三山五顶"存在结构性的互补,又各自在自己的区域时空中构拟日常与神圣。只有将妙峰山放回这个整体的视域中,才能推进对顾颉刚先生所说的"社"与"会"的认识。

在门头沟、房山、丰台、石景山、大兴5个区的范围内,已经被列为各级非遗保护项目的庙会活动有20余处,但这也只占多样性庙会实践中的一小部分。如果我们将发生在寺庙中的群体性、年度性节庆仪式都视为庙会的话,那么西山永定河地区的各类庙会常常与社会组织规模有关,根据其层级关系可以分为三种:单村庙会、联村走会与众村朝山。从以村落为单位的单村庙会到邻近几个村落在节日期间互相来往，再到一个区域内的所有村落在每年固定时间共赴圣山之约，三种不同的"社"与"会"分别建立了本村认同、强化了邻居互助，形成了山川圣地中的区域联盟。而晚清、民国直至当代的妙峰山，则位于这个金字塔层级的顶端：它首先吸引了内城旗人的目光，建立起跨越城内八旗与西山乡村的辐射区域，但随着其他各种力量的汇入与加持，它最终成为华北乃至中国最知名的庙会之一。正如一位研究者所形容的，妙峰山确实是一座"层垒的金顶"[①]。

单村庙会

京西地区几乎所有较大的村落中，都有香会。会分文武，通常来说，以慈善施舍为主的香会称为文会，以武术艺术表演为主的团体称为武会，如中幡、大鼓、狮子、秧歌等。前者往往是维持与组织庙会的主要力量，后者又称"花会"，是京城与畿甸各处庙会上最动人的风景。但此处所说的单村庙会并不是这些团体，而是以村落为单位，全体村民共同参与的节日集会。有能力举行这类集会的村落并不多，通常是有一定人口基础、居住规模和经济实力的大村，因此单村庙会也会吸引十里八乡的村民来参与，但他们只能处于观众的位置。只有本村人拥有表演和组织的

---

① 岳永逸：《朝山》，北京大学出版社，2017年。

权利，某种意义上也是他们的义务。在理想状态下，单村庙会应该同时是一次"全村大会"——以本村为界、人人有责的集会。

单村庙会有不同契机，如村中主庙于神诞日庆祝、天旱时集体祈雨等，但最常见、最重要的庙会，通常于元宵节期间举行。每年正月十四至十六这三天，京西各村凡有实力者，几乎村村点灯，村村有会。房山区的瓦井村，在正月十五晚上，沿街摆灯花、散灯花、唱祝词。大兴区的王家屯村，在正月十五晚上散播灯花、庙内烧香，正月十六中午到香头家聚餐。门头沟区的桑峪村，从正月十四开始到正月十六，整整三天里，村头空地上除了摆出黄河九曲灯的灯阵外，还有迎神送神、高跷、旱船等各种活动。

一般来说，在大石河以北、清水河沿线的西山村落中，每年正月十四到正月十六这三天的节庆通常称为天仙会。这既是元宵节活动的总称，也是活动组织者的名字。就组织方面而言，天仙会的最高领导称会首，通常由村长、副村长担任或委派推荐，也有的村落通过每三年一次推举产生。在会首之下，还要指定数名总管，负责整体规划、组织、安排，并负责督促下面会档的排练演出。天仙会的主体，一般由十几个会档组成，常见的有中幡会，大鼓会，南、北两班音乐会，法器会，吵子会，旗灯会，等等。每个会档十几人至几十人不等，由小组长具体负责本会档的协调管理。所有会档集合到一起，规模可达数百人，几乎包括了全村所有的青壮劳动力。其余不能参加组织、表演和会档的老人，大多负责烧水、泡茶，以及准备食物祭品等后勤工作。每届天仙会之时，村民无论男女老幼都要参与，这才是单村庙会最重要的组织原则。

过节之前，要先建灯场。灯场需要设在一块较宽敞的平地上，因此常常在大庙前或村口处。如果村里有戏台的，那必定放在戏台下。如果灯场不在庙边，则还需要搭建临时神棚，供奉神灵牌位，请神灵到场一同玩乐观看。灯场又叫"黄河九曲灯"，由361个灯把子组成迷宫形状。灯盏横竖成行，各为19盏，加上中心1盏天灯、门口3盏门灯，合计365盏灯，代表一年365天。灯把子通常由秫秸秆扎成，每隔一米左右栽上一个，中间用秫秸秆连接。每个灯把子上面放一盏灯碗，外面糊上五彩灯纸，有时还贴上灯谜。夜间一齐点燃后，宛如银河掉落人间。转灯时，人们一一经过所有灯盏，就像转过一年周而复始的时光。

正月十四上午，先请神下界。正月十五是正日子，天仙会焚香祝祷完毕后便可以正式走会。以清水镇黄草梁山下、东西龙门涧环绕的燕家台村为例，由10余个会档组成的天仙会先在村西街的戏台底下集合，三声铁铳响过后，队伍从西头五道庙开拔，先到村前街的观音庙，再向南到龙王庙，然后顺东河向北走到通仙观。从这里到柏峪涧口停下,朝张仙洞圣泉庵方向朝拜,然后回到村东北角的关帝庙,最后到娘娘洼。从娘娘洼回到戏台下,各香会在这里集中献艺表演,一天的走会便正式结束。整条路线勾勒出村境的边界,走会的队伍巡境一圈,犹如为村落肃清了边境。到了晚上,便是唱大戏、转灯场的时间。所有走会队伍,除了幡旗与娘娘驾,都在香头的带领下依次进入灯场。此时,节日气氛达到了高潮。

京西村落中很多都有自己的戏班,如评剧、燕歌、秧歌戏等。其中,山梆子戏是京西一带独有的地方戏种。北京现存山梆子戏剧团11个。除了昌平长峪城山梆子剧团之外,其余10个戏团均坐落在百花山—髽鬏山的山岭周边,北以灵山—黄草梁山岭为屏。关于山梆子戏的来历,众说纷纭。有的说是闯王李自成将家乡的陕西秦腔以及山西晋剧带到了门头沟和房山等地。[1]有的说是山西洪洞大槐树的移民带来了山西梆子。还有的说是因为此地靠近河北,在清中后期延请河北梆子戏班前来教戏,从此留下了梆子的种子。的确,北京的山梆子戏中融合了河北梆子、山西梆子以及陕西梆子的元素,但同时也自成一体,形成不同于上述剧种的特色。

有史可查的山梆子戏团可以上溯至清末。在这一时

---

[1] 张维佳、张弛编著:《京韵流芳——北京民间曲艺选介》,商务印书馆,2017年,第31页。

期，京西地区涌现出一批声名远扬的戏班。其中，斋堂的六合班最具代表性。房山的天成班，据说曾得到皇帝的赏识与敕封。门头沟的杨家村在民国时期组建的戏班，就仰赖从房山学艺归来的村民麻来喜才组建完成。麻来喜之后，清水村宽顺班的杜长旺和房山秋林铺的任成兴也曾来此教戏。[①]不过，山梆子戏最繁盛的时代为20世纪50年代。在党的群众文艺路线下，山梆子戏无论从规模、技术还是艺术层次上都有很大提高。房山芦子水村的山梆子剧团在此时开始兴旺，出现了"真正唱出来名堂，空前绝后的一代"。人们至今传颂这一代山梆子戏演员的表演，认为"无论先辈还是后来者，都无法达到这个水平"[②]。

有天仙会的村落常常也有自己的剧团，白天全村人迎神走会，夜晚戏台上连轴大戏。在欢腾热闹的集体氛围中，村落完成整合，社会得到强化。这不仅是全民狂欢、荡涤辛劳的节日，也是重新形成或加强社会秩序的仪式。正是通过这样的社会仪式，村落才成为真正意义上的"共同体"。

联村走会

北京最有名的联村走会，非千军台庄户幡会莫属。这

[①] 北京门头沟村落文化志编委会：《北京门头沟村落文化志（二）》，北京燕山出版社，2008年，第871页。

[②] 隗合旺编著：《房山区芦子水村志》，三环出版社，2021年，第121页。

一仪式于2007年被列入北京市非物质文化遗产代表性项目名录，2014年被列入国家级非物质文化遗产代表性项目名录。每年的正月十五到正月十六，庄户村与千军台村互相抬着幡旗到对方村里走会。人们相信，清末以前的联村走会中还有相隔不远的板桥村，只是清末时由于冲突，板桥村才退出了元宵活动，直到2011年左右才重新加入。

20世纪30—40年代日军入侵华北，门头沟地区的崇山峻岭成为抗日的主战场，村民大多上山逃难，两村原有建筑大多被烧毁。千军台村幡旗于此时被毁，但庄户村幡旗幸免于难。此后的十几年间，这一地区的走会活动是中断的。50年代以后，大台矿人民公社成立，两村村民大多重操旧业成为矿工。1962年，随着村落经济的复苏、社会主义环境下集体意识的高涨，千军台村根据老人留下的记忆，村民自愿捐钱、捐布票，重新复原了本村幡旗。与此同时，庄户村也整修好了自己的幡旗。1963年正月，走会活动曾一度恢复，但1968年再次停止。直到1982年，在门头沟区文化工作办公室的支持下，幡会才再次重新恢复。

恢复之后的幡会仪式主要包括农历正月十四晚上的请神，十五、十六两天的走会和十六晚上的送神三个仪式环节，最主要的活动是十五、十六两日两村之间抬着幡旗来往。虽然每年的活动根据不同情况略有调整，但总的来说其"标准流程"由以下4个阶段组成。

请神。正月十四晚9点，在会长带领下，村中的古幡乐队和其他村民到村庙内请神。千军台村到三官庙内，庄户村到龙泉庵内焚香膜拜。庵内有一张会长提前写好的黄纸，上面写着各路神仙的名字，此表叫"大表"，由会长亲手点烧，并演唱古幡乐词。这个仪式叫"请神"，也叫"请大表"。

挂幡。正月十五早晨8点半开始挂幡，即将幡旗牢固地挂在竹竿的顶端。竹竿一般胳膊粗细，长8米。幡旗长6米、宽1米，用丝绸锦缎做成。幡旗上绣有儒释道三家的各路神仙图案及其名字，以及祈福风调雨顺、家庭和睦与保佑福禄寿康的文字。

走幡。正月十五，以千军台村为主村，庄户村幡会来访；正月十六，以庄户村为主村，千军台村幡会来访。活动一般从下午4点开始，两天分别在两村村口会合，两村会长互致问候，这是"接会"。两支幡会融到一起后便开始"拔会"。"拔会"以锣声为标志，两位会长同时发出命令："响锣！"霎时间，两面直径约1米的大铜锣被敲响，旗幡全部擎起，鼓乐齐奏，主客队旗幡正面相对，开始按规定的顺序编排队列。一般来说，正月十五千军台走会的顺序是：（1）庄户灵官旗；（2）庄户地面幡；（3）千台地面幡；（4）庄户小车会；（5）庄户窑神幡；（6）庄户马王幡；（7）千台秧歌；（8）千台龙王幡；（9）庄户秧歌；（10）庄户三圣幡；（11）千台太阳幡；（12）千台送生幡；（13）千台狮子；（14）千台老爷旗；（15）庄户大鼓会；（16）千台三官幡；（17）千台吉祥班；（18）庄户眼光幡；（19）庄户子孙幡；（20）千台天仙幡；（21）庄户东岳幡；（22）两村吹乐；（23）千台地藏幡；（24）庄户观音幡；（25）千台跑驴旱船；（26）千台老君幡；（27）千台玉皇幡；（28）两村打乐班；（29）庄户真武幡；（30）千台真武幡。正月十六庄户走会顺序是：（1）庄户灵官旗；（2）千台地面幡；（3）庄户地面幡；（4）千台秧歌；（5）庄户窑神幡；（6）庄户马王幡；（7）千台龙王幡；（8）庄户秧歌；（9）庄户三圣幡；（10）千台太阳幡；（11）千台跑驴旱船；（12）千台送生幡；（13）千台狮子；（14）千台老爷旗；（15）千台吉祥班；（16）千台三官幡；（17）庄户眼光幡；（18）庄户子孙幡；（19）千台天仙幡；（20）庄户小车会；（21）庄户东岳幡；（22）两村吹乐；（23）千台地藏幡；（24）千台老君幡；（25）两村打乐班；（26）庄户观音幡；（27）千台玉皇幡；（28）庄户大鼓会；（29）庄户真武幡；（30）千台真武幡。

送神。到下午6点左右，客村幡会返回，千军台村的幡旗停在村西小碾子一带，其他会档回到村中官学房；庄户村的幡旗回到大庙（龙泉庵）。正月十五到千军台走会，从村东头五道庙大影壁处起会，在村口接客村队伍如仪，随后向西北穿过村庄，经杨家走到茶棚庙为止，并在茶棚庙前表演。正月十六到庄户村走会，从孙台子起会，走到东坡为止，最后在大庙前表演和送神。①

从2017年的走会活动情况来看，千军台、庄户两村的幡会活动基本保持了自20世纪80年代恢复后的基本流程与格局。两村共有18面幡旗和3面大旗，音乐班、吵子会、花钹大鼓会、狮子会、秧歌会、小车会等尚属完整，但人员情况参差不齐。自2011年以后重新加入的板桥村日益深度参与，除娘娘驾参与走会并架设于千军台原礼堂外，板桥村的音乐会及其他表演团体也参与了走会、谢神等活动。正月十四、十五两天内的仪式流程比较完整，正月十四晚9点，村民们由德高望重的会长带领和古幡乐队一起到三圣庙和龙泉庵焚香膜拜，请大表。正月十五以千军台为主村，正月十六以庄户村为主村，两村幡会互访。2011年，由于考虑到治安问题，接会仪式中的"号佛"环节被取消。千军台村到庄户村的表演结束后，由两村会长带领幡手到龙泉庵再焚香叩拜。拜别神仙后，幡会活动结束。

刘铁梁、包世轩、韩同春等人都对元宵走会仪式做了详细研究。他们普遍相信，幡会在清末时达到鼎盛，其中千军台与庄户村各有幡旗9～10面，狮子会、号佛会、音乐

---

① 仪式过程的描写除了使用笔者于2017年至2018年在千军台、庄户村的访谈资料之外，还参考了韩同春：《京西幡会研究》，人民出版社，2014年，第101—102页；刘铁梁主编：《中国民俗文化志·北京门头沟卷》，中央编译出版社，2006年，第229—240页。

会、地秧歌等会4~5档。板桥村亦有幡旗和五虎少林会、吉祥会等会档，但具体数量已不清楚。每面幡旗有5~7名擎幡手，事实上也组成一个会档。因此，三村幡会会合后，一支标准的元宵节走会队伍由30余个会档组成。这30多个会档才是村落中的基层社会组织，是以不同逻辑各自组织起来的不同身份群体。例如，理想状态下，一面幡旗就是一个家庭的象征，正如人们所说："（擎幡）最好一家仨儿子，老头兄弟拉绳子，仨儿子搂着幡。"而吉祥会与大鼓会则分别代表了千军台与庄户二村中的村落权威。在千军台村，进入吉祥会需经村长、副村长指定，须是村里最聪明、最能服众的少年，未来村首最有可能从中产生。庄户的大鼓会据说由明代帝王敕封，也称"神胆老会"，其成员也往往在村里有举足轻重的地位。音乐会是礼乐教化的具体形式，人们认为："幡没有了，音乐会还得有。老人去世了给人帮忙，都要用这个幡乐。"其成员有责任和义务参与村民的婚丧祭祀，维持村落生死秩序，这正是张振涛所说的礼乐社会的重要标志。[①]与之相对，狮子会、地秧歌等则更偏重"趣缘"，娱乐性明显更强。平时被隐藏在家庭之内的女性与孩童，此时也组成自己的秧歌队或小镲队，以个体而非家庭身份形成组织性力量，登上村落公共舞台。如

---

① 张振涛:《冀中乡村礼俗中的鼓吹乐社——音乐会》，山东文艺出版社，2002年，第411—420页。

此，元宵节期间的联村走会首先是村落中不同人群的冬日聚会，而身份认同、权力分工、群体协作，乃至人—神—世界的关系在此时得以集中呈现。在这一"聚合"的时刻，村落之间的互访更类似于一场"联赛"：在元宵节两天或三天的时间内，两村或三村轮流扮演"主场"的角色。此时，不仅各个会档会暗自较劲，四邻八村来凑热闹的亲友也会比较哪个村组织安排得更好。村落之间的竞争强化了村落内部的凝聚，轮流互访又加强了彼此之间的边界意识。正是在这样的氛围中，松散的村落集合体才在意识层面形成"社区感"，而本村认同才在温和的冲突与竞争中被强化。

大台沟的村民至今相信，三村走会才是理想状态，因为他们所在的大台沟就是由龙头（板桥）、龙身（庄户）和龙尾（千军台）三村组成。无独有偶，这样的"联村"还有很多，清水河边的上、下清水村历来于正月十六合并"打灯"，两村轮流进行，今年这个村，明年那个村，主村给客村下请帖，客村应允后，两村便合并成一支队伍，绕主村村境游行，晚上一起转灯演戏。这样的联村走会，是村落集合体的聚会与自我确认。它在强化本村认同的同时，也加强了邻居村落之间的友好亲善，并展现了联村的整体形象。

众村朝山

妙峰山当然是京西众多朝山圣地中最闪亮的一座，但绝不是唯一的一座。京西山中的村落大多有自己的进香圣山。以上述千军台庄户幡会为例，他们最重要的朝山之处，就是上文提及的北港沟娘娘庙。

四月初一到北港沟娘娘庙进香的仪式叫"做天道场"，这也是大台沟每年必有的"朝顶进香"。至少从清代开始，娘娘庙就是大台沟三村及其附属小村共同拥有并维持管理的圣地。此庙的始建时间今已无考，清代曾经重修，有娘娘庙碑记其事。碑尚存于正殿内，然字迹漫漶甚多，刻立时间已不详。至今庙内尚存正殿三间，供奉五位娘娘：碧霞元君居中，左边是斑疹娘娘和眼光娘娘，右边是送子娘娘和催生娘娘。据说两侧原有壁画24幅，今已基本不存。据娘娘庙碑中记载，当年寺庙重修，乃各方聚善合力所为，但碑阳碑阴所记之捐资者姓名又有不同。除了碑阳记名者捐资数量更大外，更重要的是，碑阳题名多为集体，而碑阴题名则全为个人。例如，千军台合村施钱一百吊，西板桥并东板桥二村施钱□□吊，大台村并千军台燕翅村施钱□□吊，庄窠村施钱□□吊，另有宝库窑、复盛窑、顺兴窑等各各施钱，均出现在碑阳一侧。由此可见，当年娘娘庙重修，既是以村落名义进行集体组织与动员的结果，也接受善男信女以个人名义捐赠奉献。千军台村，东、西板桥村，庄窠村等均以村落名义合村捐资，这与幡会过去每年都到北港沟娘娘庙进香的口头记忆一致，证明三村幡会"朝顶进香"的主要目标首先是镇守北港沟这块风水宝地的娘娘庙。人们也说,自有幡会以来,年年大台沟里的幡会都要上福龙山娘娘庙朝顶进香、大作道场。此时要写一张大表给泰山娘娘,盛赞娘娘"操养育之权,有栽培万物之德。兹值四月初一,时值气清之际。福隆山前欣逢庙会,灵隐殿内严设道场,默感善男信女登擅……"[1],然后再观看幡会表演,善男信女焚烧香烛纸马。除了幡会外,娘娘庙进香"谁都可以来,一个村的幡会可以来,其他香会、个人都可以来"[2]。

有理由认为,北港沟娘娘庙首先是附近四五个村庄"朝顶进香"的圣地,其中尤以千军台、庄户和板桥(包括东、西板桥)三村为主。这种朝山进香更类似于某种"锦标赛":可以集体名义出现,也可以个人名义参与,只要在规定的时间内齐聚赛场,那么,无论是强村还是弱村,大会还是小会,都可以同台竞技,并以竞争求团结。与之相比,元宵节中的"联赛"走会则有更高的门槛:比赛只在固定的三村中举行,是龙头、龙身与龙尾三村之间的强者游戏。如果说大台沟是个小世界,那么北港沟娘娘庙会则是让人们在山川聚会的欢腾气氛中,完成了一次对"沟里世界"的想象。这个世界有明确的边界,基本上只限定于大台沟内,而大台三村是其骨架。事实上,门头沟地区

---

[1] 刘铁梁主编:《中国民俗文化志·北京门头沟区卷》,中央编译出版社,2006年,第230页。

[2] 根据笔者2017年对幡会会首的访谈。

有很多个类似的"沟里世界"——同在一条山沟里的数个村落，共享圣地、共建秩序，并与周边区域之间划出一条明确的界线。例如，琉璃渠村也有自己的"沟里世界"——门头沟。

旧时所说的"门头沟"，只指今天龙泉镇九龙山麓的这条山沟，共计16个自然村，它们的圣地是九龙山娘娘庙。据刘铁梁等人调查，九龙山娘娘庙由这16村的煤窑窑主和窑工集资兴建。20世纪40年代以前，每年五月初一举行庙会。由16村组成十三会，加上煤窑主们的吉祥会、煤商们的清茶老会等，共同集资在娘娘庙内走会、唱戏与"吃会"。

所谓门头沟十三会，也称十三会十九档，是门头沟十六村的标志，也是九龙山娘娘庙的核心会档。其中包括：东辛房的叉会（开路会），西辛房的中幡会和大鼓会，门头口村的狮子会，炉灰坡村（龙凤坡）的娘娘驾会，宽街的杠箱会，梁桥的牌楼会，东店村的大旗会，中店村的七星会，西店村的支单会，横岭根和天桥浮两村的小车会，孟家胡同和官园两村的地秧歌会，拉拉壶、韩家沟和香儿窑三村的音乐会（道经会）。另外还有6个特殊执事，也各算一档，分别为两蓝旗、两传喻、一头锣、一二锣。每届庙会开始，十三会十九档要以非常隆重的仪式，将娘娘像从圈门的九天娘娘庙中抬出去，走过七里的山路，送往山顶娘娘殿内安放。与此同时，各会档沿路献艺。门头沟人将此活动称为"送娘娘避暑"。各煤窑也从此时开始封窑停产,由各窑的大作头顶最后一班,最后一个出窑封井,俗称下山。到了九月初一,各会档又上九龙山娘娘庙,将殿内那尊小的九天玄女娘娘神像请驾到龙凤坡后的九天娘娘庙。直到娘娘回銮,煤窑才又开始生产,俗称上山。①

九龙山娘娘庙进香朝山的大道主要有三条:正道称平西岭,是门头沟十三会与这一带窑主乡民进香的主要道路;中道称中平岭,是门头沟外大峪、城子一带村民进香的路线;东北道称东平岭,主要供三家店、龙泉务、斜河涧、琉璃渠等村的香客上山。此外,还有一条西北小道,为王坪村、色树坟、落坡岭、石古崖、韭园、马各庄等村的村民上香。因此,九龙山娘娘庙不仅是门头沟十六村"锦标赛"的竞技场,也是煤窑生产的指挥棒,还是连接门头沟周边村落的枢纽站。它和北港沟娘娘庙一样,深深嵌入当地的生计方式之中,是对流域社会和煤炭产业链的整合。围绕山上的娘娘庙,不仅形成了沟里的区域范围与社会组织,也规定了沟里的生活节律与行业关系。在这里,时间、空间和人群关系都被秩序化,一个"小世界"就此形成。

---

① 刘铁梁主编:《中国民俗文化志·北京门头沟区卷》,中央编译出版社,2006年,第212—215页。

类似北港沟和九龙山这样的圣地还有不少，它们虽然名声远不及妙峰山响亮，但却是当地人的"小世界"中心。房山黑龙关庙会是房山河套沟地区的中心型庙会，历史可以追溯到元代，由河北镇、佛子庄乡、南窖乡等多个村落共同举办。庙会期间，各方香客和花会来此朝拜龙神爷，影响范围十分广泛。长沟庙会位于东长沟村三义庙。新中国成立前，这里每年农历初一至初五都要举办庙会，香火旺盛，商户、艺人和民众云集。大兴每年九月十五举办的礼贤药王庙会是最热闹的，与礼贤集市、礼贤古戏楼关系密切，是当地一个集赶庙会、看戏听戏、花会表演、货物买卖于一体的传统节日。长子营村的良善坡庙会又叫三月三庙会，良善坡庙在当地又称玉皇庙，在清代是当时北京东南最大的庙会。东黄岱村药王庙在过去也香火旺盛，于每年农历四月二十二左右举办药王庙庙会，一直延续到20世纪50年代，后因各种原因，一度停办，自2005年起已逐步恢复庙会庆祝活动。

　　另外，丰台区西铁营村的中顶庙庙会、大灰厂庙会和看丹庙会，石景山区的皇姑寺庙会、石景山庙会、天泰山庙会、八宝山庙会、龙泉寺庙会，门头沟区的百花山庙会、杜家庄娘娘庙会、杨村娘娘庙庙会、焦岭九泉山娘娘庙会、桥户营村药王庙庙会、田庄村青茶山庙会、龙泉务观音庵庙会、城子村拦龙山庙会等，都具有区域性朝圣中心的特征，有待进一步的研究与梳理。

金顶妙峰

妙峰山虽然也是朝山之处,但它却不是山里人自己的小世界,而是山外大世界的产物,其名气主要来自清代以后内城旗人的蜂拥而至。其实,妙峰山、丫髻山、天泰山等,都是北京城里的香头和香会所造成的名胜。

有据可查的妙峰山香会,最早可以追溯到清康熙年间。清道光十六年(1836)重镌的引善圣会碑中出现了"康熙二年旧有碑碣"字样,可能当时已有此会,但尚无定论。万寿善缘缝绽老会声称自己成立于康熙十二年(1673),但亦无其他证据可资证明。比较确切的证据是宛平人张献在康熙二十八年(1689)撰写的《妙峰山香会序》,文中记录了阜成门外宝塔寺地方的里人杨明等人参加走香圣会,至妙峰山进香之事。[1]宝塔寺在今月坛西夹道,紧靠城门。为杨明等人撰碑的张献也官居钦差督理街道工部营缮司主事。杨明等人都不是郊野之人,而是城市居民进香团体的代表。而前述两个无法确定确切成立时间的香会:海淀新庄保福寺三村的引善圣会与万寿善缘缝绽老会,也是城市而非乡村的社会组织。海淀新庄保福寺一带,毗邻圆明园,附近有内务府三旗营房、正蓝旗营房,村民多为内务府旗人。他们直接为皇室服务,属于北

---

[1] 清康熙二十八年的妙峰山香会序碑,拓片藏首都图书馆。

京内城旗人社会的"飞地",并非一般意义上的村落和村民。新庄、保福寺以及附近的成府村所构成的海淀三村,是京西旗人集中居住的地区,这里的香会是推动妙峰山进香传统兴起的主力。妙峰山娘娘庙正殿台阶下和东西庑共立有石碑26通,其中6通是保福寺引善圣会所立,而乾隆五十二年(1787)立的献供斗香膏药圣会碑最大,占所有石碑的1/4强。民国时期出版的《妙峰山志》记载,保福寺引善圣会创于康熙年间,与成府村的献供斗香膏药圣会每年搭伙上山。音乐会众百余人,多在前清中和乐(乐部)承差[1],绝非一般意义上的农民。正是这些城里人或事实上具有城市生活方式的人,最早组成香会登顶妙峰山并立碑,也是他们直接推动了"金顶"的形成。

在阜成门的里人与保福寺三村的旗人远赴妙峰山走会之后,"金顶"的名气在北京城内越来越大,吸引的旗人也越来越多。乾隆七年(1742),皇十子弘晃亲自为西直门内的二顶兴隆圣会撰碑。这档香会的会首姓肯,会址就设在他家中,与会者约有百人,如孙韦驮保、德楞厄、那钦等都是明显的旗人名字。乾隆三十五年(1770),阜成门内祖家横街路东的众家钱铺,发起组织了膏药老会进香施舍。根据会碑题名,不仅10位香首多为旗人,随会香首、制药弟子等近50人也很多是旗人。旗人不能经商,他们与

---

[1] 金勋:《妙峰山志》,北京燕山出版社,2007年,第140页。

钱铺共同组成香会登顶妙峰山,很可能是缘于他们之间日常往来拆贷的关系。此外,阜成门朝天宫的二人圣会、西四牌楼的修补道路圣会、右安门关厢的万善长青献鲜圣会,都是来自北京城内及其周边的香会。

随着天津开埠与经济发展,清末时津人赴妙峰山进香亦逐渐成为时尚,较早的立碑有光绪三十二年(1906),天津路灯会重修北安河玉皇庙;宣统元年(1909),天津香会重修妙峰山香道的朝阳院;宣统二年(1910),天津信意馒首会立碑;等等。顾颉刚当年调查的天津公善汽灯会会启上说:"老北道历年沿路所点汽灯,所有一切资费,皆由本会自行筹备。"又特书曰:"不敛不化,并无知单。"当时其他香道上点的都是煤油灯,唯有天津商人负责的老北道上点的是汽油灯,其财力之雄厚可见一斑。妙峰山的名气如滚雪球一般,在华北地区越来越响亮,乃至畿南津海等地的进香人也纷至沓来。京西俗语说"妙峰山的娘娘,照远不照近",描述的就是山外世界的香客纷至沓来而山内世界的进香却不在此处的情况。

伴随着四方香客会聚妙峰山金顶的,是各条香道逐渐成形。一般认为,前往妙峰山进香的香道主要有五道[1],分别是:南道(从徐各庄开始上山,途经大觉寺、菩萨庵、

---

[1] 关于妙峰山香道的说法主要参考张文大:《妙峰山碑石》,团结出版社,2013年,第52—53页。引用时有删节。

关帝庙茶棚等)、中南道(在南道之北,中道之南,有三条支路上山,相交于灰峪仙人古洞茶棚。这三条支路中,其一从中道白家疃蜘蛛山分出,走下捅子,过城子山;其二由碧云寺、挂甲塔、打鹰洼等至灰峪;其三由三家店往北,过答腊峪、黄崖子,至军庄、灰峪。自灰峪相交后,经大石子、城子水,至萝卜地兴隆万代茶棚,与中道相合)、中北道(起点在北安河玉皇庙茶棚,经万福寺、青龙山朝阳院等处,至涧沟村与中道合)、南道(以三家店村为起点,过永定河上木板桥到琉璃渠,往西北到龙泉务,再过永定河至陈各庄,金西北涧、樱桃沟等,至涧沟村与中道、中北道相交)、北道(从聂各庄观音院茶棚西行开始上山,经车耳营、双泉行宫至双龙岭巅,再下山到贵子港,最后相交于涧沟村)。另外,大云寺西南行至下苇甸还有西道,但只有妙峰山以西的下苇甸等村由此进香,人烟稀少,故一般不与其他五道并称。《妙峰山琐记》记载:"南道山景幽胜。中道、北道亦佳。中北道次之。以道里计,则中道最近;中北道少远;北道又远;南道最远。此外尚有建阳洞,俗称仙人洞者一处,在中道之南,南道之北,可以谓之中南道;久废不治,香客行者绝少。"[1]

从北京步行至妙峰山进香,来回颇为费时,故而香道上布满各种茶棚。这些茶棚以"为老娘娘当差"的名

---

[1] 奉宽:《妙峰山琐记》,北京燕山出版社,2007年,第186页。

义，供奉神码，施舍茶水，不仅是妙峰山进香途中最重要的歇脚处，同时也是连接京城权力中心与城西郊区社会的必经节点。琉璃渠村的万缘同善茶棚在这方面的特征尤为突出。

从三家店去妙峰山的南道，最初并不从琉璃渠经过，而是沿着永定河东岸走到陈家庄。清乾隆年间，琉璃南厂的赵家整修了村北至野溪渡口的道路，开通了妙峰山进香的南道，从此香客不必再沿着山高临水的沿河路上妙峰山了。到了光绪年间，琉璃赵家的传人赵春宜接掌琉璃南厂，他拿出一年的俸禄，重修了这座万缘同善茶棚。

赵春宜为什么要修茶棚？很多口述史资料都提到，这与赵家想吸引香客们前往琉璃渠村有关。这座茶棚亦名"观音院"，由赵家出资修建，平时并不对外开放，只在妙峰山香会期间，在院内搭棚舍茶，东厢房以东是车马院，也是香客们在此更换交通工具的地方。据赵家后人说："观音院的庭院四周都砌筑着带有圆孔的柱础石，是为安置立柱、搭建茶棚而特设的。每逢四月初一大批游客去妙峰山赶会时，赵家窑就在紧傍路口的观音院搭建茶棚，向过客提供茶水和粥食。这个茶棚名叫'万缘同善'，在京西很有名气。"[1]可见，茶棚几乎完全是为妙峰山进香服务

---

[1] 赵石岩口述，参见《探寻古道记忆——北京琉璃渠村万缘同善茶棚》一文中的记录，载孙庆忠：《妙峰山：香会志与人生史》，知识产权出版社，2013年，第205页。

的，几乎不承担其他功能。那么，赵家为何如此重视妙峰山的香客？这恐怕与赵家和慈禧太后之间的关系有关。

光绪年间，慈禧太后兴建颐和园及扩建西苑三海，建筑工程中需要用到大量的琉璃制品，而此时琉璃北厂已经江河日下，提供琉璃制品的重任就落到了南厂的赵家头上。赵家当时的掌门人正是赵春宜。承担如此浩大的皇家工程，当然也进一步拉近了他与皇室的距离。众所周知，慈禧太后对妙峰山进香走会相当有兴趣，据说她不仅亲自为妙峰山题写匾额，还邀请香会到颐和园内表演。经她封赐的香会，从此以后都以"皇会"自称。作为皇家工程的承办人，赵春宜对妙峰山的重视、对香会的礼遇有加，一定与慈禧太后的这一喜好有关。甚至可以说，他修建万缘同善茶棚的根本目的，就是表示自己与皇家趣味的一致。

为了迎合皇家趣味，服务于妙峰山进香的茶棚，当然不可能仅仅属于琉璃渠。当年在茶棚内活动的各类组织，都远远超出了村落甚至地方社会的范围——他们来自全北京甚至更大区域，同时也为整个京津冀地区的进香人群服务。在庙会这特定的半个月时间中，人们会短暂地聚集到茶棚这里。人们回忆："庙会这半个月，得有服务人员，比方说得有人管河道，（庙）会之前，桥得加固。李氏家族呢，出钱，点上汽灯，或是叫洋灯。还有缝绽老会，还有掸尘会、桌子会。一方面它是为这个九龙山庙会服务，另一方面为咱们这个茶棚服务。还有专门抬滑竿的，也叫爬山虎；还有就给牲口治病的，或者看管的，你比如说城里人拉着马车到这个茶棚来了，这种牲口呢，它走平道行，走山道就走不了，怎么办呢？寄存在我这儿来，我给你吃，给你喝，有病了呢，请兽医给你看一看病。"[①]万缘同善茶棚不是琉璃渠村与妙峰山之间建立联系的节点，而是以慈禧为号召的整个北京社会聚集在妙峰山这个节点上时，投影于琉璃渠村中的象征。

因此，一旦将茶棚理解为皇权北京与妙峰山之间往来联系的一处地理标记，我们就能明白，对于赵家来说，他们不是为了琉璃渠村修茶棚，而是为了在南道修茶棚。这条连接北京城、三家店与妙峰山的香道，是皇权与西山之间互通声气的物质性表现，也是赵家证明自己与皇室保持密切联系的象征符号。正因如此，除了乾隆年间出钱将南道改至从琉璃渠穿过之外，赵家自己也是桥道会的都管。这个桥道会专门负责村东口至三家店永定河大木桥的修缮与管理，清末时由三家店村的殷文煜任都管，赵春园任副都管。三家店村的木桥，是连接北京与琉璃渠村的必经之路，当然也是赵家心目中最重要的通道。维持这一木桥的顺畅，与维持万缘同善茶棚的完好一样，都是在维持琉璃窑厂与皇权北京之间物资、符号与象征的沟通。

[①] 孙庆忠：《妙峰山：香会志与人生史》，知识产权出版社，2013年，第206页。

出于形形色色的目的，香客们会聚于妙峰山金顶。他们之中，既有香会和一般香客的区别，也有文会与武会的区别，即使在文会之下，还有行香会与坐棚的差异。所谓行香会，是以流动性和临时性为特点的香会，在进香当年临时组织，为其他香客提供各种慈善服务如修鞋、点灯、修路等。所谓坐棚，则专指茶棚内施舍粥茶，供人歇脚的香会。茶棚被视为妙峰山老娘娘的行宫，坐棚香会也被认为是"为老娘娘当差"的最虔诚的人。武会，则是采取走会的形式，在庙会中舞狮、高跷、中幡、五虎棍等的花会表演者。这些群体的表演很多都与武术或百戏有关，在民国以前最有名的"幡鼓齐动十三档"，包括开路会、五虎棍会、高跷会、中幡会、狮子会、双石会、石锁会、杠子会、花坛会、吵子会、杠箱会、天平会、神胆大鼓会。民国以后又增加了三档，变成了十六档。在20世纪80年代妙峰山庙会复兴之初，他们是最早重新上山进香的香会群体。即使到了今天，"井字"内外的香会也被认为高低有别。所谓"井字内"，指的是北京城九门以内的香会，而"井字"外则指城外郊区。[①] 井字内的香会在身份上高于井字外的，这仍然从侧面反映出妙峰山最初乃是北京"城里人"的圣地。

---

① 张青仁：《行香走会：北京香会的谱系与生态》，中央民族大学出版社，2016年。

作为社会主义文艺形式的走会

几乎在所有的写作中，香会都被理解为有悠久历史的民间活动、山区农民文化的杰出代表，承载着中华民族的古代传统。然而几乎所有研究者都不约而同地忽略了一点，那就是：清末以后灾害与战乱不断侵袭的京西，只有在新中国成立后才真正绽放出勃勃生机。今天我们所看见的绝大多数庙会仪式，都是20世纪50年代甚至80年代以后重建的结果。它们不仅是中华优秀传统文化的代表，也是晋察冀边区的革命文艺与社会主义文化建设的结晶。

仍然以我们已经非常熟悉的千军台庄户幡会为例。1929年的大洪水几乎完全摧毁了千军台和庄户村。随后日本人开始在这一带活动。1937年日本入侵北京，千军台这片区域是华北地区重要的战场，抗日战争初期有名的髽鬏山战役就发生在这里。日军为了控制京西煤矿，在这里投入重兵把守。与此同时，这里又紧邻晋察冀根据地，中共宛平县组织部曾一度设在庄户村。日军不断对这两个村子进行"扫荡"和轰炸，两个村子全都被多次烧毁，唯一留下来的是千军台村里的一株大槐树。绝大部分村民在战争期间流离失所，1949年以后才陆续回到村里重新开始建设。所以至少在将近30年内，元宵节的幡会是中断的。我们今天所看到的幡会活动，是1962年人民公社期间重建的节日，是社会主义文艺建设的结果，而绝不是明清时期某种

"传统"文化自然的延续。

1948年门头沟解放后，千军台与庄户村的私营小煤窑慢慢开始恢复。随着人民公社制度的建立，这些小煤窑逐渐收归公社所有，但是仍然保持了小规模生产的特点。1961年，国家经委和国务院财贸办公室联合转发国家经委工作组《关于人民公社开采小煤窑的调查报告》。一个月后，中国人民银行下发《关于社办小煤窑贷款问题的通知》，鼓励人民公社开采小煤窑。1962年，京西的人民公社小煤窑进入了生产高峰期。千军台村的公社煤窑也就是在这一年组建完成，全部社员都成为煤矿工人。公社自主生产，独立核算。从此，村落与煤矿事实上合而为一了。

在这样的情况下，当时的贫民协会主席、公社大队书记、民兵团团长，也就是村落里的领导，共同组成了"幡旗重制小组"。正是在他们的领导下，幡会才恢复了起来。为什么基层党组织要恢复幡会呢？我们必须要提及华北地区音乐会的特点。张振涛通过对华北地区300多个音乐会的研究发现，这些仪式性的音乐会往往同时就是村落的政治领导团体。学习音乐演奏，不仅是成为仪式专家，本质上是在学习如何成为村落领袖。[1]这正如19世纪的巴厘剧场国家一样，仪式表演的目的不是权力；恰恰相反，政治

---

[1] 张振涛：《冀中乡村礼俗中的鼓吹乐社·音乐会》，山东文艺出版社，2002年。

权力的目的就是仪式表演。[1]我们有理由相信，1962年，千军台与庄户村的基层党组织重建幡会，事实上是希望沿用传统的仪式行为，以建设和稳固当时日益壮大的人民公社集体。

利用传统节日来进行社会主义政权建设，是从抗日战争时期开始各个革命根据地就广泛采用的形式。根据地政府将抗争政治、生产革命的主题融入节日生活中，以此来建设在地的党群关系、政群关系，有效推动政治力量的形成、社会动员力量的发展。尤其是在距离大台沟不远的晋察冀边区，春节作为重要的民众集会与活动时机，受到了根据地政府的高度重视。根据地大量采用秧歌舞、闹社火等节日形式，开展万人拥军、劳军优抗、慰劳军队等活动。这不仅是民间文化，而且是真正的社会主义新传统。在这一过程中，当地原有的各种艺术形式均受到青睐和采用，例如在晋察冀边区，"娱乐形式以剧团、秧歌舞为主，其他各种新旧形式也都可以"[2]，"和群众一块做各种游艺活动，像秧歌舞、高跷、旱船、戏剧、小调、闹社火……"[3]。与此同时，万人拥军、劳军优抗、慰劳军队等

---

[1] 格尔茨：《尼加拉——十九世纪巴厘剧场国家》，商务印书馆，2018年。
[2] 《全区青年、儿童举行文化娱乐月》，《晋察冀日报》，1941年1月2日。
[3] 《新旧年关干些啥》，《新华日报》（太行版），1943年12月27日。

活动也随之顺利开展。①新中国成立后，社会主义文艺政策延续了"节日+政治"的方式。与节日同步的新民歌运动、戏曲改造、新秧歌运动等，已有大量学者做过研究，"改造""革命""转型"是这些研究共有的关键词。②因此，1962年千军台和庄户村重建幡会同样必须放在社会主义语境下的节日、庆典、文艺政治中去理解。也正因如此，虽然1964年由于"四清"开始，扛着幡旗走会被视为迷信而一度被叫停，但元宵节期间跳秧歌、排评剧、吹拉弹唱、唢呐齐鸣、两村互访演节目、大闹三天的活动却从未停止，即使在"文化大革命"期间也是如此。这才是幡会真正的延续性。

---

① 相关研究参见张志永、张勇：《晋察冀边区文化史稿》，解放军出版社，2005年；魏宏运：《抗日战争时期太行山的春节文化风貌》，《广东社会科学》2001年第3期；韩晓莉：《抗日根据地的戏剧运动与社会改造——以山西为中心的考察》，《抗日战争研究》2011年第3期；韩晓莉：《革命与节日——抗战时期山西革命根据地的节日文化建设》，《中共党史研究》2014年第4期；等等。

② 关于社会主义时期文化政治与群众文艺运动的关系，本文参考了罗岗：《重返"人民文艺"》（第1—3辑），上海人民出版社，2019年；毛巧晖：《越界：1958年新民歌运动的大众化之路》，《民族艺术》2017年第3期，第94—100页；惠雁冰：《"样板戏"研究》，中国社会科学出版社，2010年；蔡翔：《革命/叙述：中国社会主义文学—文化想象（1949—1966）》，北京大学出版社，2010年；洪长泰：《地标：北京的空间政治》，牛津大学出版社，2011年；张炼红：《历炼精魂：新中国戏曲改造考论》，上海人民出版社，2013年；等等。类似的研究已经有很多，能力所限，未能遍及。

人民政治的集体性，使得集体仪式不可或缺。所以一旦环境松动，擎幡走会的仪式立刻被提上议事日程。1979年，两村就开始试探性地恢复幡会。1981年，仍然是在千军台村的老战斗英雄、大队书记的带领下，三位村里的主要干部直接找到门头沟区文化工作办公室，要求恢复幡会。事实上当年政府并没有完全同意，但两村还是恢复了走会。1983年，整个门头沟地区举办了热闹盛大的元宵节活动，而千军台与庄户村恢复幡会则属于这一集体节日中的一部分。从此，这个仪式再也没有中断过。

如前所述，从晋察冀根据地时期开始，利用传统节日来进行社会主义政权建设，就是中国共产党开展教育的重要方式。在门头沟地区解放后，这一工作方式很快被用于京西各大国营煤矿的组织与动员之中。幡会一直受到门头沟政府（尤其是文委）和北京媒体的高度关注。这一方面当然因为幡会本身有活力，同时也和人民政府历来高度重视群众文化活动有直接关系。1948年12月25日，门头沟矿区军管会、门头沟矿工会工作组组织矿工修整工人俱乐部。1949年春节，60名工人登台演出自编的《欢庆解放，迎接新生活》等节目。到了1955年京西矿务局举办职工文艺会演时，演出时间已经达到了3天4场，参演单位有11个，参演职工达344人，有曲艺、舞蹈、杂技、器乐等21

种形式的48个节目，观众达到6000人次。[1]与此同时，京西煤矿的话剧社、京剧社、戏曲社几乎遍地开花。1954年，京西矿务局有职工剧团15个，参加职工577人。1955年春节，该局矿厂单位演出话剧62出、评剧9出、歌剧7台、河北梆子6出、活报剧2出。到了1959年，京西矿务局的职工剧团增加到21个，参加演剧的职工有1217人。[2]在大台沟人民公社热火朝天地排节目、扭秧歌、唱评戏的同时，整个门头沟的工人文艺也同样深入人心。1982年，也就是幡会重建当年，门头沟煤矿俱乐部、大台煤矿俱乐部（千军台、庄户村的煤矿工人所属的俱乐部）被全国煤矿地质工会、煤矿文化宣传基金会授予"全国煤矿系统先进俱乐部"称号。1986年，门头沟煤矿俱乐部、王平村煤矿俱乐部被全国煤矿地质工会、煤矿文化宣传基金会授予"全国煤矿系统先进俱乐部"称号。1987年，门头沟煤矿俱乐部再次荣获"北京市先进俱乐部"称号。以"工人群众文化活动"的名义，幡会不仅获得了合法性，而且获得了大量社会资源。这为它成为国家级非遗项目打下了坚实基础。

在全民开展群众性文艺活动的同时，基层领导也与普

---

[1] 李志强主编：《北京工业志·煤炭志》，中国科学技术出版社，2000年，第429页。

[2] 李志强主编：《北京工业志·煤炭志》，中国科学技术出版社，2000年，第431页。

通民众结下更深的情谊。我们看到，幡会的会首就是音乐会的成员，同时也就是村落领袖兼任煤矿领导，这几个身份是合一的。而每年的元宵节幡会中，有20～30档表演团体，形态各异，非常多样化，就是因为每个村民，不管男女老少，都能在幡会中找到自己的一席之地。整个节日活动由集体煤矿出资，全体矿工参与，煤矿领导亲自组织，所以无论从哪个意义上说，元宵节幡会的的确确是人民自己的节日与集体仪式。我们完全有理由认为，以千军台庄户幡会为代表的京西香会，正是中华优秀传统文化、红色革命文化与社会主义建设文化一以贯之、绵延不绝的证明。

回到100年前北大国学门的妙峰山调研。在推出《妙峰山进香专号》之时，顾颉刚先生已经预料到它即将引来的非议。在"引言"中，他这样写道：

> 我们现在出这《妙峰山进香专号》，恐怕免不了一般人的非难。他们或者要切齿地说："《京报》竟提倡起迷信来了，孙伏园们竟套了黄布袋去拜菩萨了！这还了得！"即不是这样激昂的骂，也许冷冷地笑道："这种事和你们有什么相干？你们管到这种闲帐，真是'吃饱饭，没事干，闲扯淡'了！"更明白些，也许恳切地劝诫道："这在你们固然是研究，然而一般人没有明白你们的

意思,恐怕要误会你们是在出力提倡,于是同善悟善诸社中人要更高兴了。你们还是不要推波助澜吧!"

我们在这种种的预料的非难之下,不得不预先拟出一个答辩。

为了证明民众文化的正当性,证明这门学问不是"鼓吹迷信"或"右倾保守主义",直到今天,中国现代民俗学还一直在重复顾颉刚先生100年前所做的事:解释、辩解、答辩。虽然非物质文化遗产运动的兴起大大增加了这项工作的合法性,但毫无疑问这些辩解还将持续下去。毕竟,过去留给我们的遗产显得"陈旧",而人类总得"向前看"。然而,正如本书一再试图说明的,京西民众以敬神为名的点灯祝祷、擎幡走会、朝山进香,绝不能与西方意义上的"宗教"或"迷信"画上等号。它们是社会的自我凝聚与自我整合,是民众自发组织起来参与社会治理的方式。正是在这些集体性的仪式中,共识才得以形成,秩序才得以维护,社会才得以发展。如果一定要去解释神灵在这些仪式中的意义,那么我们必须首先承认,神灵代表了集体,集体性才是这类崇拜活动的本质,神灵只不过是集体意志的人格化表象。对这类现象"过敏",何尝不是个人主义乃至原子化社会在背后作祟呢?

不仅是地方社会共同体自我组织所需的仪式曾被斥

为"迷信",普通民众对自然山川的崇敬、对天地万物的珍视、对环境生态的保护,也都曾被冠以"迷信"之名。站在今天的立场上来看,西山永定河地区内长期流传的关于动物的观念、信仰与崇拜,都在不同程度上有助于人与自然的和谐共生,有利于形成人类与动物的生命共同体。

万千生灵

经始灵台,经之营之。庶民攻之,不日成之。
经始勿亟,庶民子来。
王在灵囿,麀鹿攸伏。麀鹿濯濯,白鸟翯翯。
王在灵沼,于牣鱼跃。
虡业维枞,贲鼓维镛。于论鼓钟,于乐辟廱。
于论鼓钟,于乐辟廱。鼍鼓逢逢。矇瞍奏公。
——《诗·大雅·灵台》

岁荷天恩庆有秋,欣陪慈辇驾龙辀。
如京畿甸风光好,万户欢声夹道周。
虞人建帜甸人随,南苑秋清好猎时。
阅武此来兼省敛,香风饼饵拂旌旗。
万物熙和大造中,郊原辉映苑门红。
承欢仰识慈颜豫,只为天恩锡屡丰。
羽卫森翘出帝城,顺时清跸此巡行。
金吾底事频传警,便欲周知闾巷情。

十里秋光伯虎画，一鞭斜日晾鹰台。
众中抡得穿杨手，琥珀光浓赐御杯。
扈从长承爱日晖，五云高捧凤舆翚。
问安户外亲调膳，手射郊原鹿正肥。
离宫月影透书窗，法曲时闻画鼓枞。
题柱吟余思往事，不知绛蜡炧银釭。
从来稽古戒禽荒，宵旰勤劳敢刻忘。
欢乐正饶还止辇，属车侍从有东方。

——乾隆五年御制《秋日奉皇太后驾幸南苑即事八首》

在中国古代的王道观念中，经始灵台、灵囿与灵沼，使万千生灵在帝都繁衍熙洽，是帝王奄有天命，施德于民，并及万物的象征。在这样的观念系统中，动物的存在，不仅如今人一般被视为生态平衡或环境友好的表现，更是圣人御宇、政治清明、万民欢洽、天下太平的关键标志。

正是出于这样的观念，上林苑内养百兽，象观鱼鸟驰白鹿，离宫七十所，天子春秋猎无数；洛阳城边芳林苑，"芙蓉覆水，秋兰被涯。渚戏跃鱼，渊游龟蠵"[1]。这一传统一直延续至北京城的营建。辽南京于城北建瑶屿行宫，城东有捺钵地延芳淀，春时鹅鹜所聚，国主亲放海东青。金

---

[1] 张衡：《二京赋》。

中都同乐园位于皇城西侧玉华门外，又称西苑或西园，园中草木繁荫，池沼疏落，"若瑶池、蓬瀛、柳庄、杏村，尽在于是"①。每年端午重五，西苑射柳、击球，"纵百姓观"。南苑广乐园内建春宫，原名"春水"，它与西苑鱼藻池一样，都以"鱼藻之乐"为寓意，暗含《诗经·小雅·鱼藻之什》所云"鱼在在藻，有颁其首。王在在镐，岂乐饮酒"，寓意民与王同在的欢愉、自由。元代以后，大都西北的积水潭和西南的下马飞放泊都是池藻荡漾、群鸟翔集、禽兽昌盛的皇家苑囿，也明确被视为周之灵沼的继承与象征。《元史·地理志》记载："（海子）聚西北诸泉之水，流入都城而汇于此，汪洋如海，都人因名焉。恣民渔采无禁，拟周之灵沼云。"②其后经过明清两代的营建，以南海子为首的皇家苑囿的确成为"麀鹿濯濯，白鸟翯翯"的生灵乐园，并为今天的北京城留下了宝贵的文化遗产。

除了作为皇家猎园、苑囿与农场存在的南海子外，西山之中、永定河畔还有很多大小不等的生境，庇护繁衍了各自区域内的万千生灵。其中有一些代表性的物种，它们或为人类忠诚的朋友与伙伴，或为山川灵气汇聚所在的象征与标志，或为人类与天地大道沟通的信使。马、蛇与鸟，就是这三种生灵的代表，而不同物种共存栖居的南海

---

① ［宋］宇文懋昭：《大金国志》卷三十三"燕京制度"，明钞本。
② 《元史》卷五十八"地理志"，清乾隆四年武英殿校刻本。

子,则的确可以被视为于牣鱼跃的灵沼。

马:"四牡孔阜,六辔在手。骐骝是中,騧骊是骖"

周王灭纣,封召公于燕,这历来被视为燕地建都之始。然而在西周封燕之前,在北京地区早已存在着另一个燕国,可以被称为古燕国。在甲骨文和金文中,大量出现匽侯、郾王的说法,指的应该就是商代北方的古燕国。甲骨文的卜辞中,还曾经提及"贞,晏乎取白马氏",可见古燕国产白马,并以白马作为商王朝的贡品。[①]

蓟城一带历来是多民族混居地,早期历史中的山戎、东胡等部落,多以畜牧、狩猎为生,附近的扶余、奚族、挹娄等,也都是善于养马的族群,《史记》《汉书》《三国志》等文献中多有记载。从长城北下,燕山和太行山脉绵延入北京湾平原的浅山地带与丘陵地区,这里既有大片相对平缓的坡地,又因其山谷形态相对温暖湿润,都是畜牧养马的理想牧场。经西山进入永定河流域后,蓟城周围的驰道四通八达,路况开阔坚实,又为马匹贸易南下中原提供了重要通道。于是,从先秦至唐代,骏马几乎就是燕地的代名词。

[①] 曹子西主编:《北京通史》第1卷,北京燕山出版社,2012年,第32—33页。

《海录碎事》中载："周时，燕王进马，一形十影，言其骏也。"[1]燕地向周天子进贡的名马，奔跑的速度太快，甚至可以在地上留下十道影子。这也许是一则流传广泛而影响深远的传说，但燕马之骏却是当时公认的事实。春秋战国时期，燕地骏马是各国争相追求的宝物。《史记·苏秦列传》中记载，苏秦合纵连横，游说楚威王、赵肃侯等人时，多次以燕地良马为诱饵，反复强调只要采取他的计策，必能使国君大量获得燕地的橐驼良马、旄裘犬骏，所谓"燕、代橐驼良马必实外厩"。可以说，在中原王朝看来，北境燕地就是以骏马为徽帜的方国。《左传·昭公四年》中说："冀之北土，马之所生。"杜预注："冀北，指燕、代。"这种说法到了唐代，更被发展为天文星域的划分依据。《新唐书·天文志》中说："……表里山河，以蕃屏中国，为毕分。冀之北土，马牧之所蕃庶，故天苑之象存焉。"[2]毕分，即毕宿，为西方白虎七宿的第五宿，有星八颗。冀州之北乃牧马繁育的地方，对应于天苑星野乃有此象。

优质的骏马自然催生了繁荣的马匹贸易。从牧区到中原，长途运输马匹，不仅意味着马匹致死率高，更意味着要不断和强盗、匪徒，乃至沿途山谷中各个不同族群打

---

[1] ［宋］叶庭珪：《海录碎事》卷二十二上"鸟兽草木部"，明万历二十六年刘凤刻本。
[2] 《新唐书》卷三十一"天文志"，清乾隆四年武英殿校刻本。

交道。因此,从事贩马生意的商人常常也是武装力量的头目。源源不断的战马供应,巨额利润积累起的大量财富,自身拥有强力武装的同时也因贩运的需要而大量结识沿路各种力量,这样的贩马商人在和平年代可能是富甲一方的江湖奇侠,而在动荡时期就能迅速成为逐鹿中原的枭雄。东汉的开国功臣、云台二十八将之一的吴汉,出身寒微,因门下宾客犯法,逃到渔阳郡以贩马为业。他在渔阳燕蓟之地往来贸易,结交了各路豪杰。更始元年(23),刘玄称帝,吴汉以其江湖名望见重,任安乐县(今北京顺义一带)县令。在刘秀经略河北的过程中,吴汉智降渔阳太守彭宠,招降渔阳、上谷突骑,为刘秀光复汉室立下了汗马功劳。《三国演义》中的著名故事,资助刘关张三人良马、金银、镔铁,在刘备起事过程中扮演了关键角色的商人张世平、苏双二人,也是以贩马为业。他们周旋于涿郡附近,方才积累下万贯家财。

在唐代幽州多民族融合与大发展的背景下,燕地之马不仅是战争的伙伴、宝贵的财富,更成为艺术的表现对象乃至高雅的精神主体。唐开元中,御苑教习舞马,这些天生灵骏一闻奏乐之声,便都昂首顿足、回翔旋转,随着音乐的节奏奋蹄舞蹈,曲尽其态。当时的诗人为此写下了无数赞美的诗篇。杜甫《斗鸡》诗中说:"斗鸡初赐锦,舞马既登床。帝下宫人出,楼前御柳长。"陆龟蒙《开元杂题七首·舞马》诗中说:"月窟龙孙四百蹄,骄骧轻步应金鞭。曲终似要君王宠,回望红楼不敢嘶。"舞马如宫人般精通音律、善解人意,骊山雅乐清平之象莫过于此。这些舞马大多来自幽州。唐代郑嵎《津阳门诗》中说:"……幽州晓进供奉马,玉珂宝勒黄金羁。五王扈驾夹城路,传声校猎渭水湄。……马知舞彻下床榻,人惜曲终更羽衣。禄山此时侍御侧,金鸡画障当罘罳……"这些安禄山从幽州带来的舞马,应和着《霓裳羽衣曲》与宫人共舞。一曲终了,舞马下床,人更羽衣,而安禄山的盛宠也臻于极致。《日下旧闻考》引《说颐》中说"舞马产于幽州者为多也"[1],确乎不谬。在唐代幽州艺术中,马的形象几乎无处不在。2011年,北京房山区长沟镇发掘出唐幽州节度使刘济及其夫人墓。墓室侧室中绘满壁画,其中相当大的篇幅就是表现各种不同的名马异骏。它们或站或奔,或独自踏舞,或与人相伴。考虑到壁画均以庭院马厩为背景,可能呈现的就是刘济生前的爱驹。生前与君伴,死后仍相依。唐代幽州人与马之间的感情,早就超越了一般所说的人类与家畜之间的驯化关系。

契丹、蒙古等草原民族入主北京,当然带来了燕马的进一步发展。早在唐末,契丹人就常在冬季到燕山南部放牧避寒。唐末卢龙节度使刘仁恭镇守幽州时,于秋暮霜降

---

[1] [清]于敏中等:《日下旧闻考》卷一百五十"物产",清乾隆五十三年武英殿刻本。

之时，焚烧塞下牧场野草，契丹马匹因此大量饿死。无奈之下，契丹人以良马贿赂刘仁恭，以交换牧地。[1]因此，当燕云十六州被割让给契丹之后，北京的畜牧业自然顺理成章地发展起来。辽代有群牧的国家制度，从辽太祖到兴宗朝的二百年间一直不曾荒废，直到天祚初年还有大量牧马。为了保持战备用马的充足，辽代常选南征马数万匹，在雄、霸、清、沧四州放牧，"以备燕云缓急"。另外还选了数万匹战马，以供四时游牧，其余的就分地饲养。[2]这一制度一直持续到辽末。金代政权稳定后，沿袭辽朝牧马旧例，也在京郊营田牧马。完颜亮时期，京西以百花山为中心的山区仍为契丹人所居。正隆五年（1160），完颜亮征兵伐宋，在这一带征集壮丁，激起了当地契丹人的强烈不满，造成了移剌窝斡之乱，山后四群牧、山前诸群牧率先响应。次年，完颜亮便诏令内地诸猛安赴山后牧马[3]，在很大程度上保持了当地以马为生的生活方式。到了元代，统治者每年到大都过冬时，都会将大批驼马带至附近放牧，以至于需要采取"盐折草"之法才能筹集足够的粮草。甚至为了保障驼马草料，元代还曾禁止大都百姓农田秋耕，甚至圈占农田，改为牧场。直至今天，西山之中还留存有

---

[1] 《旧五代史》卷一百三十七"外国列传第一"，百衲本景印吴兴刘氏嘉业堂刻本。
[2] 《辽史》卷六十"食货志"，清乾隆四年武英殿校刻本。
[3] 《金史》卷五"海陵纪"，清乾隆四年武英殿校刻本。

不少因放马而得名的村落。如门头沟区斋堂镇法场村，原名放场，即放牧之地，据说曾是元代雍古部族马月合乃经营的牧场。①

人赖马而活，马依人而生，人与马之间历经数千年的共生关系造就了北京地区随处可见的马神信仰。京西交通要道如琉璃渠、三家店等处，都有马神专祠，各村村口常见的五道庙、土地庙中，也常常配祀马神。清乾隆二十年（1755），往来京西贩卖马匹的马市商人，在北京西城区马市附近的一所真武庙中创办了马王圣会，由内阁中书兼会典馆编译官加二级纪录二次舒世禄担任正香首，正红旗汉军步军协尉兼佐领纪录四次杨启贵、正黄旗满洲轻车都尉三保、御前太监张永泰担任副香首，另有引善助会等香首近百人，会众人等数百人。每年神诞之日，会中众人各具分金、称觞演戏，共襄善事，而"马神亦默佑，众人皆履险如夷，从无失驭之患"。于是10年后，正香首舒世禄再次为庆会而作碑，即乾隆三十年（1765）的马王圣会碑。在这通碑的碑文中，马市商人清楚表达了他们敬重自己的马，因此祀奉马神的原因。马神与蜀中的蛇神、吴地的蚕神一样，都是人类利益的守护者，甚至和其他动物相比，马与人类的关系更为密切，乃"有益于民者"中之最

---

① 北京市门头沟区文学艺术界联合会、北京市门头沟区斋堂镇军响村、北京市门头沟区京西古道文创工作室：《京西历史村落：军响村文化资料选编》。

大，所谓"天用莫如龙，地用莫如马"，人类离不开马，所以必须对它们"敬以事之"。与此同时，马本身也像驯养它们的人一样，虽然不像读书人那样有成为圣贤或仙灵的可能性，但仍需礼乐教化以使其明事理、敦心性，在安分守己的同时能够发挥个体的最大潜力（"成神骏而不为驽骀"）。因此，不管是为了帝王之事而习校射的骑士，还是为了征伐从军而驯马的士兵，抑或是牵车驮货长途运输的马夫，都需要借助马市以交易生息，当然也必须共同尊奉马神，"敬神之心始终不替"[①]。从这种表述中，我们可以看到，人与马被理解为一个整体：马神不仅保佑马匹健康，而且能保护马夫旅途安全、生意兴隆、健康平安。或许也正是因为这一原因，所以马王爷也常常与杨元帅、高元帅、温元帅并称为四大元帅，驱邪降魔、护持正义，出现在各种不同类型的寺庙中。

鸟："伐木丁丁，鸟鸣嘤嘤。出自幽谷，迁于乔木"

全世界共有鸟类近9200种，中国记录到的野生鸟类将近1300种，占全世界鸟类种数的14%，是世界上拥有鸟类最多的国家之一。北京地处亚热带向亚寒带的过渡区，许

---

① 清乾隆三十年（1765）的马王圣会碑，载北京图书馆金石组编：《北京图书馆藏中国历代石刻拓本汇编》第72卷，中州古籍出版社，1989年，第80—81页。

多候鸟春秋两季迁徙都必须从这里经过，所以有着非常丰富的鸟类区系。在北京复杂的地形环境中，形成了多种不同的生境。山地林木茂盛，湿地水草丛生。鸟儿翔集鸣啼，是这些生境中最美的精灵。西山地区一系列西南—东北走向的山峰，为这些候鸟南来北往提供了重要的交通线，也为它们预备好了短期栖息的补给站。西山脚下泉水丰沛的缓坡或平原，农业发达、气候温和，鸟儿也能在这里找到丰富的食物，常被它们选作繁殖地。据《北京鸟类志》调查记录，北京地区有各种鸟类343种和29个亚种，其中留在本地区繁殖的鸟类有147种。2021年10月发布的《北京陆生野生动物名录（2021）》显示，在北京这片1.64万平方公里的土地上，有596种野生动物繁衍生息，其中野生鸟类超过500种，包括黑鹳、褐马鸡等30种国家一级重点保护野生动物。北京市分布的鸟类种类占中国鸟类物种数的比例超过1/3，在二十国集团（G20）国家首都中排名第二。北京已成为世界上生物多样性最丰富的大都市之一。

在我国古代，鸟类很早就被视为这片土地上灵气流动的标志。秦代著名仙人王次仲，因不愿被征召入秦，变为大鸟遨游天地。传说有300余种鸟类栖息的海陀山，便是他的羽毛落下所化。燕昭王好道，以仙人为事。西王母来游燕都之前，先有昭王登握日之台，得神鸟所衔洞光之珠，可消烦暑。他在山中所筑祇明之室、泉昭之馆，常有白凤、白鸾绕集其间。①神仙家所说之白凤、白鸾，出没于大房山下，恐怕并非妄言。历代史籍中常见幽州将各类异禽，尤其是白色珍禽作为祥瑞征兆献于朝廷。北魏延兴二年（472），幽州献白鹊。太和十七年（493）正月，幽州献白雉。景明四年（503）六月，幽州献四足乌。正始元年（504）五月，幽州献三足乌。②最近也是最轰动的一次异禽祥瑞，乃是雍正八年（1730）十月十一日彩凤示现房山沙峪村西之沙河北岸半山间。《大清一统志》《皇朝文献通考》《世宗宪皇帝实录》等文献均有记载。

今房山区燕山办事处内有凤凰亭，亭内有碑，乃雍正九年（1731）侍卫大臣内务府总管常明所书之《圣德先昭西山仪凤碑铭》。碑文中说，雍正八年（1730）正月二十日，房山县西山之上，朝阳方升，有彩凤翔然来仪，高数尺，尾长丈余，五色缤纷，众鸟拱卫。官吏及居民观者千余人。民国《房山县志》中引录雍正御制文，文中说：雍正七年（1729），散秩大臣尚崇廙奏称，清东陵附近的天台山山民李万良，于十月十一日看见山中有神鸟，"高五六尺，毛羽如锦，五色具备"。神鸟站立之处，群鸟环绕，北向飞鸣。雍正帝初时并不以为然，认为只是边地居民所见，事属渺茫，将奏报发还不予宣示。至雍正八年

---

① 《日下旧闻考》引《拾遗记》，第2523页。
② 《魏书·灵征志》。

（1730）正月二十日，房山县石梯沟山中又见瑞凤集于山顶，"五色具备，文彩焕然"。当时山中石工石匠、樵牧居民等千余人都亲眼所见。此事先是由总理石道事务散秩大臣常明、侍郎宗室普太上奏，随后总兵官管承泽、顺天府尹孙嘉淦等亦奏，语皆相同。直到房山县总督唐执玉具奏之后，雍正帝才予以宣示。不过从御制文来看，他始终对此将信将疑。民国《房山县志》的作者也对此事持怀疑态度，声称自己过去游览房山时，曾听说有石工大臣侵蚀国帑数十万金，亏空无法补齐，于是假借凤凰来仪之事为名监修凤凰亭，借此抹平账面之事。

凤凰的确是想象的神鸟，所谓"高数尺，众鸟拱卫"可能是夸饰，然而房山却的确是雉科等五彩斑斓的鸟类栖居的乐园。五色大鸟时有现身，并非谬言。南宋范成大于乾道六年（1170）奉命出使金中都，路过良乡时写下《琉璃河》诗："烟波葱茜带回塘，桥影惊人失睡乡。陡起骞帷揩病眼，琉璃河上看鸳鸯。"题注云："琉璃河，又名刘李河，在涿州北三十里，极清澈，茂林环之，尤多鸳鸯，千百为群。"[1]至于栖居于山地林区内的褐马鸡等，无一不是"毛羽如锦，五色具备"的大鸟。也许山民们所见的是其中特别突出的个体？

每年候鸟过境北京，永定河水系就是它们暂时歇息的

---

[1] ［宋］范成大：《石湖诗集》卷十二"琉璃河"。

乐园，历史上最为引人注目的是天鹅。辽代延芳淀方数百里，"春时鹅鹜所聚，夏秋多菱芡。国主春猎，卫士皆衣墨绿，各持连锤、鹰食、刺鹅锥，列水次，相去五七步。上风击鼓，惊鹅稍离水面，国主放海东青擒之。鹅坠，恐鹘力不胜，在列者以配锥刺鹅，急取其脑饲鹘。得头鹅者，例赏银绢。国主、皇族、群臣各有分地"[1]。这种放鹰捕猎的皇家仪式一直持续到清代。元代饲养猎鹰的"打捕鹰房"，每年用肉达到30余万斤，每年春季专门捕猎天鹅。《析津志》载："天鹅，又名驾鹅，大者三五十斤，小者二十余斤，俗称金冠玉体乾皂靴是也。每岁大兴县管南，柳林中飞放之所，彼中县官每岁差役乡民，广于湖中多种茨菰（即慈姑），以诱之来食，其湖面甚宽，所种延蔓，天鹅来千万为群。俟大驾飞放海青鸦鹘，所获甚厚，乃大张筵会以为庆赏，必数宿而返。"除了广种植物为天鹅提供食物外，为了保护皇家园囿以供御狩，元代以后历代都有国家法令，禁止天鹅栖息地附近的人们捕获私卖。《日下旧闻考》引《鸿雪录》说："元制大都八百里以内，东至滦州，南至河间，西至中山，北至宣德府，捕兔有禁。以天鹅、觜老、仙鹤、鸦鹘私卖者，即以其家妇子给捕获之人。有于禁地围猎为奴婢首出者，断奴婢为良民。收住兔鹘向就近官司送纳，喂以新羊肉，无则杀鸡喂之。"这些

---

[1] 《辽史·地理志》。

措施客观上保护了以天鹅为首的水鸟们的繁育。到明末清初时,诗人吴伟业在《海户曲》中这样描写南苑景象:"平畴如掌催东作,水田漠漠江南乐。鸳鹅鸂鶒满烟汀,不枉人呼飞放泊。"毛羽绕平畴,天鹅满烟汀,一派和谐生动的图景。

如果说野雉与天鹅是因其大且美而受到人们的欢迎,那么即使是并不那么美丽且处处常见的鸟儿,对北京人而言也可能具有特殊的意义,其中最典型的就是乌鸦。这种数量很多、集群性强,分布几乎遍及全球的鸟类,同样是上天的使者与西山的精灵。

与其他一些地方将乌鸦视为不祥不同,浑身漆黑的乌鸦反而是京城内引人遐思的独特景致。满人视乌鸦为神鸟,在满洲传统说部中有乌鸦女神古尔苔,她是天母阿布卡赫赫的忠实侍女与辅助神,正是她取回神火温暖了大地。成书于天聪年间,记述满洲崛起及努尔哈赤时期史事的《满洲实录》记载,布库里雍顺的嫡孙樊察,在乌鸦的保护下躲过了追杀,成为爱新觉罗一族的祖先。清太祖努尔哈赤在征战过程中,多次得到乌鸦的帮助。[1]有清一代,乌鸦被视为满洲的保护神,不仅家家门口立索伦杆,顶斗内置杂粮碎肉饲乌鸦,而且还专门于太庙内饲鸦,吸引它们每天傍晚从西山飞回城中,从此成为京城一景。《眉庐

---

[1] 《太祖高皇帝实录》卷二,癸巳岁九月一日。

丛话》中记:"清太庙在午门内,庙内树木阴森,历二百数十年。不惟禁止剪伐,即损其一枝一叶,亦有罪。树上栖鸦,亦托庇蕃育,为数以万亿计,日饲以肉若干。"①经数百年来专人饲养的神鸦,在太庙中蔚为大观,时人记录:"太庙多鸦,每晨出城求食,薄暮始返,结阵如云,不下千万。"②人们还相信,乌鸦的行为与上天意志有关。康熙帝去世后,"天降缟雪,林木皆白……群鸦环绕殿庭,哀鸣七夜"③。清嘉庆年间,湘西苗疆叛乱,"城楼着火,即有神鸦飞鸣,火遂熄灭,实有捍御保障之功"④。直到民国,"西苑树木密茂,有鸦百万巢于其上,人谓之宫鸦。每当天曙时分,数群出城外以求哺,及暮即返,必在城阙未关之前。如城阙关时,即飞至城头,亦回野外以寄宿"。从太庙到西山,这些乌鸦日复一日来去往返,就如日出而作日落而息的民人一样,必赴在城门关闭之前。当时的词学大家况周颐相信,这正是乌鸦有灵、恪守秩序的表征:"凡鸦晨出暮归,必在开城之后、闭城之前,由禁门内经过,绝无飞越城垣之上者。余尝目验之,信然。"⑤

2018年,被誉为"鸟中大熊猫"的震旦鸦雀在西山出

---

① 况周颐:《眉庐丛话》卷11,"清太庙树木鸟类保护有加"。
② 徐珂:《清稗类钞》第41册,商务印书馆,1918年,第97页。
③ 《世宗宪皇帝实录》卷二,康熙六十一年十二月三日。
④ 《仁宗睿皇帝实录》卷十七,嘉庆二年五月二十七日。
⑤ 况周颐:《眉庐丛话》卷11,"清太庙树木鸟类保护有加"。

现。同年，国家一级保护濒危鸟类黑鹳现身永定河门头沟段，落户于大台街道樱桃沟湿地公园。2019年4月中旬，两只全球极度濒危鸟类青头潜鸭首次现身房山大石河滨水公园。近年来，北京各地陆续开展河道生态治理，保护鸟类栖息地，山河之间的鸟类种群和数量都在逐步上升。相信在不久的将来，那些曾被历代诗人们反复吟咏的雁落平沙、鸥浮浅渚、翳然林水、沙鸥汀鹭寻常在的美景，会更多出现。

蛇："幽灵洵可异，龙子尚蜿蜒"

西山千年潭柘寺，为京城名刹，民间历来有"先有潭柘寺，后有北京城"的说法。潭柘寺始建于晋代，初名嘉福，是北京地区最早的寺庙。俗传其处所在本为青龙潭，因高僧之力化潭为寺，潭里青龙化为护法，它的后代也一直住在寺内，"青色，长五尺，大如碗，时出现"[1]。关于潭柘寺青蛇的传说、故事、诗文不胜枚举，明清时观佛蛇的活动盛极一时，至今仍有余绪。但事实上，青蛇之灵并非限于潭柘寺。在明代文献中，更早也更丰富的青蛇故事来自西山八大处秘魔崖的镇海寺（俗称卢师寺）。

明景泰年间，僧人南浦撰写的《重修镇海禅寺记》碑文中，详细记录了秘魔崖青龙与卢师祠的历史传说。据碑

---

[1] ［清］富察敦崇：《燕京岁时记》，北京古籍出版社，1981年，第59页。

文中说，都城一舍许，为西山尸陀林秘魔崖。唐代天宝年间有僧人卢氏，不知其姓名原籍，自江南造一舟，不设篙橹，任由船随水漂，以舟止处为止。从卢沟桥逆水而上，至桑干河分两汊处，从一汊漂至尸陀林。舟停林畔，卢师见林中有石室，于是便在此定居下来。不久，有两个童子前来投拜。卢师问其从何而来、姓氏名谁，童子回答说："我们是龙王之子，听说老师您居住在此，所以专程来执薪水之劳。"卢师收留了两个童子，让他们做了沙弥。二童子每日砍柴伐薪供养卢师，寒暑无怠。时间不长，天下大旱，三年不雨，树枯井竭。童子进京城，看见有黄榜以爵位重金赏赐，诏人祈雨。于是童子揭榜而归，并向监榜官立愿，三日后"令甘雨霖沛"。说完后便投身于龙潭，须臾化为两头青龙，一大一小，出没显现。监榜官奏明朝廷，三日后果然风雨立至，田畴俱满，万人称颂。皇帝大悦，遣大臣降香致祭，御驾亲往。还未到秘魔崖，卢师已知，于是在空中示现观音仪像，身挂天衣璎珞，奇祥异瑞，天下万众俱皆仰望。皇帝非常激动，于是赐卢师法号曰感应禅师，建殿宇以崇佛像，另为卢师建祠室，即卢师祠也，春秋遣官礼祭。寺初名感应寺，元泰定间重建，改名为镇海寺。①

---

① 清道光二年（1822）重刻明景泰五年（1454）南浦《镇海寺旧碑记》，八大处证果寺实地录文。碑文与《日下旧闻考》中所录碑文有较大出入，此处以石碑文字为准。

这一故事很可能只是传说，但元代卢师山青龙能兴云致雨的信仰的确在华北地区广为人知。吕思诚，元代著名儒士，泰定元年（1324）中进士第，因母丧授景州蓨县（河北省衡水市景县）尹。州中天旱，有道士持青蛇而来，声称此乃卢师谷小青，为龙子，只要祈祷即可下雨。吕思诚认为道士迷惑众人，杀青蛇、逐道士，并毁县中淫祠百余所。此处虽为赞颂儒士德政，然而却清晰表明，卢师谷小青蛇能兴云致雨的名声已远达冀中等地。卢师谷即秘魔崖，因其宋元时有卢师祠而得名。卢师谷小青蛇能致风雨，大概与山下曾为永定河出山口有关。《宋史·宋琪传》记载，端拱二年（989），宋太宗诏令群臣陈述戒边之策，宋琪上疏提议沿周德威收燕之路北上，抵桑干河安祖寨，其西北为卢师神祠，即是桑干河出山口，东及幽州城四十余里。顾炎武《北平古今记》中引《唐书·韦挺传》记："韦挺遣燕州司马王安德挖渠作漕，以舟舻转运粮食，自桑乾水抵卢思台，行八百里，渠塞不可通。"顾炎武考证后认为：京城三十里为卢师山，应该就是《唐书》中所说的卢思台。唐时山下为桑乾水码头，尚有漕运粮船之利。山水攸系之地，必有泉涌云出之境，故秘魔崖寺东有池，即旧时所谓之青龙潭也。卢师山之庙于元代名为"镇海寺"，想来也与青龙潭有关。

据南浦碑文中所记，元末镇海寺毁于兵燹，明洪武庚辰（实为建文帝二年，1400），有僧人福海于寺中修行，至永乐年间声名大噪，永乐帝曾经派遣近臣拈香顾问。洪熙初年，明仁宗下旨问二青龙王始末，福海面呈皇帝，于是得赐牒改名慧宗，别号无相。是年七月七日，大雨成灾，明宣宗遣中官祭祀大小青龙之神。[1]明宣德二年（1427），敕建大圆通禅寺。次年，因京师大旱，遣成国公朱勇致祭大小青龙[2]，次年又祭之。[3]宣德七年（1432）三月，京师再旱，于是明宣宗遣顺天府尹李庸，至秘魔崖致祭大小青龙之神。其祭文曰："今春已暮，农务方兴，而雨泽未降，宿麦不滋。朕为生民主，夙夜在怀。特用祭告，惟神明彰感通，早沛甘澍，以慰民望。"[4]总之，在僧人福海驻锡此处的40余年间，大、小青龙声名日显，屡加赐祭。二蛇之封号屡次加赠，最终为敕封辅国广泽善行真功宣德济民大青龙王、佑国溥泽积行崇功施德利民小青龙王。

此后，明英宗亦多次因久旱不雨而致祭大、小青龙之神，《英宗睿皇帝实录》中多有记载。正统三年（1438），重修佛殿僧房。随后南浦掌僧录司事，兼任大圆通寺住持，乃大兴土木，寺庙规制之盛视昔有加。这就是南浦撰《重修镇海禅寺记》的起因。天顺元年（1457），赐名证果禅寺，命南浦之徒广贤住持，姚夔为之撰碑，称此寺为

---

[1] 《宣宗章皇帝实录》卷三，洪熙元年。
[2] 《宣宗章皇帝实录》卷四十一，宣德三年。
[3] 《宣宗章皇帝实录》卷五十三，宣德四年。
[4] 《宣宗章皇帝实录》卷八十八，宣德七年。

"兰若之首,盖以二龙无相之有以感召之也"。

由于秘魔崖青龙屡受皇封、冠盖丛林的地位,有明一代,关于卢师青龙的传说大量被记载在文献中,其文字与南浦所说非常相似。唯有大约成书于嘉靖年间的《西樵野记》中,记录了真实的卢师青蛇之像。书中说,西山寺中有二青蛇,有香客来时,僧人就供上酒肉,唤蛇来吃。二青蛇听闻呼唤便会现身,出入无惧。世人都称之为"蛇菩萨"。①

直至明末,青龙潭仍深不可测。《长安客话》中说:"山有潭,覆以巨石,其下深不可测,二龙潜焉。岁旱祷雨辄应。"《帝京景物略》中更细致地描写了青龙潭景物:"潭广丈,巨石覆之,深黝不可测。二龙有时出,云气仍随之。崖下塑二童子侍师像,崖上一柏,产石面,长尺,不凋不荣,是卢师手植。今临崖轩三楹,俯深涧,树声逢逢,尚棹船水声也。"②但到清乾隆年间《日下旧闻考》成书时,池水已涸,仅余池西南隅有吐水龙口。

随着秘魔崖卢师寺青龙潭的干涸,大小龙神也不再灵应。新的龙神又在西山更深处出现,并再次带来祈雨灵应的种种故事。这便是潭柘寺的青龙。

和秘魔崖一样,潭柘寺的青龙也有一个追溯到唐代的

---

① [清]于敏中等:《日下旧闻考》卷一百零四"郊坰·西十四",清文渊阁四库全书本。
② [明]刘侗、于奕正:《帝京景物略》卷六"卢师山"。

传说。人们传说，潭柘寺的寺基原本是青龙潭，是一处"海眼"，与东海相通，潭中有一老龙盘踞修炼。唐武则天时，华严禅师住持嘉福寺，希望扩大寺庙，弘扬佛法，于是天天到青龙潭讲经布道。长此以往，老龙被感化。为了让华严禅师在此开山建寺，老龙让其宅，平其潭，只留下两条像蛇一样的"龙子"，这便是大青、二青。这个故事至少在《帝京景物略》中已有记录，文字略有出入。据书中所记：潭柘山上有龙潭，潭中有龙。唐华严禅寺于此说法，龙每日听法，但苦于无法见到华严师真相。于是山神给青龙出了个主意，让他故意激怒禅师，只要禅师嗔怒，则可着相，天龙鬼神就能看见其形。于是龙神便假装泼饭糟蹋，禅师嗔怒，龙乃见师。随后，青龙具礼道歉，并许诺向禅师施舍宅地。一天晚上，风雨大作，青龙潭化为平地，两鸱吻涌出，据说就是今天大殿角鸱，而潭化为平地。[①]这个故事在明代中后期至清初一定非常流行，《日下旧闻考》中引《问次斋稿》，也记录了差不多的说法。

人们对潭柘寺青龙的存在深信不疑，万历年间高僧紫柏真可曾长期驻锡潭柘寺，他所撰写的《送龙子归潭柘文》中记录了自己与潭柘龙子的一段缘分，情真意切。碑文中说，潭柘龙子，灵应异常。万历丁亥年，紫柏真可欲往峨眉顶礼普贤大士，想到一路上水陆兼程、夷险莫测，

---

① ［明］刘侗、于奕正：《帝京景物略》卷七"潭柘寺"。

于是焚香礼拜，祷告于潭柘寺龙神之前"余虽不德，忝为佛子。行迈在迩，其尚有以借我"，即求龙神保佑路途平安。既而辞别龙泉，南下四川。一日借宿于济南青崖观，晚上梦见小青从山壁上逶迤而下，而当晚侍者也做了同样的梦，紫柏真可乃知为潭柘寺小青来赴盟约耳。于是自此以后，每次吃饭、行路之前必祭龙子。寒暑匆匆，三年奔波，龙子始终护佑僧人，履波蹈险，冥护实多。自峨眉证法后，紫柏真可东还江苏，在曲阿结庐而居。小青乃于僧人面前现身辞行，欲归故居。紫柏真可乃感叹道：佛教中龙王乃变化多端，然而潭柘寺大青小青虽为龙族，却蛇形而佛心，异类而敦善。见人不怖、遇物不伤。如果遇到岁久不雨，水旱愆期，百谷憔悴，农人悲惶。二青还会大显灵通，喷涕为雷，吐沫为云，弹指之间，润泽大地。人们历代尊崇青蛇，为它们修殿宇、建神宫、铭文刻志，以示不忘。而如此灵通之龙神，还不辞万里护送僧人求法，尽力护送，实乃令人感佩。于是紫柏真可乃敬致龙神，奉还龙子，并专门作碑文以记，传诸不朽。

在紫柏真可的笔下，潭柘寺二青并非见首不见尾、变化多端莫测的神龙，而是潜居寺中水潭、与人亲近友好的青蛇。这并非杜撰。事实上，青蛇长居潭柘寺内，僧人多方照拂，来往香客多有见之，因此也常常见诸各类笔记游记。明代王同轨在《耳谭》中记载："西山潭柘寺殿中二蛇，长五尺余，名大青、小青，藏红箧中，箧标护法龙王。蛇无定止，或自逸野中，鸣钟则至。恒自篚穿垆足，交蟠供桌上。"据他所说，明代潭柘寺大殿中曾经有木龛，龛内有红木匣，匣外标有护法龙王四字。这就是青龙的后代，俗称"大青爷""二青爷"的两蛇居住之处。两条青蛇平时并不只是住在木匣内，而是四处漫游，每当寺中鸣钟，便不请自来。伴着钟声，二蛇盘旋进匣中，交织盘曲于供桌上。《日下旧闻考》成书时，作者专程考察后附记："大殿内目下，方广二尺，高三寸余，里面放了一块石头，微微凹陷，贮水少许，正是大青、小青居处。时间相距不远，同为乾隆时人的富察敦崇，他笔下的小青为"青色，长五尺，大如碗，时出现"[1]。直到民国时期，到潭柘寺朝拜的香客常常能看到大青、小青在殿内木龛中休息，匣内枕头被子一应俱全[2]，许多时人游记中都有记载。《洞灵小志》中记，曾任浙闽督宪的李制军与王芝祥于1917年游览潭柘寺时，李制军看见青蛇在神龛中休息，戏言它只是寺僧豢养的小蛇而已。结果还未出殿外，忽然听到寺内钟鼓大作，僧人们披上法衣，班立殿上。原来是龙神突然现身，寺僧们照例恭迎。李、王二人见山门外果然有大蛇一条，有水缸那么粗，朝大殿上游来。越靠近大殿越细，最后只有筷子那么粗，进入神龛后消失不见。据说，这就是

---

[1] ［清］富察敦崇：《燕京岁时记》，北京古籍出版社，1981年，第59页。
[2] 关于大青爷与二青爷木匣的描述，参见马芷庠：《老北京旅行指南》，北京燕山出版社，1997年，第186页。

二青爷的真身。[1]

围绕大青爷、二青爷，有数不清的传说故事流传，例如二位仙爷呼风唤雨、以身殉道、解救苍生，得到乾隆帝御封为"替天行道"，等等。一则最有名的传说中说：大青长约一尺，二青长约七寸，平日里这两条蛇总是趴在供桌上，寺内的和尚对它们很尊敬。某年天下大旱，潭柘寺内挤满难民，寺僧连日熬粥赈济，眼看米已不支。某日，老方丈来求佛。大青听他讲完后，冲他点点头。随后，大青从供桌爬下，来到殿外。说来也怪，自此以后，锅里的粥就怎么也吃不完，众僧和饥民终于渡过了难关。直到舍粥期满，锅底露出一小堆骨头，人们才发现原来是大青舍身救人，自投了粥锅，只剩下二青在匣内独自落泪。从此以后，这口粥锅也成了潭柘寺一宝。围绕青蛇，潭柘寺还形成了"观佛蛇"的庙会民俗。《宛署杂记》中记载："观佛蛇。县西潭柘寺有二青蛇，与人相习，寺中僧人函事之。事传都下，以为神蛇，游人竞往施钱，手摩之，以祈免厄。"故事与民俗活动交相辉映，将大、小二青蛇神化为"天道"的象征，为西山地区乃至整个北京城带来水泽灵气，与人类友好相处，保佑此地风调雨顺。

最有趣的是，当潭柘寺的僧人在北京城内交游往来，

---

[1] 郭则云：《洞灵小志》卷四"潭柘寺灵蛇"，东方出版社，2010年，第68—69页。

建立他们的社会关系网时，青蛇也随着他们的足迹，将西山灵气带进了城里。原址位于今天北京市西城区平安里西大街31号的翊教寺，很可能始建于宋代，明成化八年（1472）由锦衣卫都指挥同知魏林与僧人觉林二人鼎力重建，有明一代不断重修，为曹洞宗在京师西城内的重要传法地。[1]大约在清初时，翊教寺已成为西山潭柘寺的下院，而潭柘寺中有名的"二青爷"也随之迁到了翊教寺内。

至少从道光、咸丰年间开始，翊教寺内已有二青爷赐人仙水的说法。《道咸以来朝野杂记》中记载：潭柘寺大青、二青二蛇神灵验久著，大青化去后，二青移于翊教寺，前来烧香者往往见之，然而"有时求见之而不得，盖神龙见首不见尾云"[2]。直至民国时，二青仍时现身翊教寺，其大殿供桌上，设有两个檀木细雕的小佛龛，前有玻璃盘上铺黄云缎棉垫，有时即有小青蛇就安静地盘卧于黄垫上。寺僧并不限制它，只时常更换净水而已。[3]金受申当年见到的二青爷，常常藏在床上的被褥中，有时从被子里露出头来，昂视一切。龛前香案上并不焚香，除了陈列供品外，还有很多水瓶。水瓶里就是二青爷显灵过、能治病的仙水。来

---

[1] 关于翊教寺的详细信息，参见鞠熙等：《北京内城寺庙碑刻志》（第四卷），国家图书馆出版社，2017年，第793—803页。涉及引用的各类碑刻、地方志等资料均见此书，此处不再另注。
[2] ［清］崇彝：《道咸以来朝野杂记》，北京古籍出版社，1982年，第27页。
[3] 白铁铮：《老北平的故古典儿·老北平谈蛇》，百花文艺出版社，2010年，第20页。文中所述为白铁铮先生年轻时亲眼所见。

求仙水的人自己带来空瓶子,从香案上的水瓶中倒走仙水,还愿时再将案上水瓶续满。据说翊教寺里的二青爷有几千年道行,但是仍然需要善人供奉鸡蛋,它晚间来食。[1]直到今天,老北京人还记得翊教寺里的二青爷,出生于20世纪30年代的马先生回忆他当年见到的二青爷:"它有这么一个格子吧,里头有床,有小靴子。它那床上叠着小缎子被窝,床底下搁着俩僧鞋。那床上盘着一蛇,我见过。"翊教寺的二青爷名扬遐迩,当年曾经显圣一次,轰动了京城。"过去国民党那阵儿也有记者啊,记者要给它照张相。这和尚得跟它商量,说:'想给您照个相,您显显圣。'后来就真显圣了。这一显圣啊,它顺着前殿,都搭到大殿上去了。好!这是二仙爷的真身!"[2]翊教寺在民国时期香火鼎盛,年年挂匾办法会,城里的香会常被请去走会。庙内有两株巨大的白海棠,花开之时名动京城。花木繁森,清幽宁静,再加上二青爷带来的"圣水",潭柘寺的山水环境于是就在喧闹的城市之中得以复现。只有依托于这样的山水,寺庙才能有其灵,而翊教寺也就真正成为潭柘寺的"分身"。20世纪50年代后在翊教寺内开办医疗设备厂,1976年受地震影响,殿房坍塌,随即干脆全部拆除。二青爷从此不知去向。

---

[1] 金受申:《北京通》,大众文艺出版社,1999年,第616—617页。
[2] 被访者:马某,男,1930年生,素有"京城跤王"之称。访谈人:鞠熙。访谈时间:2008年8月。访谈地点:西四大红罗厂。

除了秘魔崖和潭柘寺，西山之中的青蛇龙神还有很多。朱彝尊在《日下旧闻》中说："徐伯昌所录暨四溟山人诗俱有大小青，而一曰万寿寺，一曰夹山寺，姑附于此，以俟再考。"可见当时万寿寺和夹山寺都有类似的青蛇龙神出没。这些蜿蜒于西山中的精灵，显而易见与水源有关。二蛇之灵，灵在致雨。青蛇总会来自龙潭，这些宝贵的水源在北京普遍干旱的环境中被奉为神圣之地。据此，有理由认为，长盛不衰的灵蛇信仰不仅反映出北京居民与动物的相处方式与认知观念，更折射出北京居民如何看待水、利用水、崇拜水的生态知识。

南海子："万物熙和大造中，郊原辉映苑门红"

在本章最开头所引的御制《秋日奉皇太后驾幸南苑即事八首》诗中，乾隆帝用"万物熙和"来描述南苑风光。诗中提及此时南苑鹿群正肥，众侍卫大显身手，一派文治武功的盛世景象。这不是乾隆帝唯一赞美南苑中生灵繁育的诗篇。在《御制重修德寿寺碑记》中，他说："此南海子乃羽猎场。飞者，走者，蹄者，角者，或群或友，纷纭霍绎，云何其中，有此净土。"飞禽走兽，各类动物齐集南苑，群友为伴，将这里变成了极乐净土。

一般将南苑作为皇家苑囿的历史追溯至元代。当时，为了供皇帝游牧打猎，大都城南广四十顷的土地被作为围场，称为"下马飞放泊"。根据元代制度，冬春之交，天子会亲幸近郊，纵鹰隼搏击，以为游豫之度，这就是所谓"飞放"。此处飞放之地距离大都最近，故谓之"下马"。到了明永乐十二年（1414），将下马飞放泊扩展至周围凡一万八千六百六十丈，用于育养禽兽、种植蔬果。内有大小三处海子，水源四时不竭，汪洋若海。由于水源丰富、草木茂盛，再加上精心的养育种植，受永定河滋养而形成的南海子，最终成为万物生长竟自由的灵囿园囿。《帝京景物略》中说"（南海子）四达为门，庶类蕃殖，鹿獐雉兔，禁民无取，设海户千人守视"，专门便于帝王在这里进行大规模狩猎。到清代时，清秋狩猎、大阅八旗、内府种植，都在南苑进行。《天咫偶闻》载："南海子，明代上林苑也，国朝因为阅武田狩之所。同治以后，神机营各军，岁往驻扎，以秋去春归，军容极盛。其地产蘑菇，有口外风味。又有麋鹿、黄羊、四不像之属，而雉兔尤多。"

动物，是南海子的标志。为供帝王狩猎，南海子内设有晾鹰台，是纵鹰打猎的场所。"落雁远惊云外浦，飞鹰欲下水边台。"[1]晾鹰台之设始于元代，当时台高六丈，径十九丈有奇，周径百二十七丈。明清以后沿用，不仅是纵鹰捕鸟，更是阅兵练兵的主要空间。清代名医魏之琇有诗曰："晾鹰台回接沤汀，民乐咸歌囿沼灵。七十二桥虹影渡，骑郎争放海东青。"描写的就是放飞海东青、长空击鸟

---

[1] ［明］李东阳：《南囿秋风》。

影的情景。放鹰同时也伴随着阅兵,康熙帝《晾鹰台》诗中说:"清晨漫上晾鹰台,八骏齐登万马催。"满人珍爱的海东青,正如八旗健儿们一般孔武勇毅,各营在晾鹰台下比武呐喊时,海东青就是他们的精神象征。

麋鹿,也就是四不像,大概是南海子中最为知名的动物。长期以来,麋鹿就是皇家园囿中最重要的观赏动物,南海子也延续了这一传统。辽金元清的传统中,皇家狩猎亦称"鹿围"。明代南海子里已设"鹿圈",专门豢养繁殖麋鹿。到清代以后,麋鹿种群在南海子范围内数量庞大,康熙帝于南苑行猎时,一次合围麋鹿就达百头。乾隆四十二年(1777),南苑的麋鹿有400头左右。同治四年(1865),法国传教士阿芒·大卫将两只麋鹿制成标本,寄给了巴黎自然历史博物馆,被确认为从未发现的新物种,是鹿科动物中独立的一个属。为了纪念大卫神父,阿尔方斯·米尔恩·爱德华兹(Alphonse Milne-Edwards)将麋鹿命名为"大卫神父鹿"(Père David's deer)。自此以后,大量麋鹿从南海子被偷运到西方各国动物园中,这在客观上保存了麋鹿基因。因为在随后1900年八国联军入侵北京时,南海子麋鹿就被劫杀一空,从此在中国本土灭绝。直到1985年,中英两国签订《麋鹿重引进中国协议》,这一象征皇家园囿的生灵,才重新回归故土。

即使不是海东青、麋鹿这类具有高度象征意义的动物,即使只是蚂蚁这类平凡而渺小的动物,在南海子内也被赋予了别样的意义。《帝京景物略》中记载，皇家猎场南海子西北隅，每到清明这日，亿万只蚂蚁聚集于此处，叠而成丘。中间有一座巨丘高丈余，四周还有三四座数尺的小丘。往往要数天之后才散去。当地人每到清明节这天都要群集往观，并称之为"蚂蚁坟"。人们传说，辽将伐金时，全军覆没于此，这些无主孤魂都化成了蚂蚁。虽说只是虫蚁，但仍然"感于节序"，即对清明节的感知，故而在这一日群聚成丘。书中没有提到人们是否对此蚂蚁坟有祭祀之举，但既然认为它们乃孤魂所化，又在清明节期间专程前往观看，有相应的祭祀行为应该是合理的推测。[①]在这里，蚂蚁被认为拥有自己的社会、集体，乃至有某种类似于人类节庆的文化与制度，似乎也因沾染了南海子的灵气而成为有文化、有知识、有文明的群体。

忆昔康乾盛世时，南海子里"蒲苇戟戟水漠漠，凫雁光辉鱼蟹乐"[②]，皇帝出巡南苑狩猎时，眼中看见的是"如京畿甸风光好"，耳中听见的是"万户欢声夹道周"。生灵繁育、万物熙洽，正是盛世的标志与象征。然而晚清以后，南苑内人丁凋零、园地不修、草木荒芜，再不见海东青的踪迹，麋鹿也被劫掠一尽。自然与文化、动物与文明、生灵与国家、绿水青山与金山银山，如此相辅相成、

---

① ［明］刘侗、于奕正：《帝京景物略》卷三"南海子"条，上海古籍出版社，2001年，第206—207页。
② 乾隆帝：《海子行》。

交相辉映。也许从这一角度,我们也才更能理解马克思所说的:"作为完成了的自然主义,等于人道主义。而作为完成了的人道主义,等于自然主义。"[1]

---

[1] 《马克思恩格斯文集》第1卷,人民出版社,2009年,第185页。